国际与比较教育研究系列丛书

本书为浙江大学国际教育研究中心资助出版的研究成果

丛书主编：吴雪萍

互联互通

东盟地区职业技术教育区域化发展研究

Interconnection

Research on
Regionalization Development of
Technical and Vocational
Education and Training in
ASEAN Region

王文雯　著

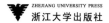

ZHEJIANG UNIVERSITY PRESS
浙江大学出版社

图书在版编目（CIP）数据

互联互通：东盟地区职业技术教育区域化发展研究 /
王文雯著. —杭州：浙江大学出版社，2022.4
（国际与比较教育研究系列丛书 / 吴雪萍主编）
ISBN 978-7-308-22443-7

Ⅰ．①互… Ⅱ．①王… Ⅲ．①东南亚国家联盟－高等
职业教育－研究②高等职业教育－研究－中国 Ⅳ.
①G719.2②G719.516

中国版本图书馆 CIP 数据核字（2022）第 057870 号

互联互通：东盟地区职业技术教育区域化发展研究

王文雯　著

策划编辑	武晓华　梁　兵
责任编辑	黄伊宁
责任校对	刘宁瑶
封面设计	程　晨
出版发行	浙江大学出版社
	（杭州市天目山路 148 号　邮政编码 310007）
	（网址：http://www.zjupress.com）
排　　版	杭州好友排版工作室
印　　刷	杭州宏雅印刷有限公司
开　　本	710mm×1000mm　1/16
印　　张	18.5
字　　数	330 千
版 印 次	2022 年 4 月第 1 版　2022 年 4 月第 1 次印刷
书　　号	ISBN 978-7-308-22443-7
定　　价	78.00 元

目　　录

第一章 绪 论

第一节 研究缘起

本研究将东盟国家职业技术教育区域化发展作为选题，主要基于教育区域化在世界范围内不断发展，不同区域内部推进教育区域化发展的实践活动也在不断增多，这种教育互联互通的现象值得深入探讨。另外，本研究还把东盟地区职业技术教育区域化发展的可借鉴性以及我国新时期教育对外开放的需要作为选题依据。

一、世界各地区推进教育区域化发展的趋势

"当今世界，人、财、物、智因素在各国各地区的流动速度和规模达到前所未有的程度，互联互通已经成为不可阻挡的一个世界潮流。"[①]区域化作为全球化的一个组成部分，既是对全球化的挑战与回应，也是国际化的一个子集。[②] 在全球化、区域化、国际化三大趋势的相互作用及相互补充的大背景下，教育也成为全球互联互通的要素之一，教育区域化实际是教育要素在区域范围内的互联互通。世界范围内各地区国家纷纷加入其所在区域教育共同空间的建设，在与区域外国家进行教育交流与合作的同时，也把与本区域国家的互动视作为本国的重要发展战略。

教育区域化发展最为典型的是由欧洲国家发起并持续推动的"博洛尼亚进程(The Bologna Process)"。"'博洛尼亚进程'的目标是在欧洲范围内重新安排各国的大学学术课程结构以达到趋同的状态，使各国的大学文凭及资格证书具有可比性，实现学分转换，并推动各国在质量保障方面的跨国合作，支

---

① 苏长和.互联互通世界的治理和秩序[J].世界经济与政治，2017(2)：25-35.

② SEHOOLE C, WIT H D. The Regionalisation, Internationalisation, and Globalisation of African Higher Education [J]. International Journal of African Higher Education, 2014, 1(1): 217-241.

持师生的跨国流动。"①欧洲这一高等教育领域的重要改革直接影响了本地区的职业技术教育区域化发展进程,由欧洲委员会发布的《哥本哈根宣言》及其提出的"达芬奇计划(Leonardo da Vinci Programme)"等文件反映了继欧洲高等教育区域化发展改革之后,欧洲职业技术教育区域化发展也成为必然趋势。②

如今,"博洛尼亚进程"这一关于建立高等教育共同空间的理念在世界范围内的其他地区产生深远影响,欧盟通过一系列合作项目来支持其他地区实现教育的区域化发展,但"博洛尼亚进程"影响范围不仅仅停留在高等教育领域。③ 非洲联盟通过《非洲教育"二·十"行动计划(2006—2015)》《非洲职业技术教育与培训振兴战略》《非洲高等教育一体化战略》等规划在不同教育层次分别推进其教育区域化发展战略。④ 在东南亚地区,东盟也通过学分转化、高等教育质量保障倡议、大学联盟等方式建设本区域的高等教育共同空间⑤,东盟地区职业技术教育领域共同空间也在逐渐建设之中。由此可见,教育区域化发展已成为世界范围的普遍发展趋势,且参与到此进程的国家数量在逐步增加。

二、东盟地区职业技术教育区域化发展的可借鉴性

东盟国家无论在政治经济体制,还是在民族、语言、宗教传统方面都呈现出多元复杂的特征,这种异常复杂的文化多样性在世界各大地区中可以说最为突出。⑥ 东盟国家在历史上曾沦为葡萄牙、西班牙、荷兰、英国、法国、美国的殖民地,殖民时期的遗留问题成为东盟国家取得独立后不断引发矛盾的根源之一。⑦ 为解决地区争端,印度尼西亚、马来西亚、菲律宾、新加坡及泰国在

---

① ZMAS A. Global Impacts of the Bologna Process: International Perspectives, Local Particularities [J]. Compare, 2015, 45(5): 1-21.

② 吴雪萍,张科丽. 欧洲职业教育一体化探析[J]. 高等教育研究,2011(5):65-69.

③ CHOU M H, RAVINET P. The Rise of Higher Education Regionalism: An Agenda for Higher Education Research[M] // The Palgrave International Handbook of Higher Education Policy and Governance. London: Palgrave Macmillan UK, 2015.

④ 万秀兰. 非洲教育区域化发展战略及其对中非教育合作的政策意义[J]. 比较教育研究,2013(6):3-9.

⑤ 李化树,叶冲. 论东盟高等教育共同空间构建及启示[J]. 比较教育研究,2015(3):10-15.

⑥ 贺圣达. 东南亚文化史研究三题[J]. 云南社会科学,1996(3):65-71.

⑦ 塞韦里诺. 东南亚共同体建设探源:来自东盟前任秘书长的洞见[M]. 王玉主,译. 北京:社会科学文献出版社,2012:5-7.

1967 年成立了东南亚国家联盟,并签署了《曼谷宣言》。随后,文莱、越南、老挝、缅甸及柬埔寨在 20 世纪 80 年代至 90 年代间相继加入联盟。经过五十多年的探索,东盟通过开展区域合作,使东南亚地区从一个分裂、战乱、动荡与落后的地区走向了一个和平、稳定与发展的地区,东盟的发展堪称一个奇迹,这在东南亚地区是史无前例的。① 东盟现已成为亚洲最富有成效的区域合作组织,它拥有 6.5 亿人口,占世界人口总数的 8.7%,成为仅次于中国及印度的世界第三大人口地区。其 GDP 总量在 2019 年达到了 3.2 亿美元,成为世界第六大经济体。② 东盟地区拥有充满活力的市场,一半以上的人口在 30 岁以下,近一半的人口居住在城市,其中产阶级数量在不断上升。③ 东盟地区的快速发展得益于东盟建立了尊重本地区极端多样性的区域组织合作框架,并以东盟为中心,构建了与其他地区与国家的合作协商机制,提高了合作效率与影响力。

为推进地区更为紧密的合作,发展地区经济,抗衡大国威胁,东盟于 2016 年通过了《东盟区同体 2025 愿景》文件。在这项 10 年规划中,东盟共同体将在 2025 年实现高度的政治、经济、社会文化一体化目标。东盟国家不仅在政治、经济领域进行了大刀阔斧的改革,也在教育领域发起了许多改革倡议。为应对经济全球化挑战而努力推进教育转型,东盟国家大力发展职业教育,职业教育的办学模式开始转向为经济发展服务,并努力改变过去移植发达国家职业教育模式的现状。④ 随着东盟社会文化共同体建设的不断推进,近年来东盟国家还把职业技术教育的协调发展作为地区提升职业技术教育整体实力与水平的重要战略之一。弥补东盟成员国之间职业技术教育水平的鸿沟逐渐成为东盟的头等大事,东盟先后发布了两个五年教育规划,将职业技术教育发展作为优先发展战略之一。除此之外,为促进东盟地区劳动力市场的流通,东盟还陆续发布了一系列配套文件作为支撑地区教育融合发展的手段,如《东盟资格参照框架参照指南》《东盟资格认证与质量保障指南》等。

东盟地区内部的复杂性、差异性、多元性与我国不同地区的差异性在一定

---

① 张蕴岭.如何认识和理解东盟——包容性原则与东盟成功的经验[J].当代亚太,2015(1):4-20.

② ASEAN. ASEAN Key Figures 2020 [R]. Jakarta:ASEAN,2020.

③ ASEAN. A Journey Towards Regional Economic Integration:1967-2017 [R]. Jakarta:ASEAN,2017.

④ 邹一戈,冯增俊.当代东南亚国家职业教育发展特点及战略走向[J].比较教育研究,2010(11):18-20.

程度上较为相似,东盟在推进地区职业技术教育区域化发展过程中所采取的一系列政策措施不仅对我国职业技术教育国际化水平以及教育质量的提升具有一定的借鉴意义,而且对我国在建立现代化职业技术教育体系过程中就如何出台有效的职业技术教育政策、如何协调我国不同地区职业技术教育发展水平等问题上给予启发。因此东盟地区的职业技术教育融合发展政策对我国职业技术教育的整合具有重要参考价值。

三、我国新时期教育对外开放战略布局的需要

从我国整体战略上看,东盟国家是我国"一带一路"倡议下的重要合作伙伴。2013 年 9 月至 10 月,习近平总书记在出访中亚与东南亚国家时,先后提出了共建"丝绸之路经济带"和"21 世纪海上丝绸之路"的重大倡议。"丝绸之路经济带"和"21 世纪海上丝绸之路"并称为"一带一路",它的提出为共建"人类命运共同体"注入了历史、经济与文化内涵,获得了国际社会的高度关注。2015 年 3 月 28 日,国家发展改革委、外交部、商务部联合发布了《推动共建丝绸之路经济带和 21 世纪海上丝绸之路的愿景和行动》①,这标志着"一带一路"倡议的形成。历史上,中国与东盟国家交往源远流长,海上丝绸之路就是各国海上交通贸易和文化交往的历史见证。作为古代海上交通贸易和文化交往的"大动脉",海上丝绸之路是中国与东盟国家共同历史与辉煌文明的标志,也是各国和平合作、开放包容、互学互鉴、互利共赢的象征。近年来,中国与东盟的关系迅速发展,中国与东盟确立了战略伙伴关系,建立了多层次和多方位的合作框架与机制,双方在各领域的务实合作取得丰硕成果。

从我国教育战略上看,多个文件表明我国与东盟国家的教育交流与合作成为我国教育对外开放战略的重要组成部分。《国家中长期教育改革和发展规划纲要(2010—2020 年)》在第十六章"扩大教育对外开放"中,明确指出要"积极参与双边、多边和全球性、区域性教育合作"②。另外,中共中央办公厅、国务院办公厅在 2016 年 4 月印发的《关于做好新时期教育对外开放工作的若

---

① 国家发展改革委,外交部,商务部.推动共建丝绸之路经济带和 21 世纪海上丝绸之路的愿景与行动[EB/OL].(2015-03-28)[2021-12-13].http:∥www.xinhuanet.com/world/2015-03/28/c_127631962.htm.

② 中华人民共和国教育部.国家中长期教育改革和发展规划纲要(2010—2020 年)[EB/OL].(2010-07-29)[2021-12-13].http:∥www.moe.gov.cn/srcsite/A01/s7048/201007/t20100729_171904.html.

干意见》[①]指出做好新时期教育对外开放工作的重点之一是实施"一带一路"教育行动,促进沿线国家教育合作。2016 年 7 月,教育部印发的《推进共建"一带一路"教育行动》通知则进一步将"开展教育互联互通合作"作为合作重点,提出聚力构建"一带一路"教育共同体,倡导"中国教育领域和社会各界围绕共建'一带一路'大局,寻找合作重点、畅通教育国际合作交流渠道,对接沿线各国教育发展战略规划"。[②] 2019 年 2 月,中共中央、国务院印发《中国教育现代化 2035》,该文件再次明确提出要"扎实推进'一带一路'教育行动,加强与联合国教科文组织等国际组织和多边组织的合作"[③]。2020 年,《教育部等八部门关于加快和扩大新时代教育对外开放的意见》提出打造"一带一路"教育行动升级版,深化与重要国际组织合作。[④]

　　东盟国家是"一带一路"沿线国家重要的经济体,中国-东盟教育交流周的举办已有十一个年头,双方在职业技术教育领域的合作成果成为中国-东盟教育交流成果中最为丰富的领域。中国-东盟的合作交流模式由单向的"输出"或"引入"发展成为"合作"模式,合作研究也正式提上议事日程。[⑤] 2017 年 7 月,中国-东盟职教合作联盟正式成立,中国与东盟国家职业技术教育合作成为中国职业技术教育国际化的重要战略发展方向。在"一带一路"布局下,我国职业技术教育被赋予了新的历史使命,并获得了重大发展的新契机。"一带一路"倡议为中国职业技术教育的国际化发展提供了良好机遇,搭建了沟通平台。[⑥] 对东盟地区职业技术教育的全方位研究可为今后的深度合作提供理论基础,也为我国制定与东盟国家对接的职业技术教育政策,更好地参与东盟地区职业技术教育合作与治理提供参考。

---

　　① 中共中央办公厅,国务院办公厅.关于做好新时期教育对外开放工作的若干意见[EB/OL].(2016-04-29)[2021-12-13].http://www.gov.cn/xinwen/2016-04/29/content_5069311.htm.
　　② 中华人民共和国教育部.推进共建"一带一路"教育行动[EB/OL].(2016-07-15)[2021-12-13].http://www.moe.edu.cn/srcsite/A20/s7068/201608/t20160811_274679.html.
　　③ 中共中央办公厅,国务院办公厅.中国教育现代化 2035[EB/OL].(2019-02-23)[2021-12-13].http://www.gov.cn/xinwen/2019-02/23/content_5367987.htm.
　　④ 中华人民共和国中央人民政府.教育部等八部门全面部署加快和扩大新时代教育对外开放[EB/OL].(2020-06-18)[2021-12-13].http://www.gov.cn/xinwen/2020-06/18/content_5520156.htm.
　　⑤ 黄方慧.中国-东盟职业教育合作及其相关研究:历程、现状与展望[J].中国职业技术教育,2016(30):20-23.
　　⑥ 冯宝晶."一带一路"视角下我国职业教育国际化发展的理念与路径[J].中国职业技术教育,2016(23):67-71.

第二节　研究目的与研究问题

一、研究目的

本研究旨在对东盟地区职业技术教育区域化发展的整体情况做系统的梳理，厘清东盟国家在职业技术教育领域提高透明度、可比性的一系列策略以及推动地区职教体系协调发展的一系列举措，明晰东盟地区各类官方及非官方组织在区域职业技术教育治理方面所扮演的角色及合作偏好，以便我国在与东盟国家开展职业技术教育的交流与合作时具有针对性，为我国深化东盟国家开展职业技术教育的交流与合作提供思路。另一方面，本研究为我国了解国际职业技术教育改革趋势，构建与国际接轨的现代职业技术教育体系提供参照与借鉴。

二、研究问题

本研究的主要研究问题为以下四个方面。

第一，东盟地区职业技术教育区域化发展的背景与驱动力是什么？

第二，东盟国家如何推动其所在地区职业技术教育区域化发展？有哪几方面的路径？具体表现在哪些方面？东盟成员国如何回应地区层面的倡议？

第三，跟欧盟教育区域化发展相比，东盟地区职业技术教育区域化发展的主要特征有哪些？效果如何？目前面临哪些阻碍因素？

第四，东盟地区职业技术教育发展对我国职业技术教育发展以及深化与东盟国家职业技术教育合作有何启示？

第三节　研究意义

本研究对东盟地区职业技术教育区域化发展整体情况的系统梳理，既反映了世界教育区域化发展趋势，扩充了我国比较教育学科关于发展中国家教育区域化发展问题的相关知识，又回应了我国关于实施"一带一路"教育行动、促进沿线国家教育合作、对接沿线各国教育发展战略规划的需要。

一、理论意义

对东盟地区职业教育区域化发展问题的研究,其理论意义主要表现在于两方面。一方面,本研究可加深对发展中国家教育发展问题的认识,拓宽比较教育研究领域,丰富发展中国家教育区域化问题的理论构建。职业技术教育区域化发展是应对全球化、经济一体化及世界范围内劳动力流动挑战的解决方案,探索东盟地区职业技术教育区域化发展路径及相关政策,将扩充职业技术教育区域化发展专题的研究。深入挖掘职业技术教育区域化的背景、路径、政策、实施情况及特点有利于从其实践活动中构建出职业技术教育区域化发展的理论模型。另一方面,探索东盟职业技术教育发展区域化发展问题,可加深对以下两方面的认识:第一,东盟地区区域组织在推动地区职业技术教育区域化发展方面的作用及成效;第二,东盟成员国与地区层面职业技术教育政策的对接经验。

二、实践意义

由于我国比较教育研究领域一直以来比较重视对发达国家教育发展经验的研究,因此,东盟地区教育区域化发展问题的研究因其发展中国家特性和地域属性而长期得不到关注。东盟国家是中国的近邻,对东盟地区教育区域化发展问题的研究有助于更好地认识东盟国家教育决策集体行为以及成员国的决策方式、偏好及动机。这些研究将有助于我国制定与之对接的职业技术教育政策,强化我国与东盟国家职业技术教育交流与合作的良性互动,打通双方职教合作过程中的沟通障碍,在共同构建"中国-东盟教育命运共同体"等方面具有突出的现实意义。东盟地区职业技术教育区域化发展是东亚教育互联互通的典型经验,这为我国转变单一孤立的地区发展模式、建立产教合作联盟、制定针对不同区域的职业技术教育发展规划、搭建职教学术共享平台以及推进多方联动的协调合作机制提供借鉴。同时,东盟地区职业技术教育区域化发展对我国职业技术教育的质量提升与国际化也具有一定的借鉴意义。

第四节　概念界定

一、东盟

第 21 版《东盟宪章》(The ASEAN Charter)指出,东盟(ASEAN)是东南亚国家联盟(Association of Southeast Asian Nations)的简称,其成员国有马来西亚、印度尼西亚、泰国、菲律宾、新加坡、文莱、越南、老挝、缅甸和柬埔寨等十个国家。东盟是东南亚地区以经济合作为基础的政治安全、经济、社会文化一体化合作组织,并建立起一系列合作机制。2008 年起,东盟就通过《东盟宪章》确定了"通过加强教育、终身学习以及科学技术领域的合作,开发人力资源,提高人民素质,强化东盟共同体意识"等多项目标。东盟的宗旨和目标是本着平等与合作精神,共同促进本地区的经济增长、社会进步和文化发展,为建立一个繁荣、和平的东南亚国家共同体奠定基础,以促进本地区的和平与稳定。

东盟主要机构有首脑会议、外长会议、常务委员会、经济部长会议、其他部长会议、秘书处、专门委员会以及民间与半官方机构。首脑会议是东盟最高决策机构,自 1995 年召开首次会议以来每年举行一次,已成为东盟国家商讨区域合作大计的最主要机制,主席由成员国轮流担任。[①]

在亚洲范围内,东盟是区域主义的典型代表。东盟与其他多边组织建立了广泛的合作与联系,如亚太经合组织(Asia-Pacific Economic Cooperation,APEC)、东盟区域论坛(ASEAN Regional Forum,ARF)、东盟＋3 等。东盟被认为是东南亚地区一体化历史最悠久,也最成熟的组织,其成员国只限于地理上位于东南亚的国家,这与其他形式的多边组织存在差异。[②] 容易与东盟相混淆的概念是东南亚这个概念。暨南大学东南亚研究所邓仕超在其研究中对"东南亚"这个地区概念的形成做了系统梳理,并认为东南亚是一个区域概念,而东盟是东南亚真正的区域组织。[③] 东南亚地区指位于亚洲东南部,包括

---

① ASEAN. The ASEAN Charter[EB/OL]. (2017-07-08)[2021-12-13]. https://www.asean.org/wp-content/uploads/images/2013/resources/publication/2012%20-%20The%20ASEAN%20Charter%20in%20English%20and%20ASEAN%20Languages%20(May).pdf.

② COCKERHAM G B. Regional Integration in ASEAN: Institutional Design and the ASEAN Way[J]. East Asia, 2010, 27(2):165-185.

③ 邓仕超. 在国际格局变动中成长起来的东南亚[J]. 东南亚研究,2000(4/5):81-85.

中南半岛和马来群岛两大部分的区域。东南亚地区共有 11 个国家,分别是越南、老挝、柬埔寨、泰国、缅甸、马来西亚、新加坡、印度尼西亚、文莱、菲律宾、东帝汶。因此东盟国家和东南亚国家两个概念所指的国家基本重合(东盟候选国东帝汶除外)。"东盟的建立是东南亚区域主义兴起与东盟意识形成的重要标志。"①因此,本书中的东盟地区就是指东盟十国所在的东南亚地区。

二、东盟国家职业技术教育

多年来,国际上对职业技术教育一直存在以下几种提法:一是职业教育(vocational education);二是职业和技术教育(vocational and technical education);三是技术和职业教育(technical and vocational education);四是职业教育和培训(vocational education and training);五是技术和职业教育与培训(technical and vocational education and training)。在 1999 年召开的第二届国际职业技术教育大会上,联合国教科文组织在正式文件中首次使用了"技术和职业教育与培训"(TVET)的提法。这不只是字眼上的变换,更表明职业技术教育的内涵和外延正在发生变化。随着世界范围内新技术革命的深入发展和信息产业的迅猛崛起,劳动力市场对从业人员素质的要求不断提高,职业技术教育内容中的技术含量也在不断增加。此外,随着各国教育、培训和就业部门之间合作关系的加强,教育、培训和就业相互隔绝的状态有了明显改变,职业技术教育已成为由职前教育就业培训和在职培训构成的统一而连续的过程。②

在东盟国家的语境中,东盟及东南亚教育部长组织(Southeast Asian Ministers of Education Organization,SEAMEO)的多份官方文件中采用的是技术和职业教育与培训(Technical and Vocational Education and Training,TVET),用以表示东盟成员国各种类型、各种形式的职业教育与培训,但这并没有否定每个东盟成员国独特的职业教育系统。因此,本书中的职业技术教育指的是东盟成员国各种形式的职业技术教育与培训的总和,既包括学校系统的职业技术教育与培训,也包括为提升劳动力素质的企业内培训。

三、区 域 化

区域化概念常常与地区、地区主义、全球化以及国际化的概念相关,因此

① 梁志明.论东南亚区域主义的兴起与东盟意识的增强[J].当代亚太,2001(3):13-20.
② 吴雪萍.国际职业技术教育研究[M].杭州:浙江大学出版社,2004:1.

阐释区域化的概念需要明晰其他相关概念。

（一）地区、地区主义及区域化

对区域化概念的理解，离不开对"地区"这个概念的阐释。肖欢容在其博士论文中指出，地理学中的"地区"（region）是区别于临近地区或其他地区的、在自然条件方面具有某些同质性特点的地理区域。与地理学中的界定不同，国际关系中的"区域"或"地区"（region）常常包含了两个或者更多的领土国家，这些国家由于某些共同特性或地理上的联系而联合在一起。另外，国际关系中的"地区"还指根据内聚力（同质的程度）、交往（互动的程度）、权力的层次（权力的分配）或各种关系的结构（合作的程度和紧张的烈度）等一个或多个因素划分出来的具有一定规模的社会生活空间。① 地区可以是国际体系中的次国家或超国家的一部分，在社会、经济、政治和组织凝聚力方面有所区别。②

地区主义（regionalism）是区域化带来的一种思想体系，它是指一种融合过程，融合的结果通常涉及社会力量联盟，比如市场、私人贸易、投资流动、政策、决策组织和国家主导的其他举措。③

区域化（regionalization）是指区域建设（地区建设），其过程包括以下几方面：一是由民族国家、民间社会或产业驱动的过程；二是由自身内部动力驱动以及地缘政治和经济因素驱动的过程；三是由区域组织驱动的过程。④ 一种类型的区域化项具有可能会导致其他类型区域化的溢出效应，如经济区域化会带来社会区域化。

（二）全球化、区域化及国际化

世界秩序不仅由不同地区分割的世界构成，也由全球化背景下的联通世界组成。在全球化背景下，区域化和国际化都是作为应对全球化的一种反应。二者的区别在于，区域化实际是为了减少全球化的挑战，增强区域内部竞争力，并提供通常超出个别国家能力范围的区域公共产品和解决方案。区域化基于其成员国内部动态和共同需求对全球化做出回应。因此，区域化不仅受到国际组织和民族国家的影响，而且还受到全球化和国际化进程的影响。值

---

① 肖欢容.地区主义理论的历史演进[D].北京:中国社会科学院,2002.

② HETTNE B. Beyond the "New" Regionalism[J]. New Political Economy, 2005, 10(4): 543-571.

③ HETTNE B, SÖDERBAUM F. Theorising the Rise of Regionness[J]. New Political Economy, 2000, 5(3):457-472.

④ LANGENHOVE L V. Why We Need to "Unpack" Regions to Compare Them More Effectively[J]. International Spectator, 2012, 47(1):16-29.

得注意的是,区域化是一种不同国家的集体行为,而国际化则侧重于个别国家的政策举措,其目的是加强在全球世界秩序中的竞争力,并管理全球化对其政治、经济及文化领域的影响。总之,全球化的基础是模糊国界的概念,而国际化建立在国家主权的基础之上,区域化是宣传或抵制全球化,模糊或加强国界,为民族国家或其代表开辟新的政策空间的中间立场。区域化在全球化及重建新的世界秩序方面发挥重要作用。[①]

四、东盟地区职业技术教育区域化

简·奈特(Jane Knight)认为高等教育区域化是指"在跨国界的区域范围内建立更紧密的高等教育合作和联盟的过程"[②]。因此,高等教育区域化应被视为在地理上临近的国家为加强本国高等教育国际化而参与区域合作,共同商讨地区高等教育公共政策的过程,这个过程的外显形式包括建立区域资格框架,实现高等教育资格互认,实行学分转换系统及建设高等教育共同空间等。

相应地,在东盟地区语境下,本研究中东盟地区职业技术教育区域化是指在东盟地区范围内东盟各国建立更紧密的职业技术教育合作和联盟的过程,也是东盟国家为实现本国职业技术教育国际化而参与本区域职教合作的过程。其主要表现在东盟国家采用合力开发地区资格参照框架、成立职业技术教育联盟等构建东盟国家职业技术教育共同空间的举措。

第五节 文献综述

本研究关注的核心问题是东盟地区职业技术区域化发展的背景、路径、特征、效果以及存在的问题。对东盟地区职业技术教育区域化发展背景的研究离不开对东盟国家职业技术教育发展现状的把握,对东盟地区职业技术教育区域化发展路径的研究需要对该地区其他教育层次的区域化发展进行梳理,对东盟地区职业技术教育区域化发展主要特征的研究需要对东盟国家合作传

---

① CHAO R J. Regionalization, International Organizations and East Asian Higher Education: A Comparative Study of East Asian Higher Education Reforms[D]. Hong Kong: City University of Hong Kong, 2014.

② KNIGHT J. The Palgrave Handbook of Asia Pacific Higher Education[M]. New York: Palgrave Macmillan, 2016: 115.

统与偏好进行回顾。因此,为了更好地展示东盟地区职业技术区域化发展研究的前期相关成果,拟从东盟国家职业技术教育发展、东盟地区教育区域化发展以及东盟地区合作机制三方面的研究成果进行文献回顾。上述研究成果为回答本研究的核心问题提供了重要的线索与基础。

一、东盟地区职业技术教育发展研究

(一)东盟地区职业技术教育发展的研究数量

在我国"一带一路"倡议大背景下,东盟被视为"海上丝绸之路"建设的优先区域,中国与东盟国家建立了面向和平与繁荣的战略伙伴关系,在教育层面的合作也不断加深。中国-东盟区域性教育合作有着儒家思想的文化根基、语言文字的共通性、同源异流,并且都处在大华人生活圈,开展着频繁的文化交流。① 因此,有关东盟教育的研究也不断增多,但总体数量还是偏少。

将"东盟职业教育"或含"东南亚职业教育"作为关键字,通过在 CNKI 期刊数据库中查找发现,与东盟职业教育相关的期刊文献仅 341 篇(未限制发表时间),其中核心期刊 106 篇,CSSCI 来源期刊仅 27 篇,研究数量从 2007 年起呈上升趋势,运用 CNKI 数据库计量可视化分析工具进行相关研究发文趋势分析,分析结果见图 1.1。

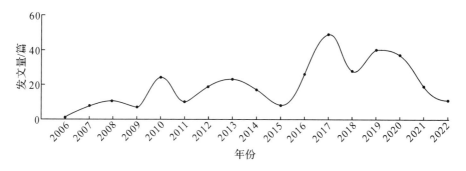

图 1.1　CNKI 数据库中关于"东盟职业技术教育"的期刊文献发表趋势

国内第一篇关于东盟职业技术教育的期刊文章是 1996 年发表在《比较教育研究》期刊上的《东盟五国教育实践的基本经验与亚太教育现代化的主要特

---

①　李枭鹰.中国-东盟高等教育区域性合作研究[M].桂林:广西师范大学出版社,2015.

征》①,文章作者冯增俊列举了东盟五国战后教育发展重视政府作用、强力推进现代教育改革、推进教育模式的转型、注重教育模式的示范作用等经验。虽然这不是一篇专门论述东盟职业教育的文章,关于职业教育的论述只占了文章的部分篇幅,但该文章为国内比较教育研究开辟了新领域,总结了东盟成立之初时五个东盟成员国的职业教育发展与改革情况。随后时隔近十年(2005年),专门论述东盟职业教育的学术论文才逐渐出现,如黄艳芳探讨了中国与东盟经济合作背景下广西高职院校课程结构的调整策略②。2005年以后,关于中国-东盟职教合作的学术成果不断增多。孟凡华、陈衍分别列举了东盟十国职业教育的改革重点③,李玉静、程宇对中国-东盟职教合作的共识及基础做了研究④,张义民分析了中国-东盟职教合作中存在的问题⑤,朱理东分析了我国高职院校面向东南亚地区的路径及对策⑥。

从大部分期刊文献的内容可看出,与东盟职业教育相关的研究带有明显的地域性,并主要以广西、贵州、云南等省份的实践研究占主导,内容上以上述省份职业院校与东盟国家合作的实践指向类研究为主。如白景永等研究了面向东盟的广西人才需求⑦,邱房贵、植文斌对我国与东盟在学徒制方面的异同做了比较⑧,梁剑分析了在东盟区域经济合作下广西高职院校技能型人才教育管理问题⑨,韦红云围绕广西-东盟高职教育合作办学作了分析⑩。还有部分研究探讨了东盟职业技术教育的整体特征,主要以下面两篇论文为代表:一

---

① 冯增俊.东盟五国教育实践的基本经验与亚太教育现代化的主要特征[J].比较教育研究,1996(2):25-30.

② 黄艳芳.广西-东盟经济与高职教育专业结构调整分析[J].广西民族大学学报(哲学社会科学版),2005,27(1):106-110.

③ 孟凡华,陈衍.中国-东盟布局职业教育合作与发展[J].职业技术教育,2012(30):54-57.

④ 李玉静,程宇.中国与东盟凝聚共识[J].职业技术教育,2010(33):72-74.

⑤ 张义民.中国-东盟职业教育合作存在的问题及优化路径[J].职业技术教育,2017(12):38-41.

⑥ 朱理东.我国高职教育面向东南亚地区发展的路径与调适[J].职业技术教育,2017(8):20-24.

⑦ 白景永,梁裔斌,梁桂春.东盟背景下广西各行业人才需求调查报告[J].职业技术教育,2010(31):26-30.

⑧ 邱房贵,植文斌.我国对东盟国家学徒合同的承认和适用法律问题研究——兼及我国和东盟国家学徒制度的比较[J].广西社会科学,2013(11):43-48.

⑨ 梁剑.东盟区域经济合作新格局下广西高职院校技能型人才教育管理[J].教育与职业,2014(24):32-34.

⑩ 韦红云.广西-东盟高职电力教育合作办学思路的探讨[J].中国成人教育,2013(3):84-86.

是袁媛、白景永关于东盟国家高等职业教育发展特点及其启示的研究①；二是邹一戈、冯增俊关于东南亚国家职业教育发展特点及战略走向的研究②。

将"东盟职业教育"作为关键字在CNKI中的硕博论文数据库中搜索发现，关于这个话题的硕士论文仅18篇，尚无博士论文。在仅有的18篇硕士论文中，一半以上来自广西，广西大学和广西师范大学两校的论文数量占到了总数的83.33%，其余的硕士论文分别来自云南大学、西南大学以及陕西师范大学。硕士论文与期刊论文具有类似的特点，具有较强的区域性，如潘颖探讨了面向东盟的广西高职院校发展现状与问题③，陆纯梅探讨了面向东盟的广西高职院校职业能力培养④，付中义分析了广西高职的特色发展战略⑤。在搜索结果中未发现将"东盟"作为整体探讨其职业教育的硕博论文。将东盟作为一个地区组织来研究其教育政策的仅有一篇高等教育领域的博士论文，覃玉荣在《东盟一体化进程中认同建构与高等教育政策演进研究》⑥中讨论了东盟一体化进程对高等教育的政策影响，该文将东盟一体化及东盟文化认同构建作为背景，系统地阐释了认同构建的相关概念，并以此为线索，梳理了伴随东盟认同构建的东盟高等教育政策演进过程，最后将东盟与欧盟的高等教育的一体化政策进行了比较。

另外，对于东盟十个成员国的职业教育研究也十分有限，且总体数量偏少。在CNKI数据库中通过以东盟成员国的国别名称分别加上"职业教育"作为关键字搜索发现，除新加坡和泰国的职业教育研究在数量上较多以外，其他东盟国家的职业教育研究数量都在10篇以下，学术界对经济发展水平较低的几个东盟国家(老挝、越南、缅甸、柬埔寨等)研究甚少，文莱的职业教育研究几乎是空白。东盟十国职业教育研究成果数量见表1.1。

---

① 袁媛，白景永.东盟国家高等职业教育发展特点及其启示[J].继续教育研究，2012(3)：166-169.

② 邹一戈，冯增俊.当代东南亚国家职业教育发展特点及战略走向[J].比较教育研究，2010(11)：18-20.

③ 潘颖.面向东盟的广西高职教育发展研究——以三所样本校为例[D].西宁：广西大学，2011.

④ 陆纯梅.广西高职院校面向东盟地区的职业汉语能力培养模式研究[D].重庆：西南大学，2013.

⑤ 付中义.广西高等职业教育发展特色研究[D].桂林：广西师范大学，2010.

⑥ 覃玉荣.东盟一体化进程中认同建构与高等教育政策演进研究[D].上海：华东师范大学，2009.

表 1.1　CNKI 数据库有关东盟十国职业教育研究成果数量

论文	新加坡	文莱	泰国	马来西亚	印度尼西亚	菲律宾	缅甸	老挝	越南	柬埔寨
期刊论文	778	3	201	164	91	55	28	35	107	45
硕博论文	39	0	68	0	5	1	2	2	4	0

　　对东盟国家职业技术教育区域化发展的研究离不开对东盟成员国职业教育现状的研究,在分析东盟整体层面职业技术教育倡议在各成员国的实施情况时,需要对其成员国的职业教育发展现状做一定的分析。由图 1.2 可知,我国对东盟十国的职业技术教育研究十分薄弱。我国对新加坡职业技术教育的关注度明显高于其他九个东盟成员国,如卿中全梳理了新加坡职业教育发展的历史与改革经验①。关注度仅次于新加坡的是泰国,相关研究探讨了泰国为应对经济变化而采取"学校面向职业"等特色职教政策,如贾秀芬、庞龙分析了泰国职业教育的机制、政策与评价问题②,慧英研究了泰国面向职业的教育理念③;王彦力分析了泰国的高职教育状况④。从文献情况来看,泰国政府一直以来都把职业教育作为国家的教育制度加以实施,不断完善教育组织机构、健全相关法律政策和评价机制,给予充分的财政投入,并积极争取国外援助,为劳动力市场和社会经济的发展起到了积极的促进作用。文莱属东盟成员国中经济水平处在第一档次的国家,近年来文莱政府制定了新职业技术教育三级资格证书制度⑤,新的职业技术教育新体制体现了较强的现代化职业教育体系理念,制定了与国际接轨的各项发展标准,然而我国学术界却未注意到该国职业技术教育的改革情况。

　　(二)东盟地区职业教育发展研究的主题

　　运用 CNKI 数据库的可视化分析工具对检索出的文章进行关键字识别得到以下图谱。

---

　　①　卿中全.新加坡职业教育发展述评:探索、改革与经验[J].高等工程教育研究,2018(2):195-200.

　　②　贾秀芬,庞龙.泰国职业教育的机制、政策与评价[J].职教论坛,2012(27):89-92.

　　③　慧英.泰国"学校面向职业"的教育[J].职教论坛,1995(10):44-45.

　　④　王彦力.导向与回报:泰国高中职业教育状况研究[J].外国教育研究,2006(10):21-25.

　　⑤　Ministry of Education. SPN21 Booklet Final 2013[EB/OL]. (2016-11-15)[2021-12-13]. http://www.moe.gov.bn/spn21dl/SPN21%20Booklet%20FINAL%202013.pdf.

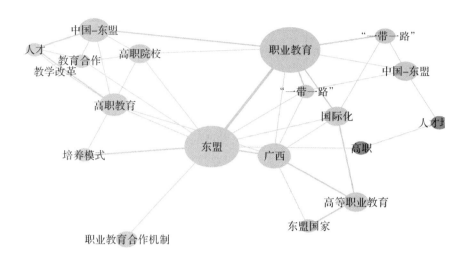

图 1.2　CNKI 数据库"东盟职业教育"期刊文献关键字共现网络图

　　根据图 1.2 可见,在以"东盟职业教育"为主题的期刊论文中,"一带一路""国际化""中国-东盟""广西""高等职业教育""教育合作""人才培养""培养模式""职业教育合作机制""教学改革"等成为"东盟职业教育"相关研究的关键字。总体来说,国内的研究偏向实践性,有很强的问题导向,大多数期刊论文均站在各自地域和院校的视角看中国与东盟的合作,研究内容为教学、人才培养等问题,且研究集中在对高等职业院校的讨论上。另外,我国关于东盟职业教育相关研究体现了较强的地域性。广西是与东盟国家合作的前沿阵地,因此以"广西"作为关键字和高频词出现在相关研究的数据库中。2015 年广西师范大学出版社出版了由蔡昌卓主编的"中国-东盟教育研究系列"丛书,其中分册之一《东盟职业教育》①在东盟教育研究领域进行了开拓与创新,系统地介绍了东盟十国职业教育的发展概况、行政管理、政策、现状等问题,但也是分而述之,并未把东盟作为整体来研究该地区职业技术教育的互联互通。

　　总的来说,关于中国-东盟教育合作类论文偏多,将东盟作为一个整体来研究其整体职业技术教育状况或者将单个东盟国家作为研究对象讨论其职业教育政策的论文均有限。近年来,随着我国与东盟教育合作不断向前迈进,将东盟作为一个整体讨论东盟教育政策的文章开始少量出现,但集中在东盟高

---

　　①　蔡昌卓.东盟职业教育[M].桂林:广西师范大学出版社,2015.

等教育政策领域,如李化树梳理了东盟高等教育共同空间的建设情况①,覃玉荣探讨了高等教育政策的价值目标②以及东盟高等教育政策的质量保障③,张成霞讨论了东盟大学联盟在促进东盟高等教育发展中的作用④,聪腊缇迪(Choltis Dhirathiti)、张成霞总结了东盟大学联盟在东南亚的实践经验⑤。上述几篇文章是为数不多的从区域层面研究东盟整体教育现状的学术论文。

(三)东盟地区职业技术教育发展特点研究

从国内研究看,对东盟国家职业技术教育发展特点进行整体概述的文献主要探讨了东盟各国反对殖民统治,取得独立后职业技术教育的改革情况。强海燕在《东南亚教育改革与发展》一书中总结了东南亚国家迈入 21 世纪以后的教育发展改革特点为后殖民性、多元性、不平衡性、合作性、趋同性以及国际性⑥。其他学者也认同东南亚教育具有后殖民性的特点,如邹一戈、冯增俊在《当代东南亚国家职业教育发展特点及战略走向》一文中分析了东南亚各国先后经历了从殖民者办职业教育到国家独立后自主创办职业教育的演进过程。该文认为,东南亚各国过去长期被"读书为官"的传统教育观所影响,职业技能学科缺乏,传统职业教育制度体系占主导,且大多是直接移植殖民国家的职业教育体系。二战后,东南亚国家十分注重政府的推动力与职教法治建设,积极与经济联动,构建开放的职教体系。现今整个东南亚地区已逐渐转变,开始奉行职业教育强国战略方针,建立正规的、特色的职业教育体系。⑦ 袁媛、白景永在《东盟国家高等职业教育发展特点及其启示》一文中也同样指出,东盟国家经历了多年的殖民统治,各国取得独立后纷纷为了发展经济而努力推进教育转型,移植借鉴发达国家的教育模式,推行教育现代化,开展合作办学,完善职业教育体系,同时积极与行业对接,促进区域经济的发展。⑧

国内部分研究则指出了东盟国家职业技术教育水平低下的现状。吴全全

---

① 李化树,叶冲.论东盟高等教育共同空间构建及启示[J].比较教育研究,2015(3):10-15.

② 覃玉荣.东盟高等教育政策:价值目标局限与趋势[J].外国教育研究,2010(7):39-42.

③ 覃玉荣.东盟高等教育质量保障研究[J].高教发展与评估,2010(2):89-96.

④ 张成霞.东盟大学联盟在促进东盟高等教育发展中的作用[J].世界教育信息,2011(2):33-37.

⑤ 聪腊缇迪,张成霞.构建高等教育合作关系:东盟大学联盟在东南亚的实践经验[J].东南亚纵横,2013(11):62-65.

⑥ 强海燕.东南亚教育改革与发展[M].广州:广东高等教育出版社,2010.

⑦ 邹一戈,冯增俊.当代东南亚国家职业教育发展特点及战略走向[J].比较教育研究,2010(11):18-20.

⑧ 袁媛,白景永.东盟国家高等职业教育发展特点及其启示[J].继续教育研究,2012(3):166-169.

在《老挝、泰国、越南职业教育发展的研究——现状·问题·对策·趋势》一文中从观念层面、政策层面、教学层面以及师资层面剖析了老挝、越南、泰国三国职业教育发展存在的主要问题，即职业教育在本国受歧视、国家职业教育政策缺乏指导和支持、职业教育质量不高、现有的师资水平亟待提高等。[①] 因此，东盟三国相继制定了新的职业教育战略，以便于提高职业教育质量及师资水平。此外，由中国-东盟中心编写的《东盟国家教育体制与现状》一书部分内容也聚焦于东盟国家的教育特点，但这本书也是将东盟成员国教育现状与特点分而述之，缺少对整体层面的关注。[②]

从国外的研究内容来看，大多以东南亚劳动力市场与地区经济体匹配状况为研究主题。为防止东盟各国对职业技术教育投资降低，东南亚教育部长组织(Southeast Asian Ministers of Education Organization)与其下设的区域职业技术教育域培训中心(SEAMEO VOCTECH)在2000年发布了《东南亚地区培训系统》(Training System in Southeast Asia)[③]，着重探讨了东盟国家职业技术教育的经济属性。该报告的作者阿尔托·罗姆莉塔(Romulita Alto)等指出，东南亚地区能快速走出世界经济危机，与这些国家的职业教育系统与市场劳动力需求变化能够相互适应有关。这份报告首次将东盟十国的职业教育培训认证系统作为研究对象，不仅分别研究了十个国家职业教育培训系统的详细情况，并将职业教育的概念、职业教育的目标、劳动力市场情况以及教育系统作为分析框架分析了十个东盟国家职业教育系统的异同。在地区劳动力市场不断变化的大背景下，这份报告对东南亚地区的政策制定与规划产生了长远影响。

以东盟国家职业技术教育现状为研究主题的文献主要以以下三份报告为代表。一是2013年东盟秘书处发布的《东盟国家教育现状》(ASEAN State of Education)报告。这份报告是介绍东盟各个成员国教育整体状况的官方报告，系统梳理了近年来东盟国家在教育领域所取得的成就，并提供了东盟各国教育的发展情况数据。[④] 二是"欧盟-东盟高等教育援助项目"(The European Union Support to Higher Education in the ASEAN Region,

---

① 吴全全.老挝、泰国、越南职业教育发展的研究——现状·问题·对策·趋势[J].职教论坛，2004(22)：56-59.

② 中国-东盟中心.东盟国家教育体制及现状[M].广州：广东高等教育出版社，2010.

③ ALTO R，LSAACS I，KNIGHT B，et al. Training System in Southeast Asia [R]. South Australia：National Centre for Vocational Education Research，2000.

④ ASEAN. ASEAN State of Education[R]. Jakarta：ASEAN，2013.

SHARE)于2016年发布的成果之一:《东盟地区学位结构》(Degree Structures in the ASEAN Region: State of Play Report)。该报告作者韦斯利·泰特(Wesley Teter)与纳帕雷努·蒂拉媞蒂(Nopraenue Dhirathiti)介绍了东盟国家的学位结构,讨论了学位结构对该地区学术进步和流动性的潜在影响,最后归纳了东盟地区促进学生流动与增强国际化的区域性政策以及资历互认体系。[①] 三是东南亚教育部长组织于2017年发布的《东南亚国家与中国教育系统及改革报告》(Guidebook to Education Systems and Reforms in Southeast Asia and China),该报告也是了解东盟国家教育系统状况的又一重要补充,但这份报告比较重视中国与东南亚教育的比较研究,旨在促进双方的深度合作。[②]

国外部分研究讨论了东盟国家职业技术教育体系的脆弱性。虽然东盟国家在独立后建立了具有自身特色的职业教育体系,但仍然面临多重挑战。各国利益相关者注意到技能培训质量对于东盟地区的重要性,德国联邦经济合作与发展部发布的《东盟地区职业技术教育与培训》(Technical and Vocational Education and Training in the ASEAN Region)报告指出,东盟国家的职业技术教育现今仍然是学校本位的,缺乏对行业以及对世界的关注。年轻人在毕业后因不能满足劳动力市场要求而找不到工作。另一方面,企业也不能招聘到合适的技能人才,这在一定程度上阻碍了地区经济的发展。同时,政府也很少开展系统的地区行业需求调查,职教体系数据系统不健全,各国也很少参与系统的职业教育研究。与中国情况类似,职业技术教育在这些国家中的可接受程度不高,教育政策多注重普通教育,学校并没有为劳动力市场准备实践导向的技能型人才,职业技术教育系统的教师普遍只有学术文凭而缺乏行业经验,政府也很少为他们提供系统的在职培训。总之,东盟各国的职业教育系统、教育战略及政策尚不能与地区经济一体化的目标需求相互适应,尤其是在地区劳动力流通的问题上。[③]

部分研究聚焦于东盟职业教育发展水平的不平衡性。东盟在2015年发布的《东盟经济共同体愿景》中指出,东盟经济一体化即将拥有统一劳动力市

① TETER W, DHIRATHITI N. Degree Structures in the ASEAN Region[R]. Jakarta: SHARE Project, 2016.

② SEAMEO. Guidebook to Education Systems and Reforms in Southeast Asia and China[R]. Bangkok: SEAMEO, 2017.

③ Federal Ministry for Economic and Development(BMZ). Technical and Vocational Education and Training in the ASEAN Region[R]. Berlin: BMZ, 2015.

场及统一的生产基地,商品、服务、投资和高技能劳动力即将流通无阻,但东盟区域一体化的关键在于劳动力市场。[①] 国际劳工组织在《东盟经济共同体2015:通过技能发展提高竞争力和就业能力》(ASEAN Economic Community 2015: Enhancing Competitiveness and Employability through Skill Development)报告中也表达了相同的观点,即东盟区域一体化成功与否在于区域劳动力市场。该报告将东盟成员国分为三个层次:高收入国家(文莱、新加坡)、中等收入国家(马来西亚、菲律宾、印度尼西亚、泰国)以及低收入国家(老挝、越南、柬埔寨、缅甸)。不同层次东盟国家职业技术教育系统设计及职业技术教育政策是评估其是否做好东盟劳动力市场流动准备的依据,如年轻人从学校到工作的衔接是否到位等。针对高技能人员短缺、当前职业教育系统面临的挑战等问题,这份报告也对不同层次的成员国给出了建议。[②]

二、东盟地区教育区域化发展研究

教育区域化是当今世界教育的发展趋势,也是国内外学术界一个较受关注的主题,从国内外研究情况来看,学术界对于这个领域的主要讨论集中在高等教育区域化发展及职业技术教育区域化发展这两个层次,高等教育区域化发展研究的文献总量要多于职业技术教育区域化发展的文献,对欧盟地区教育区域化发展的关注度明显高于其他地区。教育共同体的理念及其分析框架来源于高等教育领域,因此本研究也将高等教育区域化发展的研究作为文献回顾的重要组成部分。

(一)东盟地区高等教育区域化发展研究

高等教育区域化发展深受地区政治、经济、文化一体化进程的影响,高等教育的区域化发展已成为区域政治、经济、文化共同体建设的重要支撑。国内外学术界对于欧洲、亚洲、非洲、拉丁美洲的高等教育区域化发展均有涉及。对欧洲地区教育共同空间建设及高等教育区域化发展的研究文献十分丰富,且以"博洛尼亚进程"为主要研究内容。东盟高等教育区域化发展的研究常常作为典型范例出现在亚洲高等教育区域化研究的范例之中,国内外学术界对其讨论主要体现在以下几个方面。

① International Labour Organization. Assessing the Impact of ASEAN Economic Integration on Labour Markets[R]. Geneva: ILO, 2014.

② International Labour Organization. ASEAN Economic Community 2015: Enhancing Competitiveness and Employability through Skill Development [R]. Bangkok: ILO,2015.

一是对东盟高等教育共同空间推进政策的讨论。泰国朱拉隆功大学政治学院教授及东盟大学联盟创始人雅瓦普拉巴斯（Supachai Yavaprabhas）在《连接东盟：促进东南亚高等教育区域一体化》（"Connect ASEAN：Promoting Regional Integration in Higher Education in Southeast Asia"）一文中分析了近年来东南亚地区一系列促进高等教育区域融合的政策趋势与现状，如区域高等教育质量保障框架、东南亚教育部长组织推动的师生交流计划、东盟学分转换体系、东盟研究网络等。他认为区域高等教育合作的成功是整个地区政治和社会经济可持续性的关键。[①]他在其另外一篇研究论文《东南亚的高等教育融合》（"The Harmonization of Higher Education in Southeast Asia"）中进一步分析了东南亚高等教育融合何以成为地区必然选择的背景与原因，他认为东南亚的高等教育融合才进入起步阶段，推动融合的行为主体主要由政府部门、区域组织、高等教育机构以及其他利益相关方组成，而融合的目的是在保障各国特色的基础上使得东南亚各国的高等教育具有可比性并能相互补充。[②]阿齐米·马特·阿基尔（Azmi Mat Akhir）也同样对东盟首个国家教育合作情况做了整体回顾，并将高等教育合作情况作为主要分析对象，对东盟首个五年教育规划、东盟大学联盟师生交换项目、东盟＋3平台的合作机制等方面做了细致讨论。[③]林书名（Roger Jr Chao）列举了东亚高等教育区域化发展进程的组织体系以及建设东亚高等教育共同空间的路径，他将东盟地区高等教育融合作为东亚高等教育区域化发展的一个重要组成部分。他认为由于政治经济区域化早于高等教育区域化，因此在推进高等教育区域化发展过程中，有必要研究政治经济区域化。[④]简·奈特从功能路径、组织路径及政治路径的视角分析了亚洲的高等教育共同空间的建设情况，她认为东盟高等

① YAVAPRABHAS S. Connect ASEAN：Promoting Regional Integration in Higher Education in Southeast Asia [J]. RIHE International Seminar Reports，2011（17）：213-227.

② YAVAPRABHAS S. The Harmonization of Higher Education in Southeast Asia [M] // KIYOSHI Y，et al. Emerging International Dimensions in East Asian Higher Education. Cham：Springer International Publishing，2014：81-102.

③ AKHIR A M. Regional Cooperation in Education in ASEAN and East Asia [M] // SIRIPORN W，et al. Advancing the Regional Commons in the New East Asia. New York：Routledge，2016：96-118.

④ CHAO R J. Pathways to an East Asian Higher Education Area：A Comparative Analysis of East Asian and European Regionalization Processes[J]. Higher Education，2014，68(4)：559-575.

教育质量保障体系、东盟大学联盟是亚洲高等教育共同空间建设的典型范例。① 我国学者李化树等也从东盟高等教育共同空间建设的组织形式及其实施两方面阐述了东盟高等教育区域化发展的现状。②

　　二是对于东盟高等教育区域化发展过程中某个推进政策的讨论与分析。刘强、荆晓丽对东盟学分转化系统的关键构成元素、操作流程和组织架构进行了研究,提出东盟学分转换系统面临学生流动的效果不显著、部分高校的推广力度不足、流动学生奖学金资助有限、网络申请系统的应用率不高等困境。③ 聪腊缇迪、张成霞讨论了东盟大学联盟在东南亚地区构建高等教育合作关系的机制及面临的问题,他们认为目前东南亚大学联盟通过人员流动、跨境学术合作、跨境高等教育合作机制为东南亚高等教育融合奠定了基础,但仍然面临信息分享不畅、教育质量标准不统一、交流费用有限等方面的问题。④ 荣智斌·约翰逊(Ong Chee Bin Johnson)探讨了东盟大学联盟质量保障网络对于东盟地区多所大学教育计划质量的影响。⑤ 许亚伦(Aaron Koh)认为对东盟地区的研究往往集中在该地区的政治安全、经济发展等问题的研究,学界对该地区教育问题的研究不足,他从东盟、教育及身份认同的"区域主义思想"出发,以全球化为参照,最后提出东盟需要重新设计教育,应用超越国家的教学法。他认为东盟教育共同空间意味着解构本国的教学方式,转而面向以培养合作、包容的全球公民为基础的教学法。⑥ 鲁尔德(Lourdes Tanhueco-Nepomuceno)根据简·奈特关于高等教育七阶段国际化周期框架对东南亚五所高等教育机构进行了分析,并从高等教育机构的视角讨论了这些机构在高等教育区域化

　　① KNIGHT J. The Palgrave Handbook of Asia Pacific Higher Education[M]. New York：Palgrave Macmillan，2016.
　　② 李化树,叶冲.论东盟高等教育共同空间构建及启示[J].比较教育研究,2015(3):10-15.
　　③ 刘强,荆晓丽.东盟学分转换系统的发展历程、运行现状与前景展望[J].比较教育研究,2017,39(9):72-78.
　　④ 聪腊缇迪,张成霞.构建高等教育合作关系:东盟大学联盟在东南亚的实践经验[J].东南亚纵横,2013(11):62-65.
　　⑤ JOHNSON O C B，The Impact of ASEAN University Network-Quality Assurance (AUN-QA) Assessment on the Quality of Educational Programmes [M]∥Cher M T，Thong N G. Theory and Practice of Quality and Reliability Engineering in Asia Industry. Cham：Springer International Publishing，2017：87-97.
　　⑥ KOH，A. Deparochializing Education：Globalization，Regionalization，and the Formation of an ASEAN Education Space[J]. Discourse：Studies in the Cultural Politics of Education，2007，28(2):179-195.

及国际化过程中的积极程度。①

三是从批判视角评价东盟地区高等教育区域化发展。费厄拉（Hart N. Feuera）等通过知识社会学方法评估了东南亚高等教育融合及制度霸权，他们认为各国学术正在朝标准化方向发展的目标通常不仅与维护政治关系的需要有关，也与文化融合与经济增长的需要有关。在许多地区，教育融合新举措背后，其实是地缘政治的竞争，在这种竞争关系下，各国试图利用其高等教育机构巩固其地位或"征服"新的领土，地区教育合作政策可被视为全球高等教育机构实施话语霸权的谈判手段，因此该文批判性地讨论了东南亚高等教育参与者之间的竞争性谈判，并对这类举措提出质疑：地区教育融合举措的目的究竟是整合教育体系还是占有主导话语权国家的高等教育体系？②

四是关于欧洲高等教育区域化与东盟高等教育区域化异同的讨论。部分研究将欧洲高等教育区域化与东盟高等教育区域化的相关政策的区别与联系进行了分析，如阙安当（Que Anh Dang）认为高等教育的区域化发展已从实践起源地——欧洲向世界其他区域延伸，欧洲实践经验对其他区域的高等教育改革带来了深远影响。③ 许亚伦也同样认为东盟教育空间的概念实质上来源于欧洲教育空间的概念。周孟璇（Chou Menghsuan）与波林·拉维内特（Pauline Ravinet）则从机构组织、合作方式、实践角度研究两个地区高等教育区域化的异同，他们在《欧洲与东南亚高等教育区域主义：政策思想比较》一文中指出，东盟虽然制度化程度较低，而且没有像欧盟那样具有一系列行政、立法及司法权力的中央机构，但东盟近年来也向一体化方向发展，这两个区域都具有明显的区域组织机构，在高等教育区域主义上表现出浓厚的兴趣。但是，与欧盟不同的是，东盟高等教育并未被归入教育政策部门的政治合作的重点，而且，东盟区域主义集中解决的是在该地区发起的政治与组织合作事务。因此，欧洲和东南亚的高等教育区域主义不仅仅是强度上的不同，而是种类上的不同。④

---

① TANHUECO-NEPOMUCENO L. Internationalization of Higher Education in the ASEAN Region：Is the HEI in the State of "Becoming Internationalized or Being Internationalized? [J]. Advances in Social Science，Education and Humanities Research，2018(227)：119-124.

② FEUERA H N，HORNIDGE A K. Higher Education Cooperation in ASEAN：Building towards Integration or Manufacturing Consent? [J]. Comparative Education，2015，51(3)：1-26.

③ DANG Q A. The Bologna Process Goes East? from "Third Countries" to Prioritizing Inter-regional Cooperation Between the ASEAN and EU [M] // ADRIAN C，LIVIU M，REMUS P，et al. The European Higher Education Area. Cham：Springer International Publishing，2015：763.

④ RAVINET P，CHOU M H. Higher Education Regionalism in Europe and Southeast Asia：Comparing Policy Ideas[J]. Policy and Society，2017，36(1)：143-159.

雅瓦·普拉巴斯认为欧洲高等教育的协调得到了多方利益者的认可与支持，具有强烈的政治意愿与充足的资源，计划周密，而东南亚的政治意愿仍然在培养之中，其过程还要取决于东盟轮班领导人的"即兴创作"，跟世界其他地区相比，其协调进程仍远远落后。[①]

多位学者表示"博洛尼亚进程"只能是一个案例，并不能简单模仿，比如林书名就在其研究中指出，虽然亚太地区也想模仿欧洲建立高等教育共同体，但亚太地区的不同的人口结构、经济及社会背景必然造成其高等教育共同体带有自身的特点。[②] 亚里士多·查玛（Aristotelis Zmas）则进一步说明，除了人口、经济及社会背景外，国家愿景、经济需求、政治意愿、行政管理、文化传统、意识形态、哲学理念都是改变"博洛尼亚进程"样板（BP Model）的重要原因。[③]

（二）东盟地区职业技术教育区域化发展研究

在职业技术教育区域化发展的研究方面，国内外学术界主要以欧洲职教一体化为研究对象的居多，对于东盟职业技术教育区域化发展的研究偏少，多数研究探讨的是东盟地区某项职教区域化发展的政策，如东盟资格参照框架、东南亚职业技术教育区域合作平台建设以及东盟职业技术教育教师标准开发等。

在推动东盟地区职业技术教育区域化发展的政策方面，国内外研究主要集中在对东盟资格参照框架的讨论上。国际劳工组织及英国文化委员会发布的以下三份报告提供了该地区资格参照框架的建设情况：一是《东盟成员国技能人才自由流动准备情况评估报告》（Assessment of the Readiness of ASEAN Member States for Implementation of the Commitment to the Free Flow of Skilled Labour within the ASEAN Economic Community from 2015），该报告认为面临全球一体化的机遇与挑战，作为发展中国家的新兴经济体，东盟积极回应世界变化，为提高地区整体竞争力，实现区域内劳动力流通和能力认证，多年来致力于教育和培训资历框架的构建。区域资格参照框架使东盟各国国家资格框架和培训系统形成了紧密联系，并充当了成员国之间资格认证体系的翻译工具，其不仅提供了参考基准，而且也避免了对成员国

① YAVAPRABHAS S. The Harmonization of Higher Education in Southeast Asia［M］// KIYOSHI Y, et al. Emerging International Dimensions in East Asian Higher Education. Cham： Springer International Publishing，2014：81-102.

② CHAO R J. Reflections on the Bologna Process：the Making of an Asia Pacific Higher Education Area［J］. European Journal of Higher Education，2011，1(2-3)：102-118.

③ ZMAS A. Global Impacts of the Bologna Process：International Perspectives，Local Particularities［J］. Compare，2015，45(5)：1-21.

培训认证系统的多样性产生限制,增强了成员国之间的相互信任与合作,促进了劳动力流动。该报告还对东盟十国的国家资格框架及职业技术教育所处的等级进行了系统陈述,最后根据东盟各国实际情况在外部支持的必要性等方面给出了不同的政策建议。① 二是《国家资格框架的实施:16个国家的研究报告》(The Implementation and Impact of National Qualification Framework:Report of a Study in 16 Countries)②,这份报告系统地阐释了国家资格框架开发的目的、设计、实施、使用、影响等几个方面,并对东盟成员国之一(印度尼西亚)的国家资格框架情况作出简要说明。三是英国文化委员会(British Council of Culture)发布的《东盟资格参照框架与东盟国家资格框架现状调查报告》(ASEAN Qualifications Reference Framework and National Qualifications Frameworks:State of Play Report),这份报告详细介绍了东盟十国国家资格框架与东盟参照资格框架的实施与对接情况③,该报告是目前对东盟成员国资格框架介绍最为全面的一份参考文献。

在东盟地区职业技术教育教师标准开发方面,由地区组织发布的两份报告是介绍东盟地区职教标准建设的重要学术成果。一是由东南亚教育部长组织教育创新与技术中心(SEAMEO INNOTECH)发布的《东南亚国家教学能力标准》④(Teaching Competency Standards in Southeast Asia Countries);二是由东盟地区职业技术教育合作平台发布的《地区职业技术教育教师标准开发:以东盟成员国及中国教师标准的实施作为参考》⑤(Lesson Learned from the Development and Implementation of National Teacher Standards in ASEAN Member States and China as Inputs for the Development of Regional TVET Teacher)。第一份报告调查了东盟成员国以及东帝汶等11

---

① International Labour Organization. Assessment of the readiness of ASEAN Member States for Implementation of the Commitment to the Free Flow of Skilled Labour within the ASEAN Economic Community from 2015 [R]. Bangkok:ILO,2014.

② International Labour Organization. The Implementation and Impact of National Qualification Framework:Report of a Study in 16 Countries [R]. Geneva:ILO,2010.

③ British Council. ASEAN Qualifcations Reference Framework and National Qualifcations Frameworks:State of Play Report [R]. Jakarta:SHARE Project Management Office,2015.

④ SEAMEO INNOTECH. Teaching Competency Standards in Southeast Asia Countries[R]. Quezon City:SEAMEO INNOTECH,2010.

⑤ Regional Cooperation Platform. Lesson Learned from the Development and Implementation of National Teacher Standards in ASEAN Member States and China as Inputs for the Development of Regional TVET Teacher[R]. Gadong:Regional Cooperation Platform,2017.

个国家关于教师教学能力标准的内容、教师标准开发的共用路径、实施办法、评估办法、激励措施及能力框架，这份报告的调查结果促成了《21世纪东南亚教师能力框架》(Competency Framework for Southeast Asia Teachers of the 21st Century)的产生。第二份报告调查了东盟成员国国家职业技术教育教师标准的开发与实施过程，该报告是地区组织制定区域职业技术教育教师标准的重要参照。另外，德国学者迈克尔·葛罗奇(Michael Grosch)在其研究论文中详细介绍了在东盟职业教育教师标准开发过程中所使用的ASK能力模型(Attitude，Skills and Knowledge Competency Model)，他认为解决高技能人才紧缺问题的关键是要改善职业教育水平，而职业教育教师则是关键因素，开发一套地区通用的职业教育教师标准及东盟职业教育硕士文凭项目不仅能促进地区职业教育教师水平的提高，而且也将加快东盟共同体建设。①

除东盟资格参照框架及区域职业教育教师标准开发的相关研究以外，国内外学者还对东盟地区职业技术教育高级官员会议机制、东盟地区职业教师教育合作平台开发与建设、东盟学术期刊索引等问题进行了研究。如英国文化委员会发布的报告《东南亚职业技术教育高级官员会议：共促协调发展与国际化》(High Official Meeting for TVET in Southeast Asia：Working Together Towards Harmonisation and Internationalisation)介绍了东南亚职业技术教育高级官员会议机制的议题、内容、参与方式、协议等详情。托马斯·施罗德(Thomas Schröder)梳理了东盟地区区域职业教师教育合作平台成立的背景、发展历程、目标、组织结构及合作协调过程，并分析了开发区域合作平台的理论方法。② 纳龙格里特·索姆巴索姆波普(Narongrit Sombatsompop)等在其研究中分析了东盟地区学术研究现状及存在的挑战，并提出建立东盟地区学术期刊索引对于促进东盟一体化的重要作用。③

在东盟地区职业技术教育政策的实施方面，主要以东盟资格参照框架的实施与职业技术教育质量保障框架的实施案例为主。在东盟经济与社会文化

---

① GROSCH M. Developing A Competency Standard for TVET Teacher Education in ASEAN Countries [J]. Jurnal Pendidikan Teknologi dan Kejuruan，2017，05(3)：279-287.

② SCHRÖDER T. Regional Cooperation in Vocational Teacher Education：Building a Platform for Common Research and Development，Consultancy and Reform in East and Southeast Asia [J]. TVET@Asia. 2014(2)：1-21.

③ SOMBATSOMPOP N，PREMKAMOLNTR N，MARKPIN T，et al. Viewpoints on Synergising ASEAN Academic Visibilities through Research Collaboration and the Establishment of an ASEAN Citation Index Database[J]. Asia Pacific Viewpoint，2011，52(2)：207-218.

共同体建设的大背景下,东盟成员国之间的劳动力流动将成为普遍趋势。东盟成员国为加强职业技术教育质量保障体系,响应区域一体化建设倡议,纷纷采取行动,制定与区域对接的相关政策,如越南政府发布了《越南职业培训发展战略 2011—2020》(The Vocational Training Development Strategy of Vietnam for the Period 2011—2020)[①]。丰池迪(Phuong Chi Diep)在其研究中对该文件进行了梳理,列举了越南国家资格框架与东盟资格参照框架的对接情况,并阐述了越南政府在区域融合新趋势下颁布的一系列职业教育质量保障措施,其中包括更新政府职教管理体系、发展职业教育教师队伍和管理人员、建立国家职业技能标准和国家职业资格框架、为职业培训与劳动力市场建立联系、开展职业培训领域的国际合作等。[②]

　　部分研究则对东盟地区职业技术教育区域化发展过程中面临的制约因素作出了讨论。以区域资格参照框架的实施为例,区域资格参照框架在实施过程中面临诸多挑战。时任东南亚教育部长组织职业技术教育与培训中心副主任帕优诺(Paryono)认为在东盟经济共同体建设大背景下,诸多区域倡议还缺少明确的实施监督机制。[③] 他还指出东盟资格参照框架现在还属于初期阶段,像柬埔寨、老挝、印尼、缅甸、菲律宾及越南这样的高技能劳动力“进口国”拥有与区域资格参照框架对接的强烈意愿,文莱、马来西亚、新加坡这类劳动力“输出国”的对接动机则较小。[④] 塞蒂亚万(Agus Setiawan)认为东盟资格参照框架具有经济导向、基础薄弱、受政治制约、无协调部门、缺少专家指导等特点,具体表现在部分东盟成员国建立的是覆盖所有教育层次的国家资格框架,而一些东盟成员国建立的是针对某个教育层次的国家资格框架,其余的东盟国家尚未建立任何形式的国家资格框架,这表明东盟各国国家资格框架建

　　① Vietnam Government. The Vocational Training Development Strategy of Vietnam for the Period 2011—2020[EB/OL]. (2017-10-22)[2021-12-13]. http:// www. economica. vn/Portals/0/ Documents/1d3f7 ee0400e42152bdcaa439bf62686. pdf.

　　② DIEP P C. Substantial Policies and Measures to Promote Quality Assurance of TVET in Vietnam towards Mutual Recognition in ASEAN [J]. SEAMEO VOCTECH Journal,2016,7(1): 1-21.

　　③ PARYONO. Anticipating ASEAN Economic Community 2015: Regional Initiatives on Human Resources Development and Recognition of Professional Qualifications [J]. SEAMEO VOCTECH Journal,2013,12(30): 1-8.

　　④ PARYONO. Regional Qualification Framework in Southeast Asia: Current Status, Opportunities, and Challenges[J]. SEAMEO VOCTECH Journal,2010,10(1): 1-10.

设处在不同的发展阶段，这对区域资格参照框架的应用了带来了挑战。^① 张伟远、傅璇卿在《搭建教育和培训的资格互认框架：东盟十国的实践》一文中指出，未来东盟资格参照框架的全面实施面临着短期无法产生预期目标的问题，东盟成员国在政治、经济、文化方面具有较大差异，如没有强力的支持，难以大规模实施。除此之外，东盟资格参照框架现今还未得到各国的长期承诺，成员国之间以及利益相关方的紧密合作还需加强。^② 针对上述问题，帕优诺在其研究中提出采取跟踪调查、建立资格框架数据库、组建专家团、举办研讨会、规划下一步行动、建立对接试点、争取东盟成员国官方文件支持等策略。^③

另外值得注意的是，东盟地区职业技术教育政策研究的来源之一是东南亚教育部长组织职业技术教育中心（SEAMEO VOCTECH）创办的区域性学术期刊，该中心在东盟地区职业教育改革领域发挥重要引领作用，拥有研究、咨询、培训等多重功能，定期分析东南亚地区及世界范围的职教发展趋势，并提出应对之策。该中心的网络学术期刊《东南亚教育部长组织职业技术教育中心网络学术期刊》（*SEAMEO VOCTECH Online Journal*）与《亚洲职业技术教育与培训》（*TVET@Asia*）是分享东盟各国职业教育改革实践经验、讨论职业技术教育质量保障以及促进产教融合发展的重要研究平台。这两份期刊围绕东南亚地区的职业教育系统协调发展、地区职业教育标准开发、职业教育研究能力提升、职业教育教师培养、产教融合、职业教育质量保障、职业教育课程开发等问题定期发布学术研究成果，成为了解东盟地区职业教育改革发展现状的重要信息途径。

三、东盟国家合作机制的研究

东盟国家合作机制对东盟国家在教育领域的交流合作机制有深远影响，因此对东盟国家合作机制的梳理有利于理解与分析东盟地区职业技术教育合作战略与实践，有助于全面把握东盟地区职业技术教育区域化发展的内部协调机制与偏好。

---

① SETIAWAN A. Compliance of IQF towards AQRF：Challenges and Opportunities of the Referencing to Regional Qualification Framework：International Conference on Innovation in Engineering and Vocational Education，Bandung，Nov 14，2015[C]. Bandung：ICIEVE，2015.

② 张伟远，傅璇卿. 搭建教育和培训的资历互认框架：东盟十国的实践[J]. 中国远程教育：综合版，2014(5)：46-53.

③ PARYONO. Regional Qualification Framework in Southeast Asia：Current Status，Opportunities，and Challenges[J]. SEAMEO VOCTECH Journal，2010，10(1)：1-10.

（一）"东盟方式"研究

东盟地区职业技术教育区域化发展研究的实质是东盟国家职业技术教育互联互通研究,换言之,东盟地区职业技术教育区域化发展研究也可以说是东盟国家之间职业技术教育合作机制的研究,因此,有必要对东盟国家之间的合作机制进行文献回顾。我国学者程晓勇认为"在地区性国际组织中,东盟以其鲜明的亚洲特色和独特的行为准则成为新区域主义的重要代表"。[①] 范宝权也认为东盟社会文化共同体建设已经取得了较为显著的成果,在推动东盟共同体整体建设的过程中形成了独具特色的决策方式、价值观念及共同意识。这些成就在主导东盟教育向一体化方向发展的过程中成为较强的推动力。[②]虽然东盟官方没有专门对"东盟方式(ASEAN Way)"进行诠释,但学界把"东盟方式"看作是东盟特色合作机制的代名词,国内外多位学者对"东盟方式"的内涵做出了研究。

外国学者阿米托夫·阿查亚(Amitav Acharya)认为"东盟方式"这个术语通常是指东盟国家强调协商与共识,不干涉内政的决策过程,其最重要的因素是非正规性以及对制度化的厌恶。[③] 杰弗里·科克汉姆(Geoffrey B. Cockerham)从东盟制度设计的角度对"东盟方式"进行阐释,他认为东盟方式的基础要素也是协商与共识,他在研究中将东盟的各类协议分为五类:即宣言(declaration)、部长声明(ministerial statements)、主协议(principal agreement)、补充协议(supplementary protocol)及补充条款(protocols),通过对东盟各类协议进行内容分析后发现,东盟表现出了互利合作与高度重视国家主权之间的平衡行为。[④] 东盟前秘书长鲁道夫·C.塞韦里诺(Rodolfo C. Severino)认为"东盟方式"就是一种回避法律承诺的交往方式,他在《东南亚共同体建设探源》一书中指出,东南亚不是西欧,东南亚采取了一条非正式的、回避法律形式和法律承诺、避免详细规划的地区性超国家机制路线,由于东盟

① 程晓勇.东盟规范的演进及其对外部规范的借鉴:规范传播视角的分析[J].当代亚太,2012(4):33-49.

② 范宝权.地区认同视角下东盟社会文化共同体探析[D].武汉:武汉大学,2017.

③ ACHARYA A. Constructing a Security Community in Southeast Asia:ASEAN and the Problem of Regional Order [J]. Journal of Asian Studies,2002,61(4):1432-1434.

④ COCKERHAM G B. Regional Integration in ASEAN:Institutional Design and the ASEAN Way[J]. East Asia,2010,27(2):165-185.

在建立地区机制时有谨慎和渐进的偏好，因此法律约束性协议相对稀缺。[①]
尤尔根·鲁兰(Jurgen Ruland)等认为东盟善于利用第二轨道外交，且官方认
可介于学术机构和智库之间的非正式会议，东盟认为这些"非正式"的会议具
有在制度化环境中讨论的重要功能。[②]

国内学者谢碧霞、张祖兴同样认为"东盟方式"是一种区别于欧盟的决策
方式，两位学者在《从〈东盟宪章〉看"东盟方式"的变革与延续》一文中指出，东
盟的成功在于东盟根据东南亚国家自身的特点，采取了有别于欧盟一体化运
作模式的独特组织决策方式，即"东盟方式"。[③] 王良生对"东盟方式"有不同
的理解："它是内部争端管理和信任建设的方法；是一种独特的政策制定风格；
是一种地区特色文化的体现，这些解读反映了学者不同的分析侧重点。"[④]"东
盟方式"不仅是东盟地区得以维持和发展的基础，更是东盟主导地区合作进程
的重要因素。我国学者宋宝雯、方长平对"东盟方式"给出了相似的概念，把
"东盟方式"的内涵界定为东盟成员国坚持以互不干涉为核心，坚持主权的不
可侵犯和国家间的绝对平等，以非正式的、非强制性的松散安排及和平方式避
免、解决分歧或争端，谨慎地、渐进地发展区域合作。[⑤] 王士录在研究中把这
种非正式的、非强制的松散安排的决策方式概括为"寻求一致原则、N 减 X 原
则及不干涉内政原则"，其特点是国家不分大小和国力强弱，在决策过程中绝
对平等，这使得东盟成为一个以相互平等协商为基础的利益共同体。[⑥] 周玉
渊将东盟的外部国际环境、国内政治、地区非政府行为体作为分析框架探讨了
东盟决策模式的相关影响因素，并认为东盟决策的内容和行为体不断扩大，东
盟越来越呈现出开发参与的特征。[⑦]

一些学者还从东盟与欧盟的决策结构进行了比较，如德国学者杰斯乌维·
伍德里希(Jens-Uwe Wunderlich)认为东盟采取了非常不同的区域一体化轨

① 塞韦里诺.东南亚共同体建设探源：来自东盟前任秘书长的洞见[M].王玉主,译.北京:社会
科学文献出版社,2012:4-10.

② RULAND J, SCHUBERT G, SCHUCHER G, et al. Asian-European Relations[M]. London:
Routledge, 2013: 222.

③ 谢碧霞,张祖兴.从《东盟宪章》看"东盟方式"的变革与延续[J].外交评论(外交学院学报),
2008(4):37-44.

④ 王良生.多边主义视角下的东盟运行机制[D].厦门:厦门大学,2007.

⑤ 宋宝雯,方长平."东盟方式"与东盟对区域合作的主导作用[J].中国青年社会科学,2013(5):
116-119.

⑥ 王士录.东盟合作机制与原则改革的争论及前景[J].当代亚太,2007(8):46-51.

⑦ 周玉渊.东盟决策模式及其相关因素研究[D].广州:暨南大学,2009.

道,与欧盟对正式和合法的偏好相反,东盟一直追求"基于关系的方法"(relations-based approach)。如果欧盟是政府间决策与超国家特征相结合的混合型产物,那么东盟的决策结构仍然是政府间的。[1] 张蕴岭在《如何认识和理解东盟——包容性原则与东盟成功的经验》一文中指出,虽然东盟学习了欧洲的联合经验,但却未照抄这些做法与经验,而是根据自身情境独创了"东盟方式",东盟靠"东盟方式"的软机制在多样性的国家之间达成诸多共识,东盟按照"东盟方式"进行集体协商以取得"集体共识",东盟共同体建设以"东盟为中心"全面推进,这不同于欧盟凡事都要"依法办事"的模式,也不同于欧盟由大国(法、德)来决定重大事务的方式。[2]

(二)"东盟方式"对东盟国家教育合作机制的影响研究

"东盟方式"毋庸置疑地影响了东盟地区教育合作机制及目标。对此,阙安当对"东盟方式"在教育合作领域的影响做出讨论,他认为东盟地区40年的教育合作经验形成了具有自身具有特色的教育合作模式,该模式是以政府间对话、自愿承诺、定期会晤为基础的教育融合模式。尽管"博洛尼亚进程"拥有15年的区域政策协调经验,但这种经验对于这个区域来说仅仅是个参照模板而已。"博洛尼亚进程"的行动路线与东盟国家地区内部对话十分相似,这是由于欧盟与东盟存在着共同的利益,欧盟试图将"博洛尼亚进程"的理念传播到东盟地区,而东盟也希望从中获益。然而,欧洲政策在东盟本土化转变过程中,东盟对"教育共同空间"的含义形成了自身的看法。[3]

萨夏·嘉本(Sacha Garben)在其研究中进一步总结了两个地区教育区域化发展的不同之处,即东盟认为教育共同空间是通过"协调"的方式构建的,而欧盟却不认同"协调"这个词。[4] 东盟的教育区域化发展目的不是为了建立一个像欧洲"博洛尼亚进程"那样高度标准化的教育体系,而是寻找结合点式的教育合作方式,这与"东盟方式"的合作原则是相匹配的。黑田和男(Kazuo

① WUNDERLICH J U. Comparing Regional Organisations in Global Multilateral Institutions：ASEAN，the EU and the UN[J]. Asia Europe Journal，2012，10(2-3)：127-143.

② 张蕴岭. 如何认识和理解东盟——包容性原则与东盟成功的经验[J]. 当代亚太，2015(1)：4-20.

③ DANG Q A. The Bologna Process Goes East? from "Third Countries" to Prioritizing Interregional Cooperation Between the ASEAN and EU [M]// ADRIAN C, LIVIU M, REMUS P, et al. The European Higher Education Area. Switzerland：Springer International Publishing，2015：774.

④ GARBEN S. The Bologna Process：From a European Law Perspective [J]. European Law Journal，2010-16(2)：186-210.

Kuroda)在其研究中总结了东盟教育合作方式的特点，由于东盟国家在政治、经济发展水平、宗教传统多样性及教育质量上差异，东盟的教育区域化是一种"马赛克"式的拼图，不需要改变成员国的教育体系来与之适应，需要谨慎的合作步骤来寻求共同点。而欧洲的教育区域化，尤其是高等教育的区域化完全带有"大熔炉"式的发展特点。[①] 滨中信太郎(Shintaro Hamanaka)在其研究中对东盟资格互认体系开发过程中所运用的决策模式进行了分析，并将其作为"东盟方式"如何影响东盟国家在教育合作领域进行合作的典型例子，他认为"东盟方式"是影响东盟国家资格互认内容与运作方式的重要影响因素之一。[②]

四、对既有研究的评价

菲利普·阿特巴赫(Philip G. Altbach)在《东南亚高等教育——模糊的边界与变化的平衡》(*Higher Education in Southeast Asia：Blurring Borders，Changing Balance*)一书的序言中写道"东南亚的高等教育系统正在迅速发展，然而世界范围内还对此所知甚少"。[③] 同样，东盟国家职业技术教育也正在迅速发展之中，世界范围内对其发展状况了解还不够。根据前文的文献梳理情况来看，关于本研究的文献具有以下几个特点：

第一，就东盟地区职业技术教育发展研究的数量上而言，学术界对东盟地区职业技术教育的研究数量远不及对发达国家所在地区的职业技术教育研究。随着中国-东盟教育交流合作不断深入，总体研究数量在不断上升，但不管是东盟地区职业技术教育政策的整体研究，还是东盟成员国的职业技术教育政策研究，都非常有限。对东盟整体层面职业技术教育政策的研究离不开对其成员国职业技术教育状况的把握，但我国学术界对东盟十国职业技术教育的关注度并不高，不同层次东盟国家的职业技术教育现状研究均十分欠缺，如文莱职业技术教育政策研究仍然是空白。另外，国内学术界对东盟地区职业技术教育的关注群体带有明显的地域性，广西、云南高校学者的研究占了大多数。

第二，从东盟地区职业技术教育研究的内容上看，国内研究主要以中国-

---

① KURODA K. Possibilities and Challenges in Constructing a New Regional Collaboration Educational Framework in Asia [R]. Tokyo：Global Institute for Asian Regional Integration，2009：11.

② HAMANAKA S，JUSOH S. Understanding the ASEAN Way of Regional Qualification Governance：The Case of Mutual Recognition Agreements in the Professional Service Sector[J]. Regulation ＆Governance，2018：12(6)：1-19.

③ WELCH A. Higher Education in Southeast Asia：Blurring Borders，Changing Balance [M]. New York：Routledge，2011.

东盟职教合作交流的实践总结类研究居多,且集中在中国-东盟职教合作模式、院校案例以及启示的探讨上,理论指导下的研究分析十分匮乏。国内外学术界很少有东盟职业技术教育的比较研究,以"东盟职业教育"冠名的研究多数是按东盟的国别分而述之,极少有研究者将东盟作为一个整体探讨地区国际组织职业技术教育政策、倡议及其在成员国的影响与实践。

第三,从东盟地区教育区域化发展的相关研究来看,国内外学术界对这一领域的研究集中在东盟某一项职业技术教育政策的研究上,如东盟资格参照框架、东盟学分转化体系等。极少对东盟地区职业技术教育区域化发展做全面系统的梳理研究。大多数研究关注的是欧洲地区职业技术教育区域化发展问题及高等教育区域化发展问题,对发展中国家及地区的教育区域化研究极少。随着"博洛尼亚进程"理念的东渐,东盟高等教育的区域化发展问题开始引起国内外学术界的关注,并有部分学者对两个地区高等教育区域化发展的不同模式作出区分,但对职业技术教育领域的融合现象缺乏明显的关注度。另一方面,对东盟特色合作方式在教育合作上的影响研究,尤其在职业技术教育领域的影响研究也非常有限。

第六节 研究思路与方法

一、研究思路

东盟地区职业技术教育区域化发展的背景及外在表现形式较为多元,如果缺少分析框架,就无法把握其多样的外显形式。一方面,本研究运用地区主义的相关理论视角分析东盟地区职业技术教育区域化发展的背景;另一方面,本研究运用高等教育区域化发展理论中的分析框架,厘清东盟职业技术教育区域化发展错综复杂的现象,并以较为清晰的三个路径加以展现出来,在此基础上,对东盟地区职教区域化特征、效果及存在的问题作出分析,最后提出对我国职业技术教育发展的启示。因此,本书围绕以下四个研究问题展开研究:

第一,东盟地区职业技术教育区域化发展的背景。在这部分,本书从东盟地区区域组织以及东盟国家国内环境与区域化发展之间的关系出发,分析东盟地区职业技术教育区域化发展的动力。

第二,东盟地区职业技术区域化发展的路径。本书在这部分主要回答的是东盟国家如何推进职业技术教育区域化发展的问题,一是回答主导东盟地区教育合作政策话语权的地区组织是哪些,这些地区组织出台了哪些影响该地区职业技术教育发展与改革方向的政策文件;二是回答东盟国家如何实现本地区职业技术教育的互联互通,采用了哪些技术手段;三是回答东盟国家主要依托于哪些地区组织推进职业技术教育区域化发展。以上三个问题分别对应的是东盟地区职教区域化发展的政治路径、功能路径及组织路径。

第三,东盟地区职业技术教育区域化发展的特点、效果及问题。这部分主要以简·奈特提出的高等教育区域化发展特征分析框架为指导,阐明东盟地区职业技术教育区域化发展的特征,讨论该地区职业技术教育区域化发展过程中的特色合作方式。在评估该地区职业技术教育区域化发展的效果部分,本书以东盟地区职业技术教育区域化发展三大路径分别取得的成效作为基本分析思路。在东盟地区职业技术教育区域化发展存在的问题部分,本书将东盟地区职业技术教育发展水平差距、职教合作现状以及集体决策方式作为基本分析要素展开讨论。

第四,东盟地区职业技术教育区域化发展的启示。启示部分按两种视角展开:一是东盟地区职业技术教育区域化发展对我国职业技术教育发展的经验借鉴;二是我国如何深化与东盟国家在职业技术教育领域展开交流与合作。

本书主要内容的研究思路见图1.3。

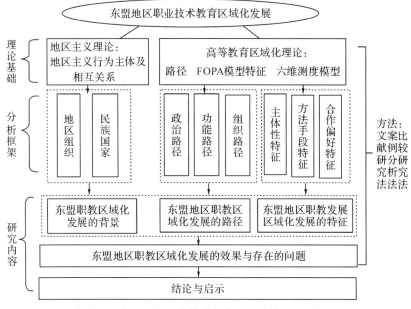

图1.3 东盟地区职业技术教育区域化发展研究思路

二、研究方法

本研究的研究方法主要有文献研究法、比较研究法及案例分析法。

（一）文献研究法

文献法即通过东盟、东盟成员国、东南亚教育部长组织官方网站及东盟地区其他地区组织发布文件、报告、会议材料、数据库网站等进行搜索、归类，从中总结出主要信息，客观地介绍东盟地区职业技术教育区域化发展过程中一系列战略计划及指导文件。另一方面，充分利用浙江大学图书馆丰富的数据资源检索国内外相关的期刊、硕博论文，参考国内外关于教育区域化发展的相关理论与分析框架，为本研究提供分析思路。

（二）比较研究法

比较法是比较教育研究最为根本的思维基础。[①] 比较研究法是指通过收集及整理一手文献，对事物的异同关系进行对照比较，从而揭示事物的发展规律。一方面，本研究通过对东盟地区职教区域化发展三种路径的系统梳理，提出对我国职业技术教育质量提升与对外开放两方面的启示。另一方面，本研究在论述东盟地区职业技术教育区域化发展特征时，将欧盟与东盟的教育区域化进行比较，从二者的异同中总结出东盟地区职业技术教育区域化发展的特色。

（三）案例分析法

在论述东盟及东南亚教育部长组织发布的框架、战略计划、标准时，将东盟成员国的实施情况作为补充能够更直观地了解东盟地区职业技术教育区域化发展的推进过程，形象地展现东盟成员国对区域职教政策的回应措施。因此，本研究在东盟地区职教区域化发展功能路径的相关内容的分析中，重点论述了东盟资格参照框架与东盟成员国国家资格框架的对接情况，并以马来西亚国家资格框架与东盟资格参照框架的对接作为案例展开具体的分析。

---

① 　王承绪，顾明远.比较教育[M].4 版.北京:人民教育出版社,2012:29.

第七节　研究创新与不足

一、研究创新

本研究的创新点主要在以下三个方面：

第一，研究内容创新。王承绪先生在《比较教育》一书中指出，区域教育研究属于比较教育研究领域。[①] 由于我国比较教育研究领域一直以来比较重视对发达国家教育发展经验的研究，发展中国家所在地区尤其是东盟国家所在地区的教育研究长期得不到学术界的关注。北京师范大学王英杰教授指出"在全球化的时代，比较教育研究的基本特点是多元，研究目的多元，研究单位多元，研究选题多元，研究范式多元"。[②] 为满足我国比较教育研究范式的转型以及积极参与世界教育治理的需要，发展中国家及其所在地区组织的教育政策研究也应该成为我国比较教育学科领域的重要研究方向之一。随着世界各地区教育区域化发展趋势的不断深入，学术界关于欧盟地区、非盟地区教育区域化的研究已十分丰富。然而，国内外学术界对东盟地区职业技术教育区域化发展的关注度远远不及其他地区。另外，我国学术界对东盟、东南亚教育部长组织以及东盟成员国职业技术教育政策的研究也很欠缺。在"一带一路"背景下，我国与东盟国家教育合作与交流频率不断加强，双方在职业技术教育方面的合作成果现已成为双方在各教育层次合作中最为丰富的领域，因此本研究选取东盟地区职业技术教育区域化发展作为选题，将在一定程度上弥合我国对东盟地区区域组织职业技术教育政策研究力度不够的短板。

第二，理论运用上的创新。简·奈特提出的高等教育区域化发展 FOPA 模型已被应用于东亚、欧洲、非洲高等教育区域化发展的研究分析，目前尚未有研究将 FOPA 模型运用在东盟地区职业技术教育区域化发展研究中，因此本研究将扩充 FOPA 模型在东盟地区教育区域化问题上的运用。

第三，政策启示上的创新。我国学术界目前对东盟国家职业技术教育政策启示类研究大多立足于自身院校或所在省市职业技术教育的现状及优势谈我国与东盟国家的职业技术交流与合作，很少有研究立足于东盟地区职业技

---

①　王承绪,顾明远.比较教育[M].4版.北京:人民教育出版社,2012:27.
②　王英杰.民族国家、全球化与比较教育学:问题、冲突与挑战[J].比较教育研究,2017(12):3-6.

术教育现状、职业技术教育发展与改革方向及其现阶段的需求研究未来双方在职业技术教育的合作领域与方向。因此,本研究在政策启示上的创新主要体现在立足于东盟以及东南亚教育部长组织发布的各类职教战略及规划,以此为基础提出对我国的借鉴。

二、研究不足

本研究的不足之处主要是以下两点:

第一,案例讨论不够丰富。由于东盟地区职业技术教育区域化发展处于初期阶段,部分区域政策的实施也处在初期阶段。因此本研究对东盟地区职教区域化发展各项相关政策实施案例的讨论不够丰富。自东盟 2015 年宣布全面实施经济一体化以来,虽然东盟成功发布了一系列促进劳动力自由流动的战略计划,在推进东盟地区职业技术教育的区域化发展政策方面也颇有进展,但多数区域政策依然停留在实施的初期阶段,比如东盟资格参照框架还处在不断修正的过程中,其实施经验不够丰富。

第二,本研究未能将东盟地区职业技术教育区域化发展的所有表现形式全部展现在本研究之中。由于职业技术教育区域化发展是一个动态演变过程,东盟、东南亚教育部长组织等地区组织机构对东盟职业技术教育区域化发展的推动作用是该过程的一个方面,实际上还应包括东盟地区外部力量的推动作用及支撑手段。本书在部分章节虽有提及区域外部力量,但未将其作为本研究的重点加以论述。本研究运用了简·奈特的分析框架探讨东盟职业技术教育的区域化发展,只展现了当下该地区职教区域化发展的情况,不能详尽展现该地区职教区域化发展的方方面面。

第二章　研究的理论基础

本研究主要以地区主义理论与高等教育区域化理论作为理论基础。地区主义理论应用于东盟地区职业技术教育区域化发展行为体的界定与背景分析,高等教育区域化理论应用于东盟地区职业技术教育区域化发展的概念、路径及特征的分析。

第一节　地区主义理论

一、地区主义的维度、行为体及组织形式

"广义上讲,地区主义是对某一地区的国际合作或不同程度的一体化发展态势的统称。从狭义上讲,地区主义是指某个具体的地区工程或一个地区一体化进程的理论与实践的总和。从政策取向上看,地区主义是一个国家根据其自身的长远利益,推动该国所在地区一体化和联合的政策措施。"①从种类上看,地区主义可分为经济地区主义、政治地区主义、安全地区主义以及社会文化地区主义。经济地区主义是最常见的一种地区主义形式,这种类型的地区主义指的是区域贸易、投资和区域间金融关系。政治地区主义指建立国际政治合作网络,协调与加强地区公共政策和事业,分享区域政治领导人制定的政治目标,建立旨在加强成员国共同政治空间的区域机构。安全地区主义是指加强区域军事力量合作,制定旨在维护整个地区和平的公共安全政策。社会文化地区主义指加强区域认同的一种方式。以上几种地区主义可能共存且彼此影响。同时,国家与区域之间各种关系的发展以及地缘政治变革将伴随着新型区域主义的产生。②

---

① 邢瑞磊.比较地区主义:概念与理论演化[M].北京:中国政法大学出版社,2014:58.

② MÜLLER L M. The Theoretical and Practical Dimensions of Regionalism in East Asia[M]. Cham:Springer International Publishing,2017:32-33.

佛雷德利克·索德伯姆(Fredrik Söderbaum)认为地区主义主要经历了四个阶段,即早期地区主义(early conceptions of regionalism)、旧地区主义(old regionalism)、新地区主义(new regionalism)及比较地区主义(comparative regionalism)[1],他总结了新旧地区主义产生的背景、基本立场以及参与行为体的差异,见表2.1。

表 2.1 新旧地区主义与比较地区主义行为体比较

阶段	旧地区主义	新地区主义	比较地区主义
全球秩序	二战后 冷战、两极世界 后殖民时代	后冷战背景 全球化与新自由主义	多维世界 反恐战争 金融危机 金砖四国的崛起
国家、区域和全球治理模式之间的联系	规训民族主义(欧洲) 推进民主主义(南方国家)	抵制或推进经济全球化	地区治理是多维全球治理的一部分
维度、行为体及组织形式	单一维度地区主义(如安全、贸易) 正式地区主义或以国家为中心的地区主义	多部门、多维度地区主义 国家与非国家行为体 区域主义与区域化 正式与非正式组织	国家与非国家行为体 正式与非正式组织急剧增加 行为体汇聚于不同组织形式之中

索德伯姆梳理了新旧地区主义发生的不同背景、立场、维度、行为体及组织形式,由此可知,现阶段地区主义在其内涵、范围等方面已经比旧地区主义有了更大的发展。传统的旧地区主义产生于冷战背景,国家间合作的目的较为单一,地区主义以单一维度为主要特征,主要目的是为了保障国家安全或实现经济贸易上的合作,是一种国家驱动的地区主义。而新地区主义则产生于全球化背景之下,呈现出了多维度一体化的特征,国家间合作涉及了政治、经济、社会、文化、教育等多个方面,新地区主义的行为体已由过去的单一国家转

---

① SÖDERBAUM F. Old, New, and Comparative Regionalism[M] // TANJA A, THOMAS R. The Oxford Handbook of Comparative Regionalism. Oxford: Oxford University Press, 2016: 31.

变为以国家与非国家、正式与非正式组织共同组成的行动者。在对待国家、地区及全球治理的关系时,新地区主义是抵制或者推动全球化的一种合作形式。

随着多维世界秩序的建立以及金砖国家的崛起,不同地区不同的治理模式催生了比较地区主义。"比较地区主义是地区主义研究的新进展,其目的在于通过对比分析复杂地区制度现实,建立理论模型,解释地区制度设计和效果异同,以克服地区主义研究中的欧洲中心论。"[①]各种不同类型的世界国际组织不断涌现,其合作方式和欧洲大陆的模式截然不同。在对待国家、地区与全球治理关系时,比较地区主义将区域治理纳入全球多级治理体系的一部分,在比较地区主义阶段,非国家、正式与非正式组织等主要行为体急剧增加,且汇聚于不同组织之中,在实践中体现了参与角色的多样性与多层次性。

新地区主义与比较地区主义都是全球化和区域化发展过程中的产物。两者区别在于在对待全球化与区域化的关系的观点上。比较地区主义认为全球化和区域化的关系较为复杂,在国家双边关系、地区及全球层次,国家和非国家行为体、制度与过程等方面都存在多维互动关系。[①]

二、全球化、区域化及国际化动态关系

随着地区主义有关理论在近二十年的不断深化,有关区域组织机构设计、区域层级的集体行动、全球化与区域化的关系等问题逐渐成为地区主义与区域一体化研究的组成部分。[②] 新地区主义的主要研究问题之一就是区域主义与全球化之间的关系。[③] 香港城市大学林书名博士在其博士论文《区域化、国际组织与东亚高等教育:东亚高等教育改革之比较研究》中构建了全球化、区域化、国际化动态关系理论。[④]

全球化、区域化、国际化、区域组织、国家、国际组织这六个要素构成了影响高等教育政策的综合分析框架,如图 2.1 所示。

---

① 王志. 比较地区主义:理论进展与挑战[J]. 国际论坛,2017(06):56-79.

② SÖDERBAUM F. Comparative Regional Integration and Regionalism[M] // TODD L,NEIL R. The Sage Handbook of Comparative Politics. London:SAGE Publications Ltd,2009:477.

③ SÖDERBAUM F. Early, Old, New and Comparative Regionalism[R]. Berlin:German Research Foundation,2015.

④ CHAO R J. Regionalization,International Organizations and East Asian Higher Education:A Comparative Study of East Asian Higher Education Reforms[D]. Hong Kong:City University of Hong Kong,2014.

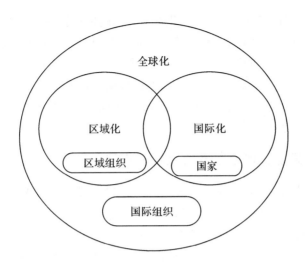

图 2.1　全球化、区域化、国际化动态关系

　　国际组织、区域组织和民族国家分别在全球化、区域化和国际化进程中主导政策话语。就高等教育而言,国际组织与区域组织在全球与区域高等教育政策话语中发挥作用,而民族国家仍有权在其主权领土内管理高等教育,民族国家仍然是各种话语建设的核心参与者。国际组织对国际教育话语的贡献正在增加,越来越多的政治家和政府希望转向国际组织获取关键教育问题的相关建议,如资金、治理以及如何投资教育以实现社会与经济发展等问题。此外,由区域组织推动的区域化和由民族国家推动的国际化在全球化话语的构建中也起到一定作用。①

　　同时,这六大要素又是相互影响与联系的。区域化和国际化都在全球化大圆圈内,全球化对区域化与国际化起主导影响,全球化分别在区域层面及国家层面促成了区域化及国际化的发生与发展,区域化和国际化都是对全球化进程的反应。区域化实际上是为了减少全球化带来的挑战,增强区域内部竞争力,并为地区提供超出个别国家能力的区域公共产品与解决方案,促进全球化。② 国际化则侧重于个别国家的政策,其目的是提高本国在全球的竞争力,并

　　① CHAO R J. Regionalization,International Organizations and East Asian Higher Education: A Comparative Study of East Asian Higher Education Reforms[D]. Hong Kong: City University of Hong Kong,2014.

　　② Asian Development Bank. Emerging Asian Regionalism: A Partnership for Shared Prosperity [R]. Manila: ADB,2008: 16.

对全球化对国家内部政治、经济、文化领域的影响进行管理。此外，区域化与国际化的交叉表明，这两个过程是相互关联的，有时构成同一政策指令的一部分。

因此，教育决策过程的分析需要整合多个要素（国家、区域以及全球）。区域化通常被视为民族国家为应对共同的区域挑战而开展的合作，但需在全球化背景下加以理解。区域化进程不仅受民族国家、国际组织的影响，也受到全球化与国际化的影响。[①]

三、地区主义理论在本研究中的应用

地区主义相关理论在本研究中的应用主要体现在以下两个方面：一是应用于界定参与东盟地区职业技术教育区域化发展的行为主体；二是应用于东盟地区职业技术教育区域化发展的背景分析。

东盟地区主义经历了由单一地区主义到多维地区主义、单一行为主体到多维行为主体的过程。东盟成立之初，由于东盟国家需要解决殖民时期的遗留问题，因此东盟解决国家间冲突的需要大过经济合作的需要，政治安全合作占主导，当时东盟地区主义呈现的是单一维度的地区主义，并以国家为中心。直到1976年经济合作才被写入东盟议程，社会文化共同体则是最后提出。现今东盟地区主义呈现出的是多维度一体化特征，国家间合作涉及政治、经济、社会、文化、教育等多个方面，政治安全、经济、社会文化三大共同体建设已成为东盟的三大支柱。在多维度的地区主义中，国家与非国家行为体、正式组织与非正式组织汇聚于不同组织形式之中，这符合佛雷德利克·索德伯姆对新地区主义与比较地区主义多维度的描述。因此，本研究在界定参与东盟地区职业技术教育区域化发展的行为主体时，需综合考虑国家与非国家、正式与非正式组织等多部门、多维度的行为主体。其中，正式组织以东盟、东南亚教育部长组织为代表，非正式组织以东南亚职教联盟、东亚与东南亚职业教师教育协会等为代表，这些行为体汇聚于不同组织形式之中，呈现了参与角色的多样性。

林书名构建的全球化、区域化、国际化动态关系理论为本研究分析东盟地区职业技术教育区域化发展的背景提供了较为清晰的理论视角。在东盟地区语境下，制定职业技术教育区域化发展相关政策的背景需综合考虑全球化、区

① CHAO R J. Regionalization，International Organizations and East Asian Higher Education：A Comparative Study of East Asian Higher Education Reforms[D]. Hong Kong：City University of Hong Kong，2014.

域化、国际化、区域组织、国家、国际组织这六个要素的相互作用,这六个要素
的互动关系见图 2.2。

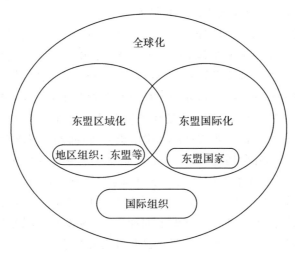

图 2.2　东盟地区职业技术教育区域化背景要素分析框架

　　首先,全球化、区域化、国际化是东盟地区职业技术教育区域化发展背景
的基本分析要素。在全球化背景下,东盟地区职业技术教育区域化发展及东
盟国家职业技术教育国际化都是作为全球化的一种反映。东盟职业技术教育
区域化发展是应对全球化进程的反应,其目的是整合内部教育资源,实现东盟
成员国之间更为紧密的合作,减少全球化带来的挑战,提供超出东盟单个成员
国能力范围所能提供的教育问题解决方案,增强职业技术教育整体竞争力,在
全球化浪潮中占据优势。职业技术教育国际化是东盟国家为提升本国职教水
平而发起改革举措的一种反应,其目的也是应对全球化对其政治、经济及文化
领域带来的影响。

　　其次,地区组织提出的一体化倡议是区域化的直接推动力。东盟地区的
区域组织在该地区职业技术教育区域化的政策话语权中发挥主导作用,在分
析东盟地区职业技术教育区域化发展的驱动力时,不得不对该地区的区域组
织进行考察,其中最具代表性的是东盟及东南亚教育部长组织。可以说,只要
明晰了东盟地区的地区组织对于区域化发展的总体规划,就能对职教区域化
的推动力有所把握。东盟近二十年来一直在为构建共同体而作出努力,提出
了构建政治安全、经济、社会文化共同体的三大愿景,并将教育作为重要支撑
手段。因此,东盟主导的三大共同体建设成为东盟职业技术教育区域化发展

的直接动因。另外，东盟和东南亚教育部长组织是东盟地区教育公共事务的治理者，也是东盟职教区域化发展举措的执行者之一，其他非正式组织（如东南亚职教联盟）是职教区域化发展的载体。

再次，民族国家为应对国内劳动力市场危机而向外寻求合作，这是区域化的间接推动力。东盟国家在其本国的国际化进程中发挥主导话语权，因此，在分析东盟地区职教区域化发展时，民族国家的现状也应纳入背景分析背景要素之一。东盟国家现普遍面临劳动力被自动化取代的风险，高技能人才的供应远满足不了市场需要。同时，东盟国家职业技术教育系统也面临多重挑战，上述问题的紧迫性亟需东盟成员国找出解决方案，向外部寻求合作，制定本国的职业技术教育国际化措施，参与本地区职业技术教育区域化发展进程。如此，东盟地区职业技术教育区域化与东盟国家国际化在此过程中形成了交集。

最后，国际劳工组织等国际组织为东盟地区评估劳动力流动准备情况，预测自动化对东盟国家劳动力市场带来的冲击，这为该地区职业技术教育区域化相关政策的制定提供了充分的调研数据与决策参考。

考虑到东盟是主导东盟地区区域化发展政策话语权的地区组织，而东盟国家是主导国际化政策话语权的民族国家，这两个要素在东盟地区职教区域化发展过程中起主导作用。因此，本研究选取了以上两个要素作为分析东盟地区职业技术教育区域化发展背景的重点。

第二节　高等教育区域化发展理论

全球化促使世界各国的政府、高等教育机构、职业教育机构、组织等更加关注与其他国家建立联系，重视本国所在地区的教育合作与交流逐渐成为一种全球趋势。在提出"高等教育国际化"理论之后，简·奈特在其近几年出版的专著及论文中提出了"高等教育区域化"这个概念，建构了分析高等教育区域化路径及其特征的分析框架，并将其应用于亚洲、非洲等多个地区高等教育区域化现象的分析。

一、高等教育区域化发展的概念

简·奈特认为高等教育区域化可以被理解为在某个地区内不同国家之间有意进行的合作过程，这个过程是从已有合作形式的基础上逐渐转向更有计划的方式。以欧盟国家、非盟国家所在地区的高等教育区域化为例，这个过程被视为实现区域内高等教育合作正式化的必要阶段。在全球范围内,高等教育区域化的趋势源于这样一种信念,即单个国家在与远距离国家保持合作关系的同时,保持与邻国之间的合作关系十分重要。高等教育区域化与高等教育国际化同步发生,高等教育系统之间协调也因此变得越来越必要。高等教育的区域化和国际化具有共生关系,但也可能是互补的关系或竞争性的关系,这种双重关系可能分别出现在高等教育国际合作的不同阶段。因此,简·奈特对高等教育区域化发展下的定义为:"在跨国界的区域范围内建立更紧密的高等教育合作和联盟的过程,高等教育区域化和国际化进程并存,是相互兼容和互补的过程,这两种过程都包括相似的活动、参与者及结果,但区域化强调的是区域内的跨国活动。"①

值得注意的是,区域合作、区域化以及区域一体化常常被作为同义词使用。高等教育的区域化意味着某地区需协调该地区各国的教育系统,以促进各机构之间的合作,增强有利于整个或大部分地区而不仅仅是一个国家的活动。奈特认为,即使区域性机构之间所展开的合作没有将"协调发展"作为一个具体的目标,也可以被视为区域化,其理由是在区域合作原则上应该跟"区域一体化"的目标一样,两者都可以被解释为消除区域内各国之间的合作障碍,以便各机构能够有效合作,无缝地开展联合活动的行为,这类合作是地区具有经济与政治影响的长期目标。因此,在高等教育领域,如果没有区域合作,区域化就很难实现,一体化更无从谈起,区域化先于区域一体化。虽然这三个术语的目标不同,但它们之间存在着密切的联系,它们之间可能存在重叠,特别是在区域合作和区域化之间。②

虽然澄清了"高等教育区域化发展"与"高等教育合作"这一组密不可分的概念,但区域合作过程中的其他相近概念在一些研究成果中也偶尔被相互替换使用,造成混淆。因此,为进一步说明高等教育区域化发展的概念,简·奈特还列举了一系列和高等教育区域化发展有关的概念集:比如合作、一体化、协调、融合、协作、共同体、连贯性、伙伴关系及联盟。这些词都可看作是不同强度的高等教育区域化,这些词看似相似,实际有着本质区别,如果将上述词语混用,高等教育区域化发展会被误认为是一个线性的、不断推进的概念,

---

① KNIGHT J. A Conceptual Framework for the Regionalization of Higher Education in Asia [M]. New York: Palgrave Macmillan, 2012: 115.

② KNIGHT J, WOLDEGIORGIS E T. Regionalization of African Higher Education [M]. Rotterdam: Sense Publishers, 2017: 68-69.

然而现实情况并不是如此,不同地区高等教育区域化发展过程的预期成果并不相同,发展程度也不尽相同。比如某地区的高等教育区域化发展目标是成立联盟或建立合作伙伴关系,而其他地区将高等教育的融合发展和一致性作为最终目标。追求合作的地区像不同的个体聚集起来表演即兴的爵士乐,而追求一体化的地区就像是不同音乐家在同一个人的指挥下表演同一首曲子。[①]

为进一步说明高等教育区域化发展的不同层次,厘清与"合作"相似概念之间的区别与联系,简·奈特按高等教育合作活动的强度将上述相似概念分成了四组概念集,具体见图 2.3。从该图可看出,高等教育区域化概念集的一端是"合作",而"一体化"则在另一端,从左至右,合作的密度不断加强。"合作"代表了一种宽松和开放的关系,而"一体化"则意味着更强大的凝聚力和集体的安排,通常被称为"社区(community)"或"公共空间(common area)"。

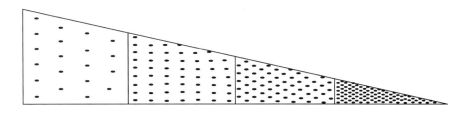

第一组	第二组	第三组	第四组
合作	协调	融合	一体化
协作	凝聚力	和谐	共同体
伙伴关系	联盟		相互依赖

图 2.3　高等教育区域化概念集[②]

图 2.3 中的第一组概念包括"合作(cooperation)""协作(collaboration)""伙伴关系(partnership)"这三个概念,这些概念表示区域内各个国家之间在高等教育领域形成的开放的、自愿的以及非正式的合作关系。这组概念描述的是高等教育机构之间双边与多边的合作,如某个区域内建立的高等教育网络就属于这一层次。

第二组概念中的"协调(co-ordination)""凝聚力(coherence)"及"联盟(alignment)"开始引入了组织元素,这组概念层次上的合作活动能够保障高

————————

①②　HAWKINS J N, MOK K H, NEUBAUER D E. Higher Education Regionalization in Asia Pacific [M]. New York：Palgrave Macmillan, 2012：12-13.

等教育机构之间保持互动,丰富交流成果,并产生互补,具体指建立高等教育机构之间的组织网络、开发联合培养项目及开展合作研究等。

第三组概念中的"融合(convergence)""和谐(harmonization)"涉及某区域内各个国家高等教育机构之间以及国家之间更紧密的战略合作伙伴关系。这种合作关系会带来区域内各国高等教育系统的变化,甚至可能会涉及国家层面制度的系统变革,比如建立区域教育质量保障体系、学分体系、学历互认体系、期刊索引及兼容的校历等。

"一体化(integration)""共同体(community)""相互依赖(interdependence)"这些词属于第四组概念范畴,这组概念代表更加正式化、制度化、组织化、综合化的全面合作关系。在实践上,这些概念涉及各国签订的一系列区域层面协议以及建立的一系列官方机构,这些协议与机构的主要目的是促进有效的合作,并对区域集体事务发挥可持续的影响,最终目标是建立一个高等教育公共空间与研究空间。

奈特提出高等教育区域化的意义侧重于在高等教育行动者和系统之间建立更密切的合作关系和协调手段,而不论其程度与水平如何。[①] 她认为以上四组概念集均能代表高等教育区域化发展的基本概念和原则,也能体现对高等教育体系不同参与者与利益相关方差异性的尊重与认可。[②] 因此,她未将"标准化(standardization)""一致性(conformity, uniformity)""依从性(compliance)""同质化(homogenization)"这类不能体现高等教育体系多样性的概念纳入概念集中。

二、高等教育区域化发展的路径

由于高等教育区域化现象纷繁复杂,在考虑不同地区政治、经济、文化、历史背景多样性的基础上,简·奈特提出了分析世界各地区高等教育区域化发展的 FOPA 模型(Functional,Organizational and Political Approach Model)。该模型由功能路径、组织路径以及政治路径三部分组成。三个路径的关系如图 2.4 所示。在理想状态下,三种路径并非独立而相互排斥,而是相互补充与促进。但在高等教育区域化发展实践中,由于三种路径的优先级不一样,可能

① KNIGHT J, WOLDEGIORGIS E T. Regionalization of African Higher Education [M]. Rotterdam: Sense Publishers,2017:12.

② HAWKINS J N, MOK K H, NEUBAUER D E. Higher Education Regionalization in Asia Pacific [M]. New York: Palgrave Macmillan,2012:12-13.

会导致相互冲突，这是由某个地区的实际情况来决定的。在某一特定时间内，其中一种路径可能起主导作用。为保障高等教育区域化发展顺利进行，三种路径都需取得进展才能确保其可持续性。①

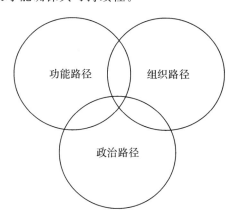

图 2.4　高等教育区域化发展 FOPA 模型②

简·奈特分别给出了高等教育区域化发展 FOPA 模型中三大路径的主要外显形式及含义，详见表 2.2。

表 2.2　高等教育区域化发展三种路径及表现形式③

路径名称	含义	类别	外显形式
政治路径	指通过区域决策机构发布带有政治意愿的意向声明，使高等教育区域化发展正式化	政治意愿	声明、协议、会议、条约、峰会、工作小组、政治对话等

①　KNIGHT J，WOLDEGIORGIS E T. Regionalization of African Higher Education［M］. Rotterdam：Sense Publishers，2017：12.

②　KNIGHT J，WOLDEGIORGIS E T. Regionalization of African Higher Education［M］. Rotterdam：Sense Publishers，2017：18-20.

③　KNIGHT J. The Palgrave Handbook of Asia Pacific Higher Education［M］. New York：Palgrave Macmillan，2016：120.

路径名称	含义	类别	外显形式
功能路径	指制定一系列增加区域高等教育系统各要素一致性、透明度的策略	教育系统协调	质量保障与认证、学分转化体系、学历水平和结构、证书认证系统、学年日历、资格框架、信息通信技术平台、学术期刊索引、图书馆互借系统等
		合作项目	师生交换计划、学术网络、跨境项目(双学位、海外分校)、地区卓越中心、双边和多边机构协议 共享教育资源、区域大学等
组织路径	指建立系统指导高等教育区域化发展的组织架构	区域组织	联盟及院校网络组织、基金会、政府或非政府实体组织、专业组织等

第一,政治路径是指通过区域决策机构发布带有政治意愿的意向声明,使高等教育区域化发展正式化,其主要的外显形式为宣言、公约、协议、发展计划、高层峰会、政策对话会等。第二,功能路径是指地区官方组织机构合力开发一系列增加区域高等教育系统各要素一致性、透明度的策略,重点是促进区域高等教育各类实践活动的开展以及高等教育体系各要素的相互融通。此路径又可以分为两类策略:第一类策略指各国制定一系列促进区域高等教育系统各要素融合发展及增加其透明度的技术工具,比如区域资格参照框架、质量保障体系、学分互换系统等。第二类策略是指各国联合开发加强学生流动的计划以及跨境合作项目。第一类策略是保障第二类策略顺利实施的前提,比如说,区域教育质量保障体系、学分转换体系等技术工具能够增加各国教育系统可比性,这将促进学生流动及其他合作项目的开展。第三,组织路径是指在区域层面建立系统指导高等教育区域化发展的组织架构,以保障政策制定、资金资助、研究开展、能力建设、项目监管及宣传等行动,其主要外显形式为政府或非政府实体组织、专业组织、基金会、网络组织等。

简·奈特还对高等教育区域化的目标进行了尝试性的阐释。在参与高等教育区域化进程的各利益相关方和行动者中,有些属于高等教育部门,有些则代表不同的部门和政治机构,不同群体对高等教育区域化发展的预期结果可能会有所不同。虽然不同地区高等教育区域化进程的特征存在差异,但其目标和预期成果主要涉及以下几个方面:一是促进区域内拥有不同文化背景的国家开展对话,实现地区和平、和谐及相互理解;二是促进区域内科学知识的相互借鉴,增强本国的经济竞争力;三是促进人力资源能力提升,增强人员流动性,促进经济增长,缩小区域内发展中国家与发达国家之间的鸿沟;四是促进知识社区之间实现更紧密的合作,以共同解决区域和全球问题;五是进一步增强地区认同感和信任感,促进地区政治和安全联盟的构建。上述目标阐释了高等教育区域化所涉及的政治、经济及社会文化因素,这些目标通常由高等教育机构内部或外部的领导者提出。奈特认为政治、经济、社会文化以及学术利益的多因素组合是高等教育区域化发展的原因,而不仅仅是单一因素,这是最常见实际情况。[①] 另外,他指出高等教育区域化发展的目标可能还与高等教育教学、研究和社会服务这三个主要功能直接相关。

奈特认为,总的来说各国期望通过参与本地区高等教育区域化进程,以取得以下四个方面的进展:第一,通过分享区域内的最佳做法和能力建设经验,确保高等教育计划和研究的质量得到加强;第二,通过建立区域研究网络、进行知识合作生产,解决国家、区域和世界的紧迫问题;第三,促进学生、学者和学术界对本地区文化、语言、价值观及历史的理解与欣赏;第四,加强学生对其所在城市、国家、区域及全球的理解,培养其对自身角色与世界公民身份的认识。这些目标既反映了各国基本价值观和优先事项,也是高等教育机构、组织系统制定高等教育区域化路线图与战略的基础。

三、高等教育区域化发展的特征

在一定政治文化背景下,高等教育区域化发展并非是直线发展和保持一致性的过程,各地区高等教育区域化发展的特点不尽相同,因此构建一个可以用来描述其演变特征的分析框架尤为必要。简·奈特在《非洲高等教育区域化发展》(*Regionalization of African Higher Education*)一书中提出了一个分析高等教育区域化发展特征的分析框架。

---

① KNIGHT J, WOLDEGIORGIS E T. Regionalization of African Higher Education[M]. Rotterdam: Sense Publishers, 2017: 24.

　　如图 2.5 所示,"非正式"与"正式"、"无意识的"与"有计划的"、"自下而上"与"自上而下"、"内部驱动"与"外部驱动"、"渐进的"与"跃变的"、"回应性的""主动的"与"战略性的"这六组特征是分析高等教育区域化发展进程各个阶段的关键特征,图中虚线代表了两种特征过渡的阶段。高等教育区域化发展演变绝非线性的,而是双向发展的。实际上,这个过程实现了一端向另一端的转变之后,很有可能紧接着向相反方向发展。

非正式(Informal) ·································· 正式(Formal)

无意识的(Ad hoc) ·································· 有计划的(Intentional)

自下而上(Bottom-up) ······························ 自上而下(Top-Down)

内部驱动(Internal) ································ 外部驱动(External)

渐进的(Incremental progression) ··············· 跃变的(Quantum leap)

回应性的(Reactive)·············主动的(Proactive) ······· 战略性的(Strategic)

图 2.5　高等教育区域化发展特征六维测度模型演变①

　　在第一组特征中,区域内高等教育机构或组织发起的双边与多边活动是"非正式"路径的体现,而"正式"路径是指政策制定机构和监管机构在高等教育区域化发展过程发挥了作用。"自上而下"与"自下而上"这一组特征是分析高等教育区域化发展的另一组重要变量,高等教育机构发起的倡议通常被认为是"自下而上"的路径,而区域层面或国家层面实体组织制定的具有法律约束力的文件或协议则是"自上而下"的路径。

　　在判断高等教育区域化发展是"内部驱动"还是"外部驱动"方面,如果高等教育区域化发展过程受到贸易、地缘政治、移民、工业等领域的实体机构的推动,且教育作为贸易协议的其中一部分,那么高等教育区域化发展就可以被认为是区域内实现政治、经济一体化的工具,这个过程就会带有"外部驱动"性。反之,高等教育区域化发展是为了改善区域内教育及研究水平,为社会提供服务,那么这个过程就带有"内部驱动"性。随着时间推移,高等教育区域化发展逐步实现从量变到质变,这就具备了"渐进的"特点,而在"自上而下"与"正式"路径的干预下,高等教育区域化发展则可能带有"跃变"的特点。

　　① KNIGHT J, WOLDEGIORGIS E T. Regionalization of African Higher Education[M]. Rotterdam: Sense Publishers, 2017: 15-17.

在回答高等教育区域化是"回应性的""主动的"还是"战略性的"的问题上，简·奈特认为，以下三个问题值得分析：第一，高等教育机构、国家政府机构、区域机构是否会在外部驱动要素的影响下做出推动高等教育区域化发展的反应？第二，这些机构是否在高等教育区域合作带来的利益面前积极主动？第三，这些机构在推动地区高等教育区域化过程中做出的努力是否具有推动高等教育及社会发展的战略意义？①

四、高等教育区域化发展理论在本研究中的应用

简·奈特提出的关于高等教育区域化发展概念、路径及特征的分析框架为本书阐释东盟地区职业技术教育区域化发展的概念、路径及特征提供了较为清晰的视角。虽然高等教育与职业技术教育属于不同的教育层次，但高等教育区域化发展与职业技术教育区域化发展在形成机理、表现形式、推进方式及作用方面具有相似性：第一，高等教育与职业技术教育区域化发展的内在动力都是为了应对全球化挑战，通过加强本地区教育领域的互联互通，提升人力资源水平，促进人员流动，提高本地区的教育竞争力；第二，高等教育区域化发展与职业技术教育区域化发展的策略相同。地区组织将高等教育与职业技术教育的协调发展作为目标加以规划，利用一系列技术手段增加教育系统的透明度，其主要的策略都是以加强标准建设、实现资格互认、建立跨国教育联盟等为主要途径；第三，高等教育区域化发展与职业技术教育区域化发展都依托地区正式组织、非正式组织及民族国家的支持与推动；第四，高等教育区域化发展与职业技术教育区域化发展很大程度上是回应地区共同体建设或一体化的需求，因而两者的作用都是为了支撑地区实现更深层次的协调发展。因此，从以上四个维度看，高等教育区域化发展理论适用于职业技术教育区域化发展的分析。

根据简·奈特关于高等教育区域化的概念定义，本书将东盟地区职业技术教育区域化的概念定义为"东盟国家在东盟地区范围内建立更紧密的职业技术教育合作关系与联盟的过程，东盟地区职教区域化与职教国际化进程同时发生，是相互兼容与互补的过程，这两种活动都包含了相似的活动、参与者及结果，但职教区域化更多是指区域内的跨国活动"。由高等教育教育区域化的概念集可知，不管区域化水平程度如何，都可以纳入高等教育行动者和教育系统之间建立更密切的合作与协调的范畴。由此可见奈特采取了一种较为开

---

① KNIGHT J, WOLDEGIORGIS E T. Regionalization of African Higher Education[M]. Rotterdam：Sense Publishers，2017：17.

放、非连续的视角来看待高等教育区域化,既未否定区域化前期阶段的"合作"
与"伙伴关系",又将区域化高级阶段的"融合"与"共同体"纳入其中,这为本研
究提供了一种综合的视角。

在东盟语境中,东盟职教区域化发展同样不是一个线性的过程,既包括东
盟国家之间的双边与多边合作,又包括东盟国家建立的区域性组织网络以及
职教共同空间。因此,只要是涉及东盟国家在职业技术教育领域合作的相关
现象,特别是在职教领域行动者和教育系统之间建立更密切的合作关系和协
调手段,不论其程度与水平如何,本研究都将其列入了东盟地区职业技术教育
区域化发展范畴,如建立区域层面的职教联盟、建立跨国合作伙伴关系等。在
本研究中,区域合作是指在东盟地区两个或更多的机构之间的联合活动,其目
的是共享资源并取得单个机构可能无法独立获得的成果。

为了回答本研究中关于东盟地区职业技术教育区域化发展是如何推进的
问题,本研究以简·奈特高等教育区域化发展理论中的功能路径、组织路径及
政治路径模型(FOPA Model)作为分析框架来展现其全过程,并根据东盟地
区职业技术教育发展的具体情况分别对三个路径的具体含义及外在表现形式
做出了新的界定,见表 2.3。

表 2.3　东盟地区职业技术教育区域化发展三大路径分析框架

名称	含义	主要外显形式
政治路径	指东盟及东南亚教育部长组织通过区域决策机构发布带有政治意愿的意向声明、制定计划和方案、开展政策对话等途径推动职业技术教育区域化发展,使其正式化	东盟国家发布的宣言、公约、协议、发展计划以及开展的高层峰会、政策对话会等
功能路径	东盟国家制定一系列增加东盟地区职业技术教育体系一致性、透明度的框架与计划	东盟区域资格参照框架、质量保障体系、学分互换系统、学生流动计划、跨境合作教育项目、地区研究期刊索引等
组织路径	指东盟国家建立系统指导职业技术教育区域化发展的组织架构,以保障地区职业技术教育的政策制定、资金资助、研究开展、能力建设、项目监管及宣传等行动	东盟地区建立的政府或非政府实体组织、专业组织、基金会、网络组织等

资料来源:笔者根据简·奈特高等教育区域化发展相关概念与理论运用绘制。

53

根据简·奈特关于高等教育区域化发展三大路径的含义及其外在表现形式,本书将东盟地区职业技术教育区域化发展的政治路径定义为东盟及东南亚教育部长组织通过区域决策机构发布带有政治意愿的意向声明、制定计划和方案、开展政策对话等途径推动职业技术教育区域化发展,使其正式化。在本书中主要以东盟发布的五年教育规划、东南亚教育部长组织发布的职业技术教育战略以及东南亚职业技术教育高级官员会议机制所产生的计划、声明等作为该路径的主要表现形式加以论述。

本书将东盟地区职业技术教育区域化发展的功能路径定义为东盟国家制定的一系列增加东盟地区职业技术教育体系一致性、透明度的框架与计划,并选取了东盟资格参照框架、资格认证质量保障体系、职教标准体系、学分互换系统、地区研究期刊索引等作为该路径的具体表现形式。

组织路径在本书中则是指东盟国家建立系统指导职业技术教育区域化发展的组织架构,以保障地区职业技术教育的政策制定、资金资助、研究开展、能力建设、项目监管及宣传等行动,本书选取了东盟地区建立的政府或非政府实体组织、专业组织、网络组织等组织形式作为案例,如东南亚教育部长组织职业技术教育与培训中心、东南亚职业技术教育与培训联盟、东亚及东南亚职业教师教育协会等。这些组织保障了地区学生流动计划、跨境合作教育项目的顺利开展。

在分析东盟地区职业技术教育区域化发展特征时,本研究主要根据简·奈特提出六维测度模型作为基础,并将该模型的六组特征要素归纳为三个方面,如表2.4:一是职教区域化的主体性特征,二是职教区域化的方法手段特征,三是职教区域化的合作偏好特征。本研究将上述三个方面作为分析维度加以阐述,其中主体性特征的分析维度为"非正式"或"正式"、"内部驱动"或"外部驱动",方法手段特征对应的是"自下而上"或"自上而下"、"无意识的"或"有计划的",合作偏好特征对应的是"渐进的"或"跃变的"、"回应性的""主动的"或"战略性的"。

表 2.4　东盟地区职业技术教育区域化发展特征分析框架

分类	分析维度
主体性特征	非正式 VS 正式、内部驱动 VS 外部驱动
方法手段特征	自下而上 VS 自上而下、无意识的 VS 有计划的
合作偏好特征	渐进的 VS 跃变的、回应性的、主动的 VS 战略性的

根据奈特的界定,以上三个特征维度的分析依据有三项。

第一,根据由谁来推动东盟地区职业技术教育区域化判断其主体性特征。如果东盟地区政策制定机构和监管机构在职教区域化发展过程发挥了作用,那么这体现出了"正式"路径的特征,区域内职教机构发起了双边或多边的合作活动则为"非正式"路径的体现。另外,东盟职教区域化发展的两种动力因素(工具性或是自发性)则是"外部驱动"或是"内部驱动"的判断标准。

第二,根据如何推动东盟地区职业技术教育区域化判断其方法手段特征。职业教育机构发起的倡议代表了"自下而上"的路径,而东盟区域层面或东盟国家实体组织制定的协议则代表了"自上而下"的路径。"自上而下"的路径也使东盟地区职教区域化发展体现出"计划性"特征。

第三,根据东盟地区职教合作模式判断其合作偏好特征。"渐进的"特征主要表现在东盟地区职教区域化发展经历了从量变到质变的过程,反之则体现了其"跃变"的特征。如果职业教育机构、东盟国家政府机构以及区域组织在外力作用下做出推进职教区域化发展的积极回应,产生了推动职教区域化发展的影响,那么这个过程具有较强的"战略性"。

第三章 东盟地区职业技术教育区域化发展的背景

东盟地区是一个具有政治体制与民族文化多样性的地区,东盟国家近年来的快速发展得益于东盟共同体建设的倡议,在当今这个复杂、充满挑战的世界里,发展中国家经济体的命运在很大程度上取决于它们如何成功地在地区展开合作,并利用它们在全球的综合优势来抓住新机遇。东盟地区认同构建的成功与否部分取决于教育如何在区域整合的过程中发挥作用①。另外,东盟地区劳动力技能水平急需升级,东盟国家职业技术教育体系面临诸多挑战,这需要东盟各国通过更加紧密的合作方式加以解决,上述现状成为东盟职业技术教育区域化发展的内部驱动力。

第一节 东盟共同体建设持续推进

东盟地区职业技术教育区域化发展伴随着东盟共同体建设的进程,东盟共同体建设是东盟职业技术教育区域化发展最直接的推动力。"东盟共同体概念的提出最早可追溯至 1997 年颁布的《东盟愿景 2020》(ASEAN Vision 2020),但该愿景侧重于强调东盟身份认同及对未来东盟共同体的憧憬,尚未明确共同体的具体内涵和实现路径。"②2003 年,东盟共同体概念被正式提出,其标志是第九次东盟首脑会议上通过的第二个《东盟国家协调一致宣言》(Declaration of ASEAN Concord Ⅱ),该宣言提出在 2020 年建立东盟共同体(ASEAN Community),包括东盟政治安全共同体(ASEAN Security Community,ASC)、东盟经济共同体(ASEAN Economic Community,AEC)以及东盟社会文化共同体(ASEAN Socio-Cultural Community,ASCC)三大

---

① JONES M E. Forging an ASEAN Identity：The Challenge to Construct a Shared Destiny[J]. Contemporary Southeast Asia Journal of International & State, 2004，26(26)：140-154.

② 王玉主,王伟. 东盟共同体建设:进程、态势与影响[J]. 人民论坛·学术前沿,2016(19):6-15.

愿景,其目的是不断推进东盟地区在政治安全、经济发展和社会文化领域的合作。① 2008 年,《东盟宪章》生效,这意味着东盟由一个松散的国家合作机构转向一个具有法律地位的区域共同体实体。此后,东盟共同体建设就成为东盟成员国在各领域合作的重要事项。

近二十年,东盟制定和实施了多项共同体建设的总体规划、路线图和行动纲领,针对三大共同体,东盟在不同的时间节点制定了相应的蓝图及行动路线。重要的文件有《携手共进——东盟 2025 吉隆坡宣言》(Kuala Lumpur Declaration on ASEAN 2025: Forging Ahead Together)、《东盟共同体 2025 年愿景》(ASEAN Community Vision 2025)、《东盟政治-安全共同体蓝图 2025》(ASEAN Political-Security Community 2025)、《东盟经济共同体蓝图 2025》(ASEAN Economic Community Blueprint 2025)、《东盟社会文化共同体蓝图 2025》(ASEAN Socio-Cultural Community Blueprint 2025)、《东盟共同体路线图(2009—2015)》(Roadmap for an ASEAN Community 2009—2015)、《东盟互联互通总体规划 2025》(Master Plan on ASEAN Connectivity 2025)、《东盟一体化工作方案 3》(Initiative for ASEAN Integration Work Plan Ⅲ)等。

东盟定期对数百项行动计划做出评估,于 2017 年发布了《东盟互联互通总体规划实施情况评估 2010》(Assessment of the Implementation of the Master Plan on ASEAN Connectivity 2010)。近二十年的努力使东盟在政治安全领域、经济领域以及社会文化领域的共同体建设取得巨大进展,政治安全共同体、经济共同体、社会文化共同体建设成为了东盟国家共同体建设的三大支柱,三者之间相互依存、相互促进。东盟教育区域化发展问题虽未在官方文件中提及,但从《东盟宪章》再到具体的共同体建设方案、蓝图及计划,多处涉及东盟成员国教育发展问题、教育的互联互通以及缩小成员国教育差距等问题。在 2009 年召开的第十四届东盟峰会上,各国领导人提出各国需要采取各种行动的倡议,加强教育在建设东盟共同体中的作用②,可见东盟国家之间的教育合作早已成为东盟共同体建设的重要组成部分。

一、东盟政治安全共同体建设

在东盟政治安全共同体建设领域,东盟于 2012 年发布了《东盟人权宣

---

① ASEAN. Declaration of ASEAN Concord Ⅱ[R]. Jakarta: ASEAN, 2012.
② ASEAN. ASEAN State of Education Report[R]. Jakarta: ASEAN, 2013: 14.

言》，试图构建东盟共同价值观与规范，化解东盟国家间政治差异，强化东盟机制为中心的区域安全框架，推动预防性外交与争端解决机制建设。① 东盟在组织与机制建设、政治发展合作与规范建设、地区和平与安全建设以及与区域外部的安全合作方面取得明显成效，从根本上保障了东盟成员国在教育领域合作的稳定度与可持续性。

同时，为了进一步加强东盟政治安全共同体建设，东盟国家领导人表示东盟地区学校课程的内容选择应发挥以下作用：（1）促进《东盟宪章》在学校系统得到理解与宣传；（2）倡导民主原则，尊重人权，追求和平的价值观；（3）理解和欣赏东盟地区不同国家的独特文化、习俗及信仰。② 上述要求对东盟地区职业技术教育系统产生了直接影响，东盟知识与文化的传播不仅成为东盟地区职业技术教育课程设置不得不可考虑的内容，这些要求也成为地区合作平台在开发职业教师教育培养课程方案时引入东盟元素的指导思想。

二、东盟经济共同体建设

在经济共同体建设领域，东盟最初的经济一体化目标是以下几个方面：一是打造一个单一市场与生产基地，促进商品、服务、投资、资本、技术工人等生产要素的自由流动；二是形成一个具有竞争力的经济区域及共同市场，加快区域内基础设施建设以实现区域经济的均衡发展；三是推动东盟区域一体化倡议行动计划；四是积极参与并融入全球经济，采取一致方式处理对外经济关系、提升全球供应链的参与度等。③ 在东盟经济一体化背景下，东盟市场与生产基地建设初见成效，货物关税等内部贸易成本不断下降。单一市场和生产基地建设初见成效，东盟地区平均有95.99%的货物取消了关税，区域内部贸易成本也在下降。东盟地区的国际竞争力逐渐显现，融入全球经济的进程加快④。2014开始，东盟开始为未来十年的共同体建设规划新的蓝图，并于2015年出台了《东盟经济共同体蓝图2025》（Asean Economic Community Blueprint 2025），这份蓝图提出，新的东盟经济共同体应具备五大特征，即经济体高度一体化的东盟；充满竞争、创新与活力的东盟；互联互通的东盟；有弹

---

① 韩志立.东盟共同体建设困局与观念交锋[J].南洋问题研究，2017(1)：29-38.

② ASEAN. ASEAN State of Education Report[R]. Jakarta：ASEAN，2013：14.

③ ASEAN Secretariat. Declaration on the ASEAN Economic Community Blueprint[R]. 2008.

④ 王勤.东盟经济共同体建设的进程与成效[J].南洋问题研究，2015(4)：1-10.

性、包容性以及以人为本的东盟；全球性的东盟。[①] 与此同时，东盟内部移民数量在不断上升。[②] 如此大规模的人员流动对东盟社会的方方面面产生较大影响，教育部门也不例外。

为了进一步加强东盟经济共同体建设，东盟国家领导人在十四届东盟峰会上一致认为东盟国家教育部门应将以下几个方面作为努力方向：(1)每个东盟成员国需致力于建立本国的国家资格框架，以此作为实现东盟资格互认的重要基础；(2)为支持学生和技术工人实现更大规模的跨境流动创造有利条件；(3)开发一套基于东盟地区的人力资源能力职业标准；(4)开发地区层面通用的职业技术教育与培训能力标准，以促进资格互认。[③]

另外，作为东盟经济共同体建设的支持性计划，《东盟互联互通 2025 年总体规划》把"区域人员流通"作为互联互通五大战略之一，具体包括缩小东盟职业技能供需差距，增加区域内国际学生流动等。[④] 教育领域人员的自由流通是东盟国家互联互通的重要组成部分，东盟职业技术教育区域化发展是保障技能劳动力自由流通的基本支撑。因此，东盟职业技术教育区域化发展实际上服务于东盟经济共同体的建设，而东盟经济共同体建设取得的成果又进一步促进了东盟职业技术教育的区域化发展。

三、东盟社会文化共同体建设

在社会文化领域，东盟在第一个《东盟社会文化共同体蓝图》中就开始主张各成员国在以下几个方面展开紧密合作：一是在促进社会发展方面展开合作，提高弱势群体和农村人口生活水平；二是在基础教育、科技研发、技术培训、工作岗位的增加及社会保护方面加大投入，确保各类人群从一体化中受益；三是促进地区人员流动以及各类专业技能证书的互认；四是加强公共健康领域的合作，包括各类疾病预防与控制；五是培育各类人才，促进东盟学者、作家、艺术家、媒体从业者相互交流，保护和推广东盟多元文化遗产，培养地区认同和东盟意识；六是在应对东盟地区人口增长、失业、环境污染、自然灾难等问

---

① ASEAN Secretariat. Asean Economic Community Blueprint 2025 [R]. Jakarta：ASEAN，2015.

② ILO，ADB. ASEAN Community 2015：Managing Integration for Better Jobs and Shared Prosperity[R]. Bangkok：ILO and ADB，2014：9.

③ ASEAN. ASEAN State of Education Report [R]. Jakarta：ASEAN，2013：14.

④ ASEAN. Master Plan on ASEAN Connectivity 2025 [R]. Jakarta：ASEAN，2016：8.

题上加强合作,培育东盟国家合作精神。① 根据东盟第二个社会文化共同体蓝图——《东盟社会文化共同体蓝图 2025》文件内容,东盟未来将以创造一个让人民获益的、包容的、可持续的及有活力的社会为努力方向。该文件指出东盟国家需加强东盟的组织能力建设,更好地为所有人提供基本的社会服务,如职业教育、技能训练、技能认证等,同时通过终身教育及技能发展加强人力资源的竞争力,在教育培训领域开展区域合作,加强东盟在研究领域的协调角色,努力创造思想、知识及技能自由流通的社会,最终构建一个有创造力、回应型的社会。②

上述目标的实现离不开教育部门的支撑作用,东盟国家领导人在各类会议上曾强调东盟国家应围绕以下九方面开展教育活动,回应社会文化共同体建设的需要:(1)提供与东盟有关的课程内容以供学校教学使用,或是作为教师培训的参考;(2)在大学里开设东盟艺术和文化类研究课程;(3)为学生提供东盟国家语言选修课;(4)开发区域拓展计划,提高年轻人对东盟的认识与理解;(5)为东盟社区志愿者计划(ASEAN Community-based Volunteer Programmes)提供支持,为农村社区和本土居民提供教育支持;(6)举行东盟教育研究会议;(7)鼓励终身学习,支持全民教育;(8)举办"东盟日"(ASEAN Day)学校庆祝活动,设立东盟绿色学校(ASEAN Green School Awards)奖项;(9)设立区域教育发展基金(Regional Education Development Fund)。③

在缩小东盟发展差距方面,教育也被委以重任。《东盟一体化工作计划2》(ASEAN Integration Work Plan Ⅱ)列出了 182 项行动计划,其目的是协助东盟新成员国(柬埔寨、老挝、缅甸)缩小发展差距。在这 182 项行动计划中,一半内容与培训课程、实习项目、语言培训等有关。④ 与此同时,东盟发布了多个领域的配套计划,如《东盟信息和媒体战略计划 2016—2025》(ASEAN Strategic Plan for Information and Media 2016—2025)⑤、《东盟文化艺术战略

---

① ASEAN. ASEAN Socio-Cultural Community (ASCC) Blueprint [R]. Jakarta: ASEAN, 2008.

② ASEAN. ASEAN Socio-Cultural Community (ASCC) Blueprint 2015[R]. Jakarta: ASEAN, 2016: 19-20.

③ ASEAN. ASEAN State of Education Report[R]. Jakarta: ASEAN, 2013: 14.

④ ASEAN. ASEAN State of Education Report[R]. Jakarta: ASEAN, 2013: 20.

⑤ ASEAN. ASEAN Strategic Plan for Information and Media 2016—2025 [R]. Jakarta: ASEAN, 2016.

2016—2025》(ASEAN Strategic Plan for Culture and Arts 2016—2025)^①等。这些配套文件都同时强调了东盟成员国开展教育合作的重要性。可以说,东盟社会文化共同体构建的主要内容之一就是教育共同体构建,东盟在人权教育、东盟意识教育、文化艺术教育、和平教育、职业教育等不同领域的教育合作是东盟社会文化共同体建设的途径之一。

东盟意识、东盟身份、东盟标准的不断强化已经成为东盟地区的发展趋势。东盟在三大共同体建设方面取得诸多成果的同时,还进一步通过虚拟学习中心(ASEAN Learning Resource Centers)增进东盟成员国人民之间的相互了解,通过建立东盟大学网络(The ASEAN University Network)、开发东盟国际学生流动项目(The ASEAN International Mobility for Students Program)、研发东盟课程资料手册以及在不同教育阶段课程中引入有关东盟各国背景知识(The ASEAN Curriculum Sourcebook),以此扩大教育机会,促进民心相通,加强东盟身份的认同感,促进地区人员流动。^② 与此同时,东盟在实践中不断设定区域标准,减少合作成本,提高效率,不断缩小成员国之间的差距,如《东盟职业安全和健康指南》(ASEAN Guidelines for Occupational Safety and Health)、《东盟生产技术标准》(ASEAN Common Technical Requirements)、《东盟技术档案指南》(ASEAN Common Technical Dossier)等。因此,在东盟致力于设定区域标准化的背景下,作为回应,东盟国家在本国的职业技术教育领域也发布配套措施,以适应共同体建设带来的各种新变化。

综上所述,随着东盟一体化程度的不断加深以及东盟三大共同体建设的不断推进,必然要求更深入的区域合作关系,教育领域互联互通的成效将直接影响东盟深度合作关系的质量。东盟地区《东盟五年教育规划(2011—2015)》(ASEAN 5-Year Work Plan on Education 2011—2015)就明确提出,"区域教育合作是提高区域竞争力与繁荣稳定的主要推力"^③。学校不仅是宣传东盟意识与文化的重要机构,也是促进各成员国相互理解并创造更深层次文化的重要载体。东盟共同体建设对每个东盟成员国职业技术教育改革与发展产生深远影响,虽然东盟成员国已经在其国家层面制定了各项应对政策,但区域内

① ASEAN. ASEAN Strategic Plan for Culture and Arts 2016—2025[R]. Jakarta:ASEAN,2016.

② ASEAN. ASEAN Connectivity Key Facts[EB/OL]. (2018-06-28)[2021-12-13]. http://aadcp2. org/wp-content/uploads/ASEAN_People-to-PeopleConnectivity. pdf.

③ ASEAN. ASEAN 5-Year Work Plan on Education (2011—2015)[R]. Jakarta:ASEAN,2012.

职教系统的联通与合作还很缺乏。① 东南亚教育部长组织职业技术教育中心与培训主任莫哈（Haji Md Sharifuddin bin Hj Md Sallen）在 2014 年举行的东南亚教育部长组织大会上表示，在东盟一体化进程中，职业技术教育在提高经济社会水平方面起着至关重要的作用，每一个东南亚国家在国家层面制定了职业技术教育领域的特殊战略，但将本国的职教政策放在区域的大环境下制定将会更合理明智，东南亚各国面临的共同难题需要各国携手找出最优策略，充分发挥职业技术教育在一体化进程中的作用。② 因此，为适应东盟共同体建设的需要，东盟不仅在高等教育领域发起了一系列适应区域化发展的措施与倡议，同时也提出了一系列促进职业技术教育区域化发展的倡议，职业技术教育的区域化发展逐渐成为了东盟共同体建设的重要组成部分。

第二节　东盟国家劳动力市场面临危机

从世界范围内看，联合国教科文组织发布的《职业技术教育与培训战略（2016—2021）》(Strategy for Technical and Vocational and Trainning 2016—2021)指出，全球青年的失业率在不断上升，这已经成为发达国家与发展中国家普遍面临的社会经济问题。预计在下一个十年里，至少要有 4.75 亿个工作产生才能解决现今 7300 万青年的失业问题，而每年有 4000 万人口进入就业市场，14.4 亿人口面临失业风险。③ 工人技能与雇主需求之间不匹配，是造成这一社会经济问题的主要原因。青年人要顺利获得就业机会，就需要具备合适的技能。知识经济社会的到来意味着工人的角色从手工劳动者变为知识劳动者，快速发展的技术变化要求工人必须学会适应不断变化的技术环境，发展软技能。④ 联合国教科文组织总干事伊琳娜·博科娃（Irina Bokova）表示，"我们需要重新关注技能，我们需要重新思考教育，我们需要转变培训体系，这

---

① Federal Ministry for Economic and Development(BMZ). Technical and Vocational Education and Training in the ASEAN Region[R]. Berlin：BMZ，2015：3.

② SEAMEO VOCTECH. Annual Report 2014—2015 [R]. Gadong：SEAMEO VOCTECH，2015：23.

③ UNESCO. Strategy for Technical and Vocational and Trainning 2016—2021[R]. Paris：UNESCO，2016.

④ MAJUMDAR S. Emerging Challenges and Trends in TVET in the Asia-Pacific Region[M]. Rotterdam：Sense Publishers，2011：8.

是职业技术教育与培训在《2030 可持续发展议程》中处于中心地位的原因"①。
由加拿大多伦多大学高等教育研究中心发布的《全球职业技术教育与培训趋
势》(Global Trends in TVET)报告也指出,职业教育现今正面临着若干挑战,
失业率上升和劳动力市场结构的变化正在降低传统职业教育的吸引力。职业
教育地位在不断降低,职业教育私有化、社会服务的市场化成为不可避免的趋
势。另外,与其他形式的教育相比,职业教育涉及更多在人力资本政策的
应用。②

　　在严峻的全球就业市场背景下,东盟国家同样面临着上述变化带来的各
种严峻挑战,技能提升的需要尤为迫切。东盟国家劳动力市场危机来自两方
面,一方面,东盟各国传统技术工人被自动化取代的职业比例较大,多个行业
的技术工人在不断更新的技术进步背景下面临失业风险;另一方面,东盟经济
共同体建设不仅增加了对高技能工人的需求,劳动力市场供需矛盾也十分突
出,结构性调整极为迫切,职业学校课程需要与国家层面及区域层面的优先发
展事项相匹配。职业技术教育合作是解决上述危机的途径之一,因此东盟国
家职业技术教育区域化发展逐渐成为提升东盟国家劳动力技能的需要。

一、低技能劳动者被自动化取代的风险不断加大

　　国际劳工组织发布的六大报告对东盟国家劳动力市场危机进行了详尽的
描述。2015 年,为了解东盟国家劳动力市场的基本情况,国际劳工组织
(International Labour Organization)在东盟成员国上千个企业、大学、职业技
术学院、学生群体中发放了问卷。结合访谈内容及案例,国际劳工组织分析了
东盟经济社会各方面面临的转变与挑战,于 2016 年发布了《转变中的东盟》
(ASEAN in Transformation)六大报告,详见表 3.1。这六大报告全面展现了
东盟国家各个行业均存在劳动力市场危机的现状,这些巨变迫使东盟制定协
调发展的职教战略,这是东盟地区职业技术教育体系向区域化发展的内部强
大推动力。

<hr>

① 王俊.联合国教科文组织启动《职业技术教育与培训战略(2016—2021 年)》[J].世界教育信
息,2016(18):75-75.

② Education International. Global Trends in TVET:A Framework for Social Justice[R].
Toronto:EI, 2016:20.

表 3.1　国际劳工组织《转型中的东盟》系列研究报告

序号	名称	内容
1	《转变中的东盟:科技如何改变工作与企业》（ASEAN in Transformation：How Technology is Changing Jobs and Enterprise）	科技如何改变东盟国家劳动力密集行业的分析
2	《转变中的东盟:自动化时代的危险职业》（ASEAN in Transformation：The Future of Jobs at Risks of Automation）	自动化时代高危行业分析、科技对生产及服务业的影响分析、教育及培训部门的合作策略
3	《转变中的东盟:企业与学生如何看待未来的工作》（ASEAN in Transformation：Perspective of Enterprises and Students on Future Work）	企业劳动力技能需求、学生工作期望、工作模式分析
4	《转变中的东盟:汽车与汽车零部件——变速齿轮》（ASEAN in Transformation：Automotive and Auto Parts—Shifting Gears）	人工智能对区域劳动力及企业的影响分析
5	《转变中的东盟：电气与电子》（ASEAN in Transformation：Electrical and Electronic—On and Off the Grid）	电气与电子行业对未来劳动力市场的影响分析
6	《转变中的东盟:纺织品、服装、鞋类—重塑未来》（ASEAN in Transformation：Textiles，Clothing and Footwear-Refashioning the Future）	科技对服装纺织业劳动力需求的影响分析

资料来源:根据国际劳工组织网站整理。

　　上述报告通过呈现一手调查数据的方式分析了自动化时代科技进步对东盟成员国汽车制造、电子产品制造、服装纺织、商业、零售等领域造成的挑战，尤其是劳动力市场需求上的巨大转变。3D 科技、人工智能等科技不断更新换代，传统劳动力密集行业成为高危失业人群，企业对其员工的技能需求也在不断变化。

　　从东盟整体看，东盟五国(柬埔寨、印尼、菲律宾、泰国、越南)有 56％的职业在未来二十年将不同程度地面临自动化带来的风险,见图 3.1。自动化率代表了东盟各国被人工智能取代的风险,东盟各国的自动化风险差异较大,泰国自动化率(probability of automation)高的就业岗位比例是东盟五国中最低的(44%),越南最高(70%)。菲律宾、印度尼西亚及柬埔寨的自动化就业岗位比例分别为49%、56%及57%。每个国家的劳动力市场结构造成了这些差异,例如,越南的低技能工作占其国内全部职业的比例约为五分之二,是五个东盟国家中最高的。相反,泰国的低技能工种在其国内劳动力市场的比例最小,不到十分之一。

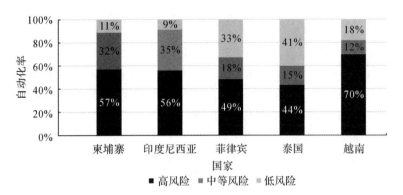

图3.1 东盟五国职业风险对比①

从各个行业看,东盟国家中的六个行业面临高度自动化技术带来的挑战最为严峻。在汽车制造业,印度尼西亚有超过60%的工人、泰国有73%的工人有可能被机器人替代;在电子电气制造领域,机器人制造技术、3D打印技术、物流网是影响其发展的三大因素,印度尼西亚、菲律宾、泰国同样有超过60%的行业从业人员面临高度自动化带来的风险;东盟国家服装纺织行业现有从业人员900万人,超过70%以上为女性,在3D打印技术、三维人体测量、计算机辅助设计、可穿戴技术、可持续制造技术以及机器自动化技术的影响下,64%的印尼工人、86%的越南工人以及88%的柬埔寨工人将会面临自动化带来的危机;商业领域的从业人员同样面临着挑战,云计算和软件自动化成为影响该领域工作人员的最大威胁,如菲律宾商业外包行业89%的工人有可能会被机器人替代。同时,软件自动化技术也为商业外包行业减少了40%~75%的成本;在商品零售行业,泰国、柬埔寨、印尼及菲律宾的从业人员被自动化技术代替的比例分别高达68%、71%、85%及88%,传统零售业成为东盟科

---

① International Labour Organization. ASEAN in Transformation:ASEAN in Transformation:The Future of Jobs at Risks of Automation[R]. Geneva:ILO, 2016:12.

技更新换代的最大障碍。① 综上所述,科技进步与革新正在改变现有的东盟"秩序",尤其是低技能的工种与劳动力密集型产业正面临前所未有的挑战。

二、劳动力市场对高技能人才的需求逐步上升

"职业教育是东盟教育部门特别关注的一个领域。随着东盟成员国经济的持续发展,熟练劳动力供应的短缺正变得越来越普遍。"②为应对转变中东盟一体化大市场出现的危机及挑战,高技能劳动力成为关键。国际劳工组织《东盟共同体 2015:为了更好的工作与共同繁荣》(ASEAN Community 2015:Managing Integration for Better Jobs and Shared Prosperity)报告指出,东盟区域融合的关键在于劳动力市场的支撑,尽管东盟共同体建设创造了更多的工作,但东盟各国的劳动力市场结构性调整十分必要。开放性将对东盟各国的经济、就业、技能需求、工资及劳动力流动产生重要影响,管理结构也应会随之改变③。东盟国家想要从更深层次的区域融合获利,就必须依靠技能发展相关政策,尤其是培养拥有多种技能组合的工人。

东盟国家现已经开始逐渐转向技能密集型产品的生产和出口,但从整个地区看,不同国家劳动生产率以及经济模式具有显著差异。新加坡是东盟地区的技能密集型产品生产及出口基地,2020 年,新加坡服务业出口总额 2587亿美元。④ 然而柬埔寨形成了强烈对比,自 2000 年以来,由于该国正在努力转变以农业与劳动密集型服装制造业为基础的经济模式,因此其经济模式只取得了有限的进展。新加坡占东盟地区高技术制造业出口的一半左右,泰国和马来西亚分别占 19.6% 和 15.7%。其他东盟成员国的高新技术产品出口也有限,文莱、柬埔寨、老挝和缅甸的高新技术产品出口总量都不及东盟出口总量的 1%。⑤

东盟经济共同体建设预计会对所有制造业的就业产生积极影响。在东盟大市场的影响下,东盟国家的职业需求会产生较大变化,东盟五国 2010 到

---

① International Labour Organization. ASEAN in Transformation:How Technology is Changing Jobs and Enterprise[R]. Geneva:ILO,2016:4-13.

② ASEAN. ASEAN State of Education Report[R]. Jakarta:ASEAN,2013:22.

③ ILO,ADB. ASEAN Community 2015:Managing integration for better jobs and shared prosperity[R]. Bangkok:ILO and ADB,2014:9.

④ Ministry of Trade and Industry Singapore. Economic Survey of Singapore 2020 [R]. Singapore City:Ministry of Trade and Industry Singapore,2020:3.

⑤ ILO,ADB. ASEAN Community 2015:Managing integration for better jobs and shared prosperity[R]. Bangkok:ILO and ADB,2014:9.

2025年增长率前五名的职业分布情况如表3.2所示。在老挝,预计就业增长率较高的行业分布在与制造业相关的半熟练工作(semi-skilled occupations)类型上,特别是在木制品行业,比如木材加工商、橡胶、塑料与纸制品运营商以及机器操作员。在菲律宾,预计就业增长率最高的是与海运和造船业有关的工业船舶船员及相关人员,预计增长率最高的其他职业是总经理、体育健身教练、数据库及网络专业人士等高技能职业。泰国预计增长率最快的职业是旅游和酒店业相关职业,如酒店经理、餐馆经理、服务员、调酒师及厨师,预计增幅为4.9%。增长率较高的其他职业包括农牧民及ICT(Information and Communication Technology)服务管理人员。就工人数量而言,预计增幅最大的是半熟练服务人员和销售人员,这与贸易的高增长有关。在越南,多种职业预计都会有较高的增长率,比如木工、商业代理、厨师以及其他初级工人。柬埔寨及印尼预计增长最高的职业分别是农牧民、酒店经理及餐厅经理。

表3.2　东盟六国2010—2025职业增长率排序[①]

国别	1		2		3		4		5	
柬埔寨	农牧民	6.7%	数字分析员	6.0%	零售批发经理	6.0%	商业服务代理	6.0%	街道服务人员	5.9%
印度尼西亚	酒店及餐厅经理	7.2%	火车司机	7.0%	服务员及调酒师	6.9%	商店售货员	6.5%	出纳及票务员	6.1%
老挝	木工	17.5%	橡胶、塑料和纸制品机操作员	12.3%	机器操作员	7.8%	文职人员	7.0%	业务代理	6.0%
菲律宾	船员	10.0%	健身工作者	9.5%	总经理	9.0%	数据网络专家	8.0%	图书管理员、档案管理员及策展人	7.8%
泰国	酒店及餐厅经理	4.9%	服务员及调酒师	4.4%	厨师	4.2%	农牧民	3.8%	技术服务经理	3.7%
越南	木工	7.8%	重型卡车和公共汽车司机	7.4%	业务代理	6.5%	厨师	6.5%	其他基础工人	6.5%

---

　①　SOULEIMA EAH. The Impact of ASEAN Economic Integration on Occupational Outlooks and Skills Demand[R]. Bangkok：ILO,2014：12-14.

在部分职业增长的同时,东盟各类职业供需不平衡也制约了东盟整体的发展,尤其是高技能工作人员的超额需求(excess demand),这在东盟不同成员国的多个行业都有所体现。如柬埔寨对大学教师的需求,菲律宾对生命科学相关专业人员、电工技术工程师、建筑师、规划师、测量师、设计师、销售、市场营销员、法律专业人士、过程控制技术员等职业的需求远超过市场供应量,泰国对经理人、大学教师、图书馆员,档案管理员和策展人等职业的需求也存在同样的问题,这些国家的劳动力供给曲线与需求曲线不相交。同时,东盟国家部分职业也面临供应过剩的局面,如印尼的法务公务员、护理专业人员的供应量远大于需求。另外值得注意的是,在东盟经济共同体建设大背景下,东盟某成员国的某种职业在该国的供需情况在其他成员国可能是相反的情况,比如过程控制技术员在柬埔寨、老挝、印尼、越南的供应量远高于需求量,而这一职业在菲律宾是有超额需求的。①总体来说,东盟各成员国劳动力市场均面临供需不平衡的挑战,结构性调整也迫在眉睫。

第三节　东盟国家职业技术教育体系面临多重挑战

东盟国家职业技术教育体系目前面临入学率总体偏低,对青年人吸引力不高、职业技术教育水平差异显著、企业参与程度不同等多重挑战。东盟国家需要通力合作,解决共同难题,提高东盟国家职业技术教育的总体竞争力,为东盟经济共同体建设消除障碍。

一、职业技术教育入学率总体偏低

东盟国家职业技术教育体系面临的挑战之一是东盟国家职业技术教育入学率总体偏低。政府机构的职业技术教育课程可为学生提供其所需的知识、态度与技能,实现学校到工作之间的良好过渡。更高级的职业技术教育课程还可以为谋求第三级教育的学生提供上升通道,因此职业技术教育对经济社会发展的作用不言而喻。然而,在一些东盟国家,职业技术教育机构面临教育质量不高、基础设施陈旧、缺乏证书体系的挑战,尚不能为东盟统一市场提供所需劳动力。从整体上看,东盟国家职业技术教育入学比例并不高,普遍缺乏

对青年的吸引力。

从表 3.3 可看出,东盟十国的职业技术教育注册人数占高中总注册人数的比例均未超过 20%,印尼的比例较高,达 18%,而老挝的比例仅 0.8%。除新加坡、文莱这类经济发展水平较高的国家外,东盟成员国职业技术教育入学人数比例整体偏低,其原因在于东盟次发达国家(如老挝、柬埔寨等)教育整体水平本来就偏低。其次,东南亚国家普遍受传统教育观的影响,轻视职业教育,这种观念一定程度上影响了职业技术教育的入学水平,最终导致教育与经济发展需要脱节。再次,东盟成员国获得本国政府对职业技术教育的投资也相对较少。[①]

表 3.3　东盟成员国各阶段入学率比较　　　　　　单位:%

国别	识字率(15 岁以上)	小学净入学率	中学净入学率	职业教育注册人数占高中总注册人数的比例	女性占职业教育入学总人数的比例	第三级教育毛入学率	教育公共支出
文莱	95.4	91.7	94.7	11.4	49.6	24.3	3.3
柬埔寨	73.9	98.4	38.2	2.3	47.0	15.8	2.6
印尼	92.8	93.7	74.8	18.0	42.0	27.2	2.8
老挝	72.7	95.9	41.4	0.8	54.0	16.7	2.8
马来西亚	93.1	97.0	66.3	6.8	42.5	36.0	5.9
缅甸	92.7	…	47.0	…	…	13.8	0.8
菲律宾	95.4	88.2	61.4	…	…	28.2	2.7
新加坡	95.9	…	…	11.6	35.1	…	3.2
泰国	93.5	96.6	79.5	15.4	41.5	51.4	5.8
越南	93.4	98.1	…	…	…	24.6	6.3

资料来源:UNESCO 数据库。

二、职业技术教育水平差距显著

东盟国家职业技术教育体系面临的挑战之二是东盟成员国职业技术教育

---

① UNESCO. Education Systems in ASEAN+6 Countries:A Comparative Analysis of Selected Educational Issues[R]. Bangkok:UNESCO,2014:67.

水平存在显著差距。职业技术教育对许多国家构成严峻挑战，尤其是在拥有迅速发展的劳动力市场国家。高技能劳动力缺口表明，除了新加坡和马来西亚以外，许多东盟国家的职业技术教育质量不尽人意。多数东盟国家职业技术学校是学校本位的，对产业的实际需求缺少关注，职业技术教育存在许多问题。首先，东盟四国（老挝、越南、柬埔寨、缅甸）经济正在迅速转向更高附加值的工作驱动模式，而复杂的计算机驱动运行工具和设备十分昂贵，改善职业技术教育的成本相对较高，且技术的不断进步又会造成工具设备使用年限的缩短。其次，寻找合格的职业教育教师较为困难，产业系统的高额工资水平对高技能教师的吸引力要明显大于学校系统。再次，企业参与职教系统建设水平不高。与雇主方、商业协会、工会等机构保持良好的沟通与对话是任何良好职教体系的核心，在一个先进的职教培训系统中（如新加坡），雇主技能委员会（Employer Skills Councils）会根据预期的技术变化，告知劳动力发展机构（或其他同等作用机构）现阶段及未来的技能需求。然而在很多东盟国家，雇主协会在职教体系中的代表性很弱，或是直接缺乏类似的组织机构。职业技术教育机构过于集中或过于分散，评估、认证及绩效考核机制薄弱。维持私营部门、政府及工会之间的良好协作关系与团队伙伴关系也是一项挑战，作为东盟成员国中的最佳实践国，新加坡的政府部门与私营部门相互协作，建立了符合其国家经济和社会发展目标的人力资本体系，这需要重新调整公共管理系统以及治理主体的互动网络，然而，其他东盟成员国的这种团队协作关系尚未建立起来。[①]

三、企业参与职业技术教育程度不同

东盟国家职业技术教育体系面临的挑战之三是企业参与职教体系建设的方式与程度不同。解决东盟经济共同体建设中的劳动力市场危机以及供需鸿沟需要制定更强有力的教育与培训政策，开发与国家发展优先事项相匹配的课程，以此满足年轻人及弱势群体的需求，因此，雇主组织和工人组织是重要合作伙伴。

面对新的生产方式、工作模式，企业与学校同时需要变革。能够迅速做出反应的职业技术教育体系成为了解决劳动力市场危机的关键。从表 3.4 可以看出，东盟各国的职业教育体系与企业界的合作领域存在明显差异，这将不利

---

① International Labour Organization. ASEAN Economic Community 2015：Enhancing Competitiveness and Employability through Skill Development［R］. Bangkok：ILO,2015：11.

于东盟地区职业技术教育体系的整体协调发展。在职业教育体系的标准设定、政策制定、质量保障、评估与监管、资金资助以及培训项目方面,东盟地区的企业参与程度并不完全一致,并非所有国家拥有双元制的职业教育系统,但东盟各国现在正转向一个更加私人化的、由需求驱动的职业教育培训体系。

表 3.4　东盟国家企业参与职业技术教育系统要素对比[①]

国家	参与方式					
	双元制	政策制定	质量保障	评估与监测	资金资助	培训项目
菲律宾	√	√	√	√	√	√
马来西亚	√	√				√
新加坡			√	√	√	√
印尼	√	√	√			√
泰国	√	√	√	√	√	√
越南	√	√	√	√	√	√
缅甸	√	√	√			
文莱			√	√		√
老挝	√	√		√		√
柬埔寨			√	√		

从表 3.4 可看出,东盟国家中只有泰国、越南、菲律宾企业界参与了本国职业技术教育体系六大领域的全过程;马来西亚企业界在本国职业技术教育体系质量保障、评估与监管、资金资助的过程中缺乏参与;新加坡企业虽然参与了本国职业技术教育体系的质量保障、评估与监管、资金资助以及培训项目过程,但并不参与其政策制定过程;缅甸与印尼企业界也不参与其本国职业技术教育体系的评估与监管、资金资助活动;老挝与文莱企业界也不对其国家的职业技术教育体系进行财务资助;柬埔寨企业界虽然参与了本国职教体系评估与监督过程,但也并不参与政策制定与培训项目,也不对其进行资助。

总之,从东盟地区的整体情况来看,东盟国家在职业技术教育的质量、效

---

①　NARAYANA S,LOTHO S. Background Paper for the TVET Conference Supporting AEC-Integration through Inclusive and Labour Market Oriented TVET ［EB/OL］. (2015-11)［2021-12-18］. https：// sea-vet. net/images/seb/e-library/doc ＿ file/215/inclusive-vocational-education-concept-note. pdf.

率和需求方面存在巨大差距。因此,进一步协调东盟各国企业参与职业技术教育体系建设是东盟国家的迫切需求,同时也是提高东盟国家职业技术教育的总体水平、推动东盟国家职业技术教育协调发展、增加职业技术教育对年轻人吸引力的关键。①

---

① Regional Association for Vocational Teacher Education in East and Southeast Asia. Regional Development，Harmonisation and Internationalisation of TVET in the Wake of AESEAN Economic Community（AEC）[R]. Chiang Mai：RAVTE,2015：1-5.

第四章 东盟地区职业技术教育区域化发展的政治路径

根据简·奈特提出的高等教育区域化发展 FOPA 模型,高等教育区域化发展的政治路径指通过区域决策机构发布带有政治意愿的意向声明,使教育区域化发展正式化。其主要的外显形式为区域决策机构发布宣言、公约、协议、发展计划,举办高层领导峰会,开展政策对话会等。在东盟的语境下,东盟地区职业技术教育区域化发展的政治路径主要体现在东盟地区的决策机构发布有关职业技术教育发展的意向声明、签订职教合作协议,制定职业技术教育发展战略,并定期开展政策对话,举办高层会议等,其目的是加强东盟国家在职业技术教育领域的紧密合作,建立东盟职业技术教育共同体。

东盟国家在教育领域的决策机构主要是由东盟(ASEAN)和东南亚教育部长组织两个区域组织组成,东盟下设的东盟教育部长会议(ASEAN Education Ministers Meeting,ASED)、东盟高级官员教育会议(ASEAN Senior Officials Meeting on Education,SOM-ED)以及东南亚学校校长论坛(Southeast Asia School Principal Forum,SEASPF)是东盟地区主要的教育合作官方平台,东盟国家教育合作机制见图4.1。

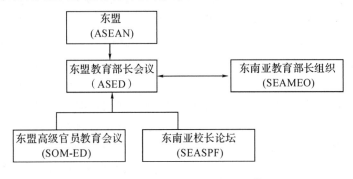

图 4.1 东盟国家教育合作机制[①]

---

① ASEAN Secretariat. Overview of ASEAN Cooperation on Education[EB/OL]. (2018-10-04)[2021-12-18]. http://www.rcrc-resilience-southeastasia.org/wp-content/uploads/2016/02/Brief-on-Education.pdf.

由图 4.1 可知，东盟教育部长会议与东南亚教育部长组织处于平级的结构中，两者构成了东盟国家在教育公共事务上的重要决策路径，但"东南亚教育部长组织不在东盟体制框架内"①。东盟高级官员教育会议与东南亚校长论坛对东盟教育部长会议负责并定期向其汇报工作。

在东盟和东南亚教育部长组织组成的区域教育决策机构框架下，东盟制定了两个五年教育规划，东南亚教育部长组织发布了《东南亚教育部长组织七项优先发展教育领域(2015—2035)》的倡议，此外，东盟国家之间形成了职业技术教育高级官员的定期会晤机制。这三项行动是东盟地区职业技术教育区域化发展政治路径中最为突出的表现形式，同时这也体现出东盟地区决策机构开始逐渐在职业技术教育领域扮演规范角色以及区域教育治理角色。

第一节　制定两个东盟五年教育规划

东盟利用其区域组织的地位，就该地区的重要问题开展对话，发展合作，提升了东盟在地区事务中的地位和影响力。② 东盟对开展区域内部紧密教育合作的诉求源于《东盟宣言》(ASEAN Declaration)、《东盟愿景 2020》(ASEAN Vision 2020)及《东盟宪章》(ASEAN Charter)。这几份文件都同时强调东盟各国通过建立坚固的伙伴关系建立一个不断向前发展、繁荣、和平、稳定的东盟愿景。其中，《东盟宪章》在其第一章第十段明确表明"东盟的宗旨在于通过教育、终身学习及科学技术的合作开发人力资源，为人民创造福祉，加强东盟共同体建设"。包括东盟两个五年教育规划在内的教育合作文件均在《东盟宣言》《东盟 2020 愿景》《东盟宪章》的框架下进行，这些文件构成了东盟开始进行教育规划的基石。到目前为止，东盟已经发布了两个五年教育规划，第一个五年教育规划的时间为 2010 年至 2015 年，第二个五年教育规划的时间为 2016 年至 2020 年。《东盟五年教育规划(2011—2015)》(ASEAN Work Plan on Education 2011—2015)与《东盟五年教育规划(2016—2020)》(ASEAN Work Plan on Education 2016—2020)是东盟开展地区教育治理与提升东盟各国教育水平的指导性文本，体现了东盟期望通过教育合作改善地

---

① RAVINET P，CHOU M H. Higher Education Regionalism in Europe and Southeast Asia：Comparing Policy Ideas[J]. Policy and Society，2017,36(1)：143-159.

② 张蕴岭. 东盟 50 年：在行进中探索和进步[J].世界经济与政治，2017(07)：21-37.

区人力资源质量以及加强共同体建设的决心。其中,东盟国家职教合作与交流是两个《东盟教育五年规划》的重要组成部分。

一、东盟五年教育规划的制定机构

东盟两个五年教育规划的总体发展思路始于《东盟宪章》,其内容以东盟三大共同体建设路线图(Roadmap for ASEAN Community)为指导思想,并由东盟教育部长会议审议签署,后由东盟高级官员教育会议执行该方案。东盟教育规划形成流程如图 4.2 所示。

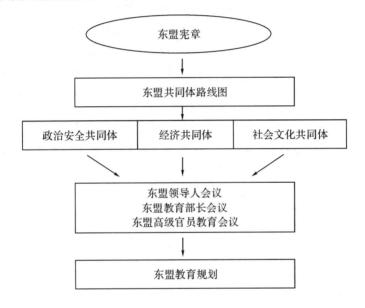

图 4.2 东盟五年教育规划形成机制图①

从图 4.2 可看出,《东盟宪章》处于最高位置,东盟三大共同体建设推动了东盟教育规划的形成与发展,东盟领导人会议(东盟首脑会议)是东盟最高决策机构,是东盟国家商讨区域合作大计的主要会议机制。此外,东盟教育部长会议与东盟高级官员教育会议不仅构成了东盟地区教育政策讨论与合作的两大官方平台,同时也是审议和执行东盟五年教育规划最主要的两大官方决策机构,其他相关区域组织及平台是其补充。

---

① ASEAN. ASEAN 5-Year Work Plan on Education (2011-2015) [R]. Jakarta:ASEAN,2012.

（一）东盟领导人会议

东盟领导人会议是东盟地区教育合作最高决策机构,从 1967 年东盟成立之日起,东盟领导人就提出了支持区域教育合作的决心,并在历届高层会议中不断强调教育合作的重要性。东盟领导人会议推动东盟地区合作重要事件见表 4.1。

表 4.1　东盟推动本区域教育合作重要事件①

年份	重要会议	重要事件
1967	东盟成立	东盟领导提出支持区域教育合作
1992	第四届东盟峰会	东盟领导人特别提到需要在教育领域发起倡议
2005	第十一届东盟峰会	东盟领导人再次呼吁东盟教育部长重点加强区域教育合作。作为回应,东盟各国教育部长确定了四个优先事项:即促进东盟意识;通过教育加强东盟认同;促进东盟人力资源开发;加强东盟大学网络建设
2008	发布《东盟宪章》	文件提出"通过在教育和终身学习以及科学技术方面加强合作,增强东盟人民能力水平,建设东盟共同体,发展人力资源"
2009	第十四届东盟峰会	东盟领导人提出在 2015 年以前采取各类行动,以加强教育在建设东盟共同体中的作用,并根据东盟三大共同体建设内容对学校课程、能力标准等多方面提出了相应要求
2011	东盟第四次教育部长会议	签署《东盟五年教育规划(2011—2015)》
2016	东盟第九次教育部长会议	签署《东盟五年教育规划(2016—2020)》

从表 4.1 可知,东盟领导人开始呼吁各国在教育领域发起合作的倡议始于 1992 年。到 2005 年,加强区域教育合作开始成为东盟的重点事项。作为回应,东盟教育部长会议提出了四个教育合作的优先事项,即培育东盟意识,特别是年轻人的东盟意识;通过教育加强东盟认同;在教育领域开发与发展东盟人力资源;加强东盟大学网络建设。2008 年发布的《东盟宪章》中更是将教育合作提高到了一个新高度,该文件指出"通过在教育、终身学习以及科学技

---

① ASEAN. ASEAN State of Education Report[R]. Jakarta：ASEAN,2013：14-15.

术方面加强合作,增强东盟国家人民的竞争力,促进东盟共同体建设,发展人力资源"。这个提法成为东盟教育合作的总指导思想。东盟第十四届东盟峰会开始将区域教育合作与东盟三大共同体建设相结合,并分别针对三大共同体建设对东盟地区的学校、课程分别提出了相应要求。随后,东盟领导人意识到有必要在教育领域制定地区性的五年教育规划,细化合作方向与地区教育的发展方向。因此,从2010年到2016年,东盟制定了两个五年教育规划。

(二)东盟教育部长会议

东盟教育部长会议是东盟教育合作的官方决策平台之一,其主要目标为通过政策对话应对东盟地区教育领域出现的挑战和机遇,促进东盟成员国之间的协调与合作,并与东南亚教育部长组织一道,共同讨论区域教育问题,发起教育倡议,确保这些议题与倡议纳入东盟成员国国家议程及地区议程。因此,《东盟五年教育规划》中有关职业技术教育的主要决议由东盟教育部长会议做出,并由其推广至成员国,使其纳入东盟成员国国家议程。

东盟教育部长会议由各东盟成员国负责教育事务的部长组成,东盟大学联盟秘书处需定期向东盟教育部长会议汇报工作进展,东南亚教育部长组织秘书处也需出席该会议。东盟教育部长会议每两年举行一次,与东南亚教育部长组织理事会(SEAMEO Council Conference)交替进行,每届会议的主席按东盟成员国字母排序产生,东盟秘书处将协助其拟定草案,并同时做好简要的会议记录。东盟教育部长会议的主要会议内容需由东盟外长协商后确定,并向东盟领导人会议报告。由于东盟教育部长会议也被纳入东盟社会文化共同体支柱的一部分,因此,东盟教育部长会议也应向东盟社会文化共同体理事会报告工作,同时向《东盟宪章》框架下的其他部门报告。

东盟教育部长会议的功能在于促进东盟成员国之间政策对话,建立及加强成员国之间以及与其他国际合作伙伴之间的教育合作网络,确保将教育优先事项纳入发展议程,特别是在培育区域认同意识、支持全民教育、弥合发展差距、建设学习型社会、促进知识经济的发展、发展信息通信技术教育等方面。该会议的职责范围主要为:(1)执行东盟首脑会议的相关指示,特别是发挥教育在东盟共同体建设中的作用;(2)在东盟认同教育、区域能力建设和大学网络建设三个方面加强政策协调;(3)监督和评估已批准的合作项目及教育计划的实施情况,并对其提出改善措施;(4)筹备有关地区教育问题的国际会议;

（5）形成决议，指派东盟高级官员教育会议执行东盟教育部长会议的决议。①

（三）东盟高级官员教育会议

东盟高级官员教育会议由东盟成员国教育部的高级官员组成，其角色定位是东盟教育部长会议的执行方。与东盟教育部长会议相同，东盟大学联盟秘书处及东南亚教育部长组织秘书处也是其的参会方。东盟高级官员教育会议的主要任务是通过教育增进区域理解，促进东盟成员国之间的合作与团结一致，提高生活质量；通过建立教育网络和伙伴关系，举办政策制定及专家知识论坛，以此促进人力资源的开发；建设具有社会凝聚力的地区，为实现经济社会进步以及一体化共同愿景做出贡献。

东盟高级官员教育会议每年举行一次，其主要的功能如下：（1）执行东盟领导人会议和东盟教育部长会议确定的地区教育合作指令与优先事项，特别是东盟教育五年规划确定的优先事项，并与对话伙伴展开合作。（2）监督、审查、评估东盟教育领域的方案和项目，并向东盟教育部长提出建议。东盟高级官员教育会议一直致力于开展以下地区事务：通过加强多元文化与宗教的理解，促进青年东盟意识（ASEAN Awareness）的形成；支持东盟实现全民教育，缩小发展差距，建设知识经济及学习型社会；通过东盟知识教育（ASEAN Studies）加强东盟身份认同；通过开展师生互换活动、制定培训计划、推广信息技术在教育中的应用，以此加强区域能力建设；与其他东盟委员会交换数据信息及教育战略构想，与之展开合作，共同实施教育方案。② 在必要之时，组织召开特别工作组会议。综上所述，东盟高级官员教育会议主要起到执行东盟五年教育规划的作用。

（四）其他合作伙伴

东盟在实施两个五年教育规划的过程中，需要东盟各成员国及其战略合作伙伴的紧密合作，除该区域教育政策决策机构——东盟教育部长会议与其执行机构——东盟高级官员教育会议以外，东盟教育规划的实施过程中得到了多方力量的协助与推动，其他合作伙伴主要由联合国教科文组织等国际组织、东盟各成员国相关政府机构、东盟＋3与东盟＋1等跨区域对话平台、东盟

---

① ASEAN. Terms of Reference on ASEAN Education Ministers Meeting[EB/OL]. (2012-05) [2020-11-15]. https：// asean. org/wp-content/uploads/2012/05/TOR-of-SOM-ED-and-ASED. pdf.

② ASEAN. Terms of Reference on ASEAN Senior Official Meeting on Education[EB/OL]. (2012-07-04)[2020-11-15]. https：// asean. org/wp-content/uploads/2012/05/TOR-of-SOM-ED-and-ASED. pdf.

秘书处以及东盟基金会五个部分组成,具体见图 4.3。

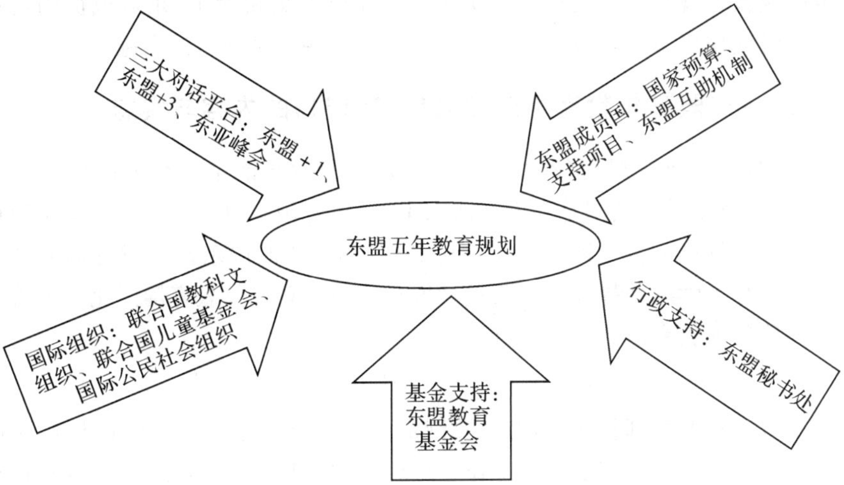

图 4.3　实施东盟五年教育规划的合作伙伴①

　　联合国教科文组织(UNESCO)与联合国儿童基金会(The United Nations Children's Fund)是东盟最重要的区域外部合作伙伴。东盟与之共同探索了诸多重要的合作项目。为了支持教育规划的实施,东盟高级官员教育会议还筹划成立了教育基金会。东盟与东南亚教育部长组织进行了合作,建立了东盟大学联盟(AUN)。

　　东盟同时还参与了多个区域以外对话平台的教育合作,比如东盟＋1 (ASEAN Plus One)、东盟＋3(ASEAN Plus Three)、东亚峰会(East Asian Summit)以及其他需要加强伙伴关系的平台。与上述对话平台合作所产生的政策文件将被作为东盟地区职业技术教育领域的政策方向,如《东亚峰会职业技术教育与培训质量保障指南》(The EAS TVET Quality Assurance Framework,EAS TVET QAF)现已作为东盟国家职业技术教育质量保障指南的参考。② 在教育规划的实施过程中,东盟秘书处的主要任务是为东盟高级官员教育会议提供行政支持。同时,东盟也得到了国际公民社会组织(Civil Society Organizations,CSOs)以及其他私营部门的支持。

---

　　① ASEAN. ASEAN 5-Year Work Plan on Education (2011—2015)[R]. Jakarta：ASEAN, 2012.

　　② ASEAN. ASEAN Guiding Principles for Quality Assurance and Recognition of Competency Certification Systems[R]. Jakarta：ASEAN,2017：49.

作为东盟教育规划重要实施者，东盟成员国也将充分利用本国的资源支持本区域教育规划项目及活动的实施。在东盟互助机制下，东盟成员国将在必要之时使用国家预算拨款或其他资源支持某些双边项目的实施。

二、《东盟五年教育规划（2011—2015）》的内容与实施

《东盟五年教育规划（2011—2015）》是东盟发布的第一个地区性教育规划，是东盟建立教育共同空间的初次探索，是东盟国家以集体身份思考东盟地区未来教育发展的首个顶层设计。其主要目标是"促进东盟意识的形成""增加初等教育入学率并提高教育质量""推动跨境流动以及教育国际化""支持环境教育等其他教育形式"四个方面。

（一）《东盟五年教育规划（2011—2015）》的内容

东盟国家教育部长认为，有必要制定一项综合的地区教育工作计划，全面指导东盟高级官员教育会议的工作，并以此作为建设东盟政治安全共同体、经济共同体及社会文化共同体的重要支撑手段。因此，东盟在《加强教育合作，共创共享关怀社区华欣－七岩宣言》（Cha-Am Hua Hin Declaration on Strengthening Cooperation on Education to Achieve an ASEAN Caring and Sharing Community）[①]和《人力资源与技能开发声明》（ASEAN Leaders Statement on Human Resources and Skills Development for Economic Recovery and Sustainable Growth）[②]两份文件的基础上，于 2009 年的第四次东盟教育部长会议上首次发布了《东盟五年教育规划（2011—2015）》。2011年，在印度尼西亚巴厘岛举行的非正式东盟教育部长会议上，东盟各国教育部长要求评估东盟在教育方面取得的进展，东盟地区在未来五年内将要实施的四个优先教育发展事项及与之相对应的 20 个具体计划得以确定，这成为《东盟五年教育规划（2011—2015）》的主要内容。这份教育规划不仅是首份专门指导东盟国家教育发展与合作的文件，该文件也将作为加强、深化与扩大东盟与区域外国家建立合作关系的指导框架，如中日韩（ASEAN＋3）、东亚峰会（East Asia Summit）成员国等其他合作伙伴国。[③]

---

① ASEAN. Cha-Am Hua Hin Declaration on Strengthening Cooperation on Education to Achieve an ASEAN Caring and Sharing Community[R]. Jakarta：ASEAN，2009.

② ASEAN. ASEAN Leaders Statement on Human Resources and Skills Development for Economic Recovery and Sustainable Growth[R]. Jakarta：ASEAN，2010.

③ ASEAN. ASEAN 5-Year Work Plan on Education（2011—2015）[R]. Jakarta：ASEAN，2009：4.

实际上,《东盟五年教育规划(2011—2015)》与《东盟社会文化共同体蓝图》《东盟经济共同体》的部分内容是相互重合的,这也体现了两者之间具有一脉相承及相互促进的关系。一方面,东盟教育规划的内容以《东盟社会文化共同体蓝图》为基础,但又被重新组合了。[①]《东盟社会文化共同体蓝图》重点在于人力资源建设、社会保障、社会公平与正义、可持续发展、东盟意识培育等多个方面。在涉及教育领域时,该蓝图把战略重点放在建设知识经济社会、扩大入学率、发展学前教育以及培育年轻人的东盟意识之上。从这些内容中可发现,《东盟社会文化共同体蓝图》中有 28 项计划与东盟高级官员教育会议的工作相关,其中 16 项活动直接由东盟高级官员教育会议主导并执行。另一方面,《东盟经济共同体蓝图》的重要内容之一就是鼓励劳动力流动、促进学校师生互换、开发资格框架与培训者能力标准、建设地区信息网络以及加强研究能力,这些目标与《东盟五年教育规划(2011—2015)》部分内容相同。因此,为支撑东盟三大支柱中涉及的教育愿景,东盟将这些内容重新以教育规划的形式加以详细阐述,最终确定了以下四方面目标:一是"促进东盟意识的形成",二是"增加初等教育与中等教育入学率并提高教育质量",三是"推动跨境流动以及教育国际化",四是"支持其他教育机构",如图 4.4。东盟围绕此四方面内容制定了 20 个教育子项目。

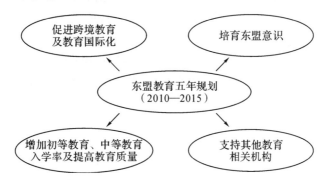

图 4.4 《东盟五年教育规划(2010—2015)》四大项目[②]

《东盟五年教育规划(2010—2015)》的内容及其具体的项目计划由两个基准确定:一是东盟正在进行的项目及正在实施的计划,二是东南亚教育部长组

---

① ASEAN. ASEAN State of Education Report[R]. Jakarta:ASEAN,2013:17.

② ASEAN. ASEAN 5-Year Work Plan on Education (2011—2015) [R]. Jakarta:ASEAN, 2009:4.

织、东盟大学联盟、东盟对话伙伴国、联合国等国际组织正在进行的部分工作内容。围绕教育规划中的四个优先发展教育领域，东盟从部分与整体两个层面上进行运作，确保整体和部分的协调。在第一个层面以四个优先发展领域的各个组成部分为中心，确保每个方面得到充分执行；在另一个层面将四个领域作为一个整体，确保其发展方向与《东盟宪章》的指导思想相匹配，如和平与稳定、经济可持续发展、合作与共识、法制与善治、人权与自由等。

东盟寻求在其成员国的教育部门之间分享信息，获取可推广的先进实践案例。东盟希望以此来支持东盟社会文化共同体建设的实施，确保各成员国的教育部门发挥平台作用，并提供与外部合作伙伴进行互动的论坛，缩小发展差距。从东盟五年教育规划的构成要素上看，教育合作项目的种类较为多样，主要包括以下几种方式：举办成员国最佳实践案例分享工作坊、收集东盟国家教育相关部门的基准信息、实施绩效管理与绩效评估、审核东盟资格参照框架协议、推进各相关方合作进程、跟踪项目进展、监测东盟各国教育部门合作成果、公布合作成果数据、确保成员国信息沟通无阻等。①

（二）《东盟五年教育规划(2011—2015)》的实施

第一个《东盟五年教育规划》主要以四个优先发展领域为目标与实施方向，并未单列各教育层次的目标及计划。虽然包括职业技术教育在内的各教育阶段目标未被作为一个单独的部分加以详细说明，但每个部分的目标计划对东盟成员国各阶段教育层次的发展方向具有引领作用。从教育规划的内容中可发现，东盟职业技术教育的发展方向也分别体现在教育规划的四个优先发展事项中，东盟建议其成员国根据地区经济需求调整职教战略，这些内容被整合进了四个目标的论述之中。

在培育东盟意识方面，东盟的目标是通过教育及文化手段建立东盟成员国的共同价值观，培养东盟意识。该目标的主要策略为在东盟成员国各教育阶段的学校内开设"东盟知识"（ASEAN Studies）课程，这包括开发地区指导性材料、开展东盟知识课程教师培训、鼓励师生互换、建立"东盟日"（ASEAN Day）等项目，这些项目通过在学校课程中引入东盟意识、引导学生学习东盟相关资料以及开展相关课外活动建立地区整体观念，帮助学生理解东盟地区的多样性。东盟意识教育的倡议逐渐影响了东盟国家职业技术教育的课程设计与内容，并逐步成为东盟国家职业技术教育领域的改革的一部分。东盟国

---

① ASEAN. ASEAN 5-Year Work Plan on Education (2011—2015) [R]. Jakarta：ASEAN，2012：37-38.

家现已开始尝试更新职业教师教育内容,如地区合作平台(Regional
Cooperation Platform)发起了一项旨在为东盟国家设计及评估职业技术教育
教师课程(ASEAN Vocational Teacher Curriculum,AVTC)的研究项目,这
个研究项目的主要成果是一份以东盟知识为基础的职业教师教育课程设计,
在这份课程设计中,东盟国际关系、东盟国际法、东盟文化等是东盟职业教师
教育内容的一部分,并分别占到了2~3个学分。[①] 东盟职业技术教育课程设
计带有培育"东盟意识"的教育倾向性,这体现了《东盟教育五年规划(2010—
2015)》对东盟地区职业技术教育课程内容的引领作用。

在增加初中等教育入学率、全面实行全纳教育方面,东盟确立了以下五个
方面的目标:(1)改善儿童早期护理和学前教育,特别是针对弱势儿童;(2)确
保所有儿童都能获得并完成免费且优质的义务初等教育,尤其是女童以及少
数民族儿童;(3)确保所有年轻人和成年人公平地获得适当的学习机会和生存
技能课程;(4)确保成人识字水平提高50%,特别是妇女的识字率;(5)消除初
等和中等教育中的性别歧视,实现教育性别平等,确保女童充分平等地获得优
质的基础教育。针对这一目标,东盟国家在职业技术教育领域相应地提出了
"全纳职业教育"(Inclusive Vocational Education)概念,并将联合国提出的
"不让任何人掉队"(Leave No One Behind)作为东盟教育的指导思想。东盟
地区职业技术教育大会(Regional TVET Conference)指出,职业技术教育在
世界脱贫的过程中扮演着重要角色,各国必须将弱势群体纳入职业技术教育
领域,特别是那些过去从未从职业技术教育项目中受益的群体,这将需要同时
在国际、区域和地方层面上采取新方法,创新思考方式,建立新联盟。[②] 综上
所述,东盟五年教育规划领域对东盟全纳职业教育概念的形成起到了推动作
用,妇女教育与培训、偏远地区弱势群体教育与技能培训、残疾人士的职业技
术教育与就业成为东盟全纳职业技术教育的重要议题。

提高初等与中等教育质量是所有东盟成员国教育改革的关键,因此在提
高教育质量方面,东盟在首个教育规划中提出了以下具体目标:一是对正规和
非正规教育给予同等力度的支持;二是制定明确的标准;三是对优秀教师进行
奖励;四是创造终身学习的机会,使所有人都能通过教育获得成功。除此之

---

① GIZ-Regional Cooperation Platform. Curriculum Development of Vocational Teacher
Education within the Context of ASEAN Integration Process[R]. Shanghai:RCP, 2013:53.

② GIZ. Regional TVET Conference:Supporting AEC Integration through Inclusive and Labour
Market Oriented TVET[EB/OL]. (2015-11-14)[2021-12-14]. https:// sea-vet. net/images/seb/e-
library/doc_file/215/inclusive-vocational-education-concept-note. pdf.

外,教育规划中建议东盟各成员国支持正在开展的质量保障行动,为本国教师和教育领导者提供新方法,并为其提供终身的职业发展机会。教育规划还强调了信息技术在共享教育资源方面与提高教育质量的关键作用,东盟国家应鼓励和支持在本国的教育活动中使用信息技术和通信技术(ICT),实现地区互联互通,改善地区教育质量。针对上述目标,东盟地区不同教育部门及组织机构做出了积极回应,先后发布了《东南亚学校负责人能力框架》(Competency Framework for Southeast Asian School Heads)①、《面向 21 世纪的东南亚教师能力框架》(Competency Framework for Southeast Asian Teachers of the 21st Century)②、《东南亚混合班教学质量指标》(Quality Indicators of Multigrade Instruction in Southeast Asia)③、《东盟信息技术总体规划 2015》(ASEAN ICT Masterplan 2015)④等倡议及报告。东盟地区职业技术教育质量保障的建构虽未在教育规划中单独呈现,但上述参考指南不可避免地成为东盟国家提高教育质量的重要参照指标之一。在教育规划引导下,东盟国家逐步开展教育质量保障行动、主导区域教师标准建设、支持教师发展与终身教育以及加强信息通信技术在教育系统的应用,体现了东盟地区不同行为主体对于参与地区教育互联互通的积极性与迫切性。

在促进跨境教育与教育国际化方面,东盟希望为其成员国建立区域知识资源分享中心,以便在今后加强东盟成员国的互联性。同时东盟还以支持学生交流、设立各教育阶段的奖学金、促进区域政策的研究以及制定地区高等教育国际化合作战略为主要目标。在高等教育领域,东盟大学联盟(AUN)的建立是回应地区关于提升教育国际化这一倡议的行动成果。在职业技术教育领域,东盟国家为应对东盟一体化,也相应地提出了东盟职业技术教育协调发展概念(Harmonization of TVET)。近年来,东盟国家通过建立东南亚职业技术教育高层会议机制、成立东南亚职业技术教育联盟(SEA-TVET Consortium)、召开东南亚职业技术教育机构合作会议等一系列方式创建了诸多区域职教利益相关方合作平台,实现了更为紧密的合作关系,降低了合作交

---

① SEAMEO INNOTECH. Competency Framework for Southeast Asian School heads [R]. 2014 ed. Quezon City：SEAMEO INNOTECH，2014.

② SEAMEO INNOTECH. Competency Framework for Southeast Asian Teachers of the 21st Century [EB/OL]. (2016-08)[2021-12-14]. https：// www. seameo-innotech. org/wp-content/uploads/2016/08/Com-petencyFWork_GURO21. pdf.

③ SEAMEO INNOTECH. Quality Indicators of Multigrade Instruction in Southeast Asia[R]. Quezon City：SEAMEO INNOTECH，2012.

④ ASEAN. ASEAN ICT Masterplan 2015[R]. Jakarta：ASEAN，2011.

易成本,东盟各国职业技术教育国际化水平提升首次在东盟层面及国家层面被赋予重要地位,这也与东盟将经济一体化目标被提前到2015年有关。

在支持其他教育相关机构共促教育发展方面,东盟将环境教育、灾害管理、人权教育等内容也纳入了五年教育规划范畴。东盟鼓励各国的跨学科工作组在上述领域展开合作,并提供在这些教育领域的教师培训课程指南,这也成了东盟国家职教领域的改革方向。例如,东盟教育部长会议发布了《东盟环境教育行动计划(2014—2018)》(ASEAN Environmental Education Action Plan 2014—2018,AEEAP),这份行动计划指出,东盟各国需确保将环境教育纳入本国普通教育内容之中。另一方面,东盟还提出"绿色学校"的概念及实践指南。在这方面,东盟秘书处发挥了协调角色的作用,在非政府组织、大学、媒体之间建立了网络联系,并支持不同机构在可持续发展方面成为有效的实践者与促进者。同时,东盟在职教领域也提出了相应的建议。《东盟环境教育行动计划(2014—2018)》中关于正式教育的第四项战略明确指出,要将环境教育及环境可持续发展教育纳入职业技术教育的教学内容之中,在职业院校推广及开展有关环境教育的活动,加大职业院校环境教育领域的政策研究,设立环境教育奖学金及科研项目,增强相关研究项目支持力度,加强职业院校环境教育相关机构的能力建设,鼓励相关机构成为环境教育的推动者。①

《东盟教育五年规划(2011—2015)》的实施监测系统由东盟教育部长会议及东盟高级官员教育会议两大机构组成。如前所述,东盟高级官员教育会议的主要功能为执行东盟教育部长会议的决策,因此,东盟五年教育规划的监测与评估工作主要由东盟高级官员教育会议来执行完成。监测系统主要关注以下两方面的实施进展:一是《东盟教育五年规划(2011—2015)》的各类计划项目所取得的进展;二是《东盟教育五年规划(2011—2015)》中四大优先发展领域配套的政策、项目及倡议。由此可见,东盟不仅关注规划本身的实施情况,而且比较注重其他部门在实施教育规划过程中的协同作用。

东盟高级官员教育会议在东盟秘书处的支持下定期追踪东盟教育规划的实施进展及成果,如实施过程中形成的会议报告、协议、多方对洽谈成果、培训项目、共同决议、最佳案例、政策改革建议等。东盟教育部长会议授权东盟高级官员教育会议讨论或评估教育规划执行过程中所产生的影响与成果,如东

---

① ASEAN. ASEAN Environmental Education Action Plan 2014-2018[EB/OL]. (2018-10-18)[2021-12-14]. http://environment. asean. org/wp-content/uploads/2015/06/ASEAN_Environmental_Education_Action_Plan_2014-2018. pdf.

盟意识教育的改革与实践,现有教育项目的完成情况等。在此过程中,各利益相关方的调查结果及其制定的评价指标也是教育规划完成质量的决定因素之一。由此可见,东盟教育官员会议是东盟国家在执行教育规划过程中的主要责任机构,是评价成员国之间教育合作有效性的标杆。另外,东盟秘书处也将与各东盟各成员国一道,共同创建五年教育规划完成情况成果数据库。①

三、《东盟五年教育规划(2016—2020)》的内容与实施

《东盟五年教育规划(2016—2020)》是东盟在 2016 年发布的第二个地区性教育规划,与第一个地区性教育规划相比,第二个教育规划目标领域的数量与内容有所增加,除了培养东盟意识与提升基础教育质量仍然是该规划的首要任务以外,第二个规划还将其他教育层次的发展列为重点发展领域,其中,职业技术教育发展目标是其重要组成部分,且获得了区域内外多个平台的支持。

(一)《东盟五年教育规划(2016—2020)》的主要内容

东盟于 2016 年 5 月在第九次东盟教育部长会议上签署了《东盟五年教育规划(2016—2020)》。② 《东盟五年教育规划(2016—2020)》的实施目的在于支持和落实东盟 2015 年后教育愿景,深化与扩展与合作伙伴的教育合作,拓宽教育合作范围。③ 该计划围绕八项子目标展开:东盟意识(ASEAN Awareness)、基础教育质量与可获得性(Quality & Access to Basic Education)、信息通信技术(ICT)、职业技术教育与终身学习(TVET and Lifelong Learning)、环境可持续发展(Environmentally Sustainable Development,ESD)、高等教育质量保障(Higher Education,QA)、产业合作(University-Industry Partnership)、教师能力建设与社区能力建设(Capacity

① ASEAN. ASEAN 5-Year Work Plan on Education (2011—2015) [R]. Jakarta: ASEAN, 2012: 37-38.

② ASEAN. Joint Statement of Ninth ASEAN Education Ministers Meeting [R]. Selangor: ASEAN, 2016: 1.

③ ABIGAIL C. ASEAN Cooperation on Education and the SDG 4 [EB/OL]. (2018-10-05) [2021-12-14]. https:// bangkok. unesco. org/sites/default/files/assets/article/Education/files/session-2asean-cooperation-education-sdg-4. pdf.

Building for Teachers and Community)。①

第二个教育规划最为显著的一个变化是职业技术教育被明确单列为一项重要发展事项之一。作为东盟第二个教育规划的第四项子计划,职业技术教育子计划主要涉及四个方面的具体内容。从具体内容来看,职业技术教育规划分工明确,涉及领域众多,多处强调了其优先发展的地位,体现了职业技术教育在东盟地区可持续发展及东盟一体化建设方面的重要作用。

正如本书第三章所述,东盟地区职业技术教育区域化发展服务于东盟三大共同体建设,尤其是东盟经济共同体及社会文化共同体建设。东盟经济共同体建设的目的是创造一个单一市场和生产基地,实现商品、服务、投资、资本、专业人员以及熟练劳动力的自由流动,涉及区域基础设施、合作机制以及民间交流三大领域的互联互通,上述目标的实现需要制定与之相匹配的区域职教政策作为支撑。因此,东盟地区区域决策机构十分重视制定与共同体建设相互协调的职业技术教育计划与倡议。作为区域决策机构之一,东盟将开发地区参照资格框架、培训证书体系、学分互认体系、质量保障体系及区域职业技术教育标准体系作为一体化建设的保障政策,这些政策导向也体现在其发布的第二个教育规划中。同时,这份教育规划吸收、参考了地区内外其他组织机构的内容及提法,如东南亚教育部长组织关于2015年后教育优先发展领域(Post-2015 Priority Areas)的倡议以及联合国教科文组织关于职业技术与培训项目(UNESCO TVET Programme in Asia-Pacific)的相关内容。

在《东盟五年教育规划(2016—2020)》中,职业技术教育部分的总目标是支持地区职业技术教育的发展,促进终身学习的开展。在这个总目标之下,这份教育规划又明确了以下四个子目标,即"增加职业技术教育可获取性""加强区域职业技术教育的可持续发展""建立职业技术教育质量保障体系"以及"缩小职业技术教育差距"四个方面。东盟分别围绕这四个子目标明确了支撑项目、主导国家以及合作机构,详见表4.2。

---

① SEAMEO. Development & Harmonization of TVET in the ASEAN Region:Synchronizing the Needs of the AEC&ASCC[EB/OL]. (2017-05-26)[2021-12-14]. http://files. seameo. org/18_3rd%20HOM%20 on%20SEA-TVET%2C%2023-25%20May%202017%2C%20Kuala%20Lumpur%2C%20Malaysia/12_Session%202_Regional%20Initiatives%20%2823%20May%29/2_ASEAN%20Sec_PPT_Development%20%26%20Harmonisation%20of%20TVET%20in%20the%20ASEAN%20region. pdf.

表 4.2 《东盟五年教育规划(2016—2020)》职业技术教育目标任务①

总目标:支持地区职业技术教育的发展与促进终身学习的开展				
序号	子目标	支撑项目	主导国及机构	合作方
1	增加职业技术教育的可获取性,促进就业,实现可持续发展	促进跨境实习、学术交流,实施学徒制,为可持续发展制定相关政策	文莱	东南亚教育部长组织职业技术教育与培训中心
2	加强区域协调,建立网络伙伴关系,增强职业技术教育教职流动性,向高质量职业技术教育体系转型	通过课程开发,为技能型及学术型人才的纵向流动提供桥梁	马来西亚	区域合作平台、东南亚教育部长组织秘书处及东南亚教育部长组织职教中心
		为技能劳动者提供高层次教育		
		培训专业职业技术教育教师		
		利用区域合作平台加强职教领域的协调发展,改进职业技术教育质量与职业技术教育教师培养质量	文莱及其他成员国	
		建立区域职业技术教育中心,致力于研究生水平的职业技术教育资格认证研究、能力建设以及机构合作	马来西亚	区域合作平台、东南亚教育部长组织秘书处及东南亚教育部长组织职教中心
		为研究生层次的职业技术专家提供多种学术路径	马来西亚	
		支持东盟技能竞赛,提升东盟劳动力水平,制定区域能力标准	东盟劳工部高级官员会议	

---

① SEAMEO. Development & Harmonization of TVET in the ASEAN Region:Synchronizing the needs of the AEC & ASCC[EB/OL]. (2017-05-26)[2021-12-14]. http://files. seameo. org/18_3rd% 20HOM%20on%20SEA-TVET%2C%2023-25%20 May%202017%2C%20Kuala%20Lumpur%2C% 20Malaysia/12_Session%202_Regional%20Initiatives%20%2823%20May%2029/2_ASEAN%20Sec_ PPT_Development%20%26%20Harmonisation%20of%20TVET%20in%20the%20ASEAN%20region. pdf.

续表

	总目标：支持地区职业技术教育的发展与促进终身学习的开展			
序号	子目标	支撑项目	主导国及机构	合作方
3	建立区域职业技术教育质量保障体系以及区域非学位教育（文凭或证书）认证机构	开发及改善职业技术教育跨境实习项目	泰国、菲律宾	区域合作平台、东南亚教育部长组织职业技术教育中心、东盟经济共同体秘书处等
		开发并实施职业技术教育学术交换项目		
		完成东盟成员国国家资格框架建设，开展职业技术教育质量保障活动，缩小发展差距，回应区域一体化倡议	东盟成员国、东盟秘书处	
4	缩小东盟国家职业技能供需差距	开发新职业训练项目与地区资格参照框架	东盟成员国、东盟秘书处	东盟移民工作委员会、东盟劳工部高级官员会议、东盟高级官员会议、东盟移民司与外交领事司、国际劳工部、亚洲开发银行、区域合作平台、东南亚教育部长组织职教中心

第一，最大限度地增加职业技术教育的可获取性，促进就业，实现可持续发展。东盟为此目标制定了具体的行动计划及支撑项目，主要措施是增加职业技术教育跨境实习、学术交流以及提供学徒制的机会，并为可持续发展制定相关政策。东盟将文莱确定为执行此项目标的主导国，东南亚教育部长组织是其合作伙伴。文莱教育部副部长巴洛姆·巴哈尔（Bahrom Pg Bahar）表示文莱教育部将与东南亚教育部长组织职教中心等外部组织携手，共同推动完成《东盟五年教育规划 2016—2020》中"增加职业技术教育可获取性"目标，并以此为契机，将文莱技术教育研究所（Brunei Technical Education，IBTE）打造成为地区产教合作的示范机构。①

第二，加强区域协调，建立网络伙伴关系，增强职业技术教育教职流动，利

---

① ASEAN. Brunei Action plan（2011—2015）［EB/OL］.（2010-10）［2021-12-19］. https：//www. asean. org/wp-content/uploads/images/archive/documents/BAP%202011-2015. pdf.

用多种资源,加快向高质量职业技术教育体系转型。针对该项目标,东盟准备从以下几方面着手推进区域职业技术教育的合作与交流:(1)通过课程开发,为技能型及学术性人才的纵向流动提供桥梁;(2)为技能劳动者提供更高层次的教育;(3)培训专业型职业技术教育教师;(4)依托德国国际合作机构(Deutsche Gesellschaft für Internationale Zusammenarbeit,GIZ)建立的职业技术教育区域合作平台(RECOTVET)加强地区职教领域的协调发展,改进职业技术教育质量与职业教育教师培养质量;(5)建立区域职教中心(Regional TVET Centre),致力于研究生水平的职业教育资格认证研究、能力建设以及机构合作;(6)为研究生层次的职业技术专家提供多种学术路径;(7)支持东盟技能竞赛,提升东盟劳动力技能水平,开发区域能力标准。

第三,建立区域职业技术教育质量保障体系以及区域非学位教育(文凭或证书)认证机构。该子计划的重点领域为:(1)开发及改善职业技术教育跨境实习项目;(2)开发并实施职业技术教育学术交换项目;(3)完成东盟成员国国家资格框架建设,开展职业技术教育质量保障活动,缩小发展差距,回应区域一体化倡议。目前,东盟在其发布的《东盟资格认证与质量保障指南》(ASEAN Guiding Principles Quality Assurance Recognition Competency Certification Systems)中指出,东盟国家在运用东盟资格参照框架时需提供本国教育与培训质量保障体系说明,并建议东盟成员国使用以下三种质量保障框架:一是《东盟质量保障框架》(ASEAN Quality Assurance Framework);二是东亚峰会职业技术教育与培训质量保障框架(East Asia Summit Technical Vocational Education and Training Quality Assurance Framework);三是《国际高等教育质量保障机构质量保障实践指南》(INQAAH Guidelines of Good Practice in Quality Assurance)。三种框架因其功能不同,适用范围均存在一定差异,第一种质量保障框架更多地适用于高等教育,第二种质量保障框架适用于职业技术教育,第三种质量保障框架适用于所有教育质量保障机构。[①]

第四,逐步缩小东盟国家职业技能供需差距。缩小东盟成员国技能供需差距的目标同时也是《东盟互联互通总体规划2025》(Master Plan on ASEAN Connectivity 2025)的目标之一。[②] 东盟将开发新职业训练项目与区域资格框

---

① ASEAN. ASEAN Guiding Principles for Quality Assurance and Recognition of Competency Certification Systems[R]. Jakarta：ASEAN，2017：32.

② ASEAN. Master Plan on ASEAN Connectivity 2025[R]. Jakarta：ASEAN，2016：63.

架作为解决职业技能供需矛盾的解决方案,并计划从以下几方面开展工作:
(1)在国际劳工组织及亚洲银行调研成果基础上,进一步了解东盟国家的职业
技能缺口;(2)回顾东盟成员国现有的职业技术教育项目;(3)根据东盟成员国
及产业需要,在充分考虑可行性之后选择2到3个职业技术教育优先发展领
域;(4)与私营部门的经营者合作,针对各部门培训计划制定一套共同的技能
标准;(5)推广东盟成员国职业技术教育最佳实践案例;(6)致力于地区职业技
术教育的协调发展,共商未来需要相互认证的领域。

从上述职业技术教育子目标内容可知,可持续发展与终身学习、标准体系
建设、区域协调发展、质量保障体系建设、职业技能供需差距解决方案是未来
东盟国家需要通力合作的几个重要领域,这也将成为东盟国家制定本国职业
技术教育改革政策与项目的风向标。

(二)《东盟五年教育规划(2016—2020)》的实施

《东盟五年教育规划(2016—2020)》中职业技术教育子计划的实施在多个区
域文件的指导下进行,并得到东盟高层会议、相关组织机构以及区域外职业教育
援助项目的指导、合作与参与。职业技术教育工作计划的主要参与方见图4.5。

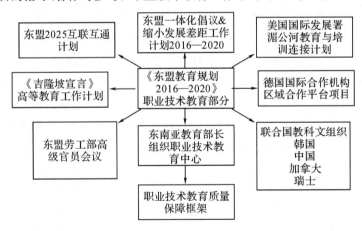

图4.5 《东盟五年教育规划(2016—2020)》职业技术教育项目参与方[1]

① SEAMEO. Development& Harmonization of TVET in the ASEAN Region:Synchronizing
the Needs of the AEC & ASCC[EB/OL].(2017-05-26)[2021-12-14]. http://files.seameo.org/18_
3rd%20 HOM%20on%20SEA-TVET%2C%2023-25%20May%202017%2C%20Kuala%20Lumpur%
2C%20Malaysia/12_Session%202_Regional%20Initiatives%20%2823%20May%2029/2_ASEAN%
20Sec_PPT_Development%20%26%20Harmonisation%20of%20TVET%20in%20the%20ASEAN%
20region.pdf.

如图 4.5 所示，职业技术教育子计划得到了区域内外各相关组织机构配套文件的支撑，其中涉及的指导性文件包括《东盟互联互通总体规划 2025》、《东盟一体化倡议》(Initiative for ASEAN Integration)、《缩小发展差距工作计划》(Narrowing Development Gap Workplan)、《吉隆坡宣言》高等教育计划(Work Plan in Support of "Kuala Lumpur Declaration" on HE)等。重要的组织机构及官方平台主要有东盟劳工部高级官员会议(ASEAN SLOM)、东南亚教育部长组织职业技术教育与培训中心(SEAMEO VOCTECH)。另外，东亚峰会职业技术教育保障框架(EAS TVET Quality Assurance Framework)也将在东盟地区职业技术教育的质量保障工作中起到技术参考的作用。

除此之外，联合国教科文组织、韩国、中国、加拿大、瑞士、德国、美国都是实施该计划的重要合作伙伴，代表性项目有德国国际合作机构区域合作平台项目(GIZ RECOTVET Programme)、美国国际发展署湄公河教育与培训连接计划(USAIDCOMET)等。其中，德国国际合作机构将支持《东盟五年教育规划(2016—2020)》中三项职业技术教育目标的实施，其主要任务是：在增加职业技术教育的可获取性、促进就业以及实现可持续发展的目标方面，协助东盟成员国增加职业教育入学率；在加强区域协调、建立网络伙伴关系、增强教职人员流动以及向高质量的职业技术教育体系转型方面，协助东盟成员国开发区域职教教师标准以及建立东盟地区职教知识平台；在建立区域职教质量保障体系以及区域非学位教育认证机构方面，协助东盟成员国开发跨国职教实习项目(Cross-border TVET Internship Programme)以及职教学术交流项目(TVET Academic Exchange Programme)。①

综上所述，东盟制定的两个五年教育规划强化了东盟在职业技术教育合作中的领导者与协调者的角色。第一个五年教育规划的制定与实施意味着东盟开始逐渐以区域教育治理者的角色涉足东盟国家教育领域的改革与发展。虽然第一个教育规划并没有单独对职业技术教育的发展目标做明确论述，但其发展理念与目标影响了东盟国家职业技术教育的价值取向与发展方向。第二个教育规划则开始将职业技术教育的发展放在了较为重要的地位，并作为

---

① SEAMEO. GIZ and RECOTVET Initiatives：Regional Cooperation in TVET［EB/OL］.(2016-05-09)［2021-12-18］. http：// files. seameo. org/10_2nd％20High％20Officials％20Meeting％20on％20SEA-TVET％2C％20Bali％2C％202012-14％20May％202016/12_13May_2nd％20HOM％20on％20SEA-TVET％20Bali/12May_3_Session1_GIZ_RECOTVET％20Initiatives_Dr％20Nils. pdf.

优先发展领域之一加以详细叙述,这体现了职业技术教育发展对于提高东盟
国家经济社会发展水平以及实现东盟一体化目标的关键作用。此外,两次教
育规划的制定与实施对于实现东盟教育愿景、增加职业技术教育合作伙伴以
及扩大合作范围起到了强有力的推动作用,其不仅是东盟地区职业技术教育
区域化发展政治路径中最具代表性的表现形式之一,也是推动东盟地区职教
互联互通最有效的形式之一。

第二节　发布东盟地区职业技术教育发展战略

作为影响区域职业技术教育改革的官方机构之一,东南亚教育部长组织
在 2014 年制定并发布了《东南亚教育部长组织七项优先发展领域(2015—
2035)》。区域职业技术教育发展战略是东南亚教育部长组织确定的七项优先
发展领域之一,涵盖了十三项子计划,内容覆盖了地区基础产业发展、资格认
证与标准建设、地区知识平台建设、课程平台建设及职业教师培养五个方面。
该战略与东盟发布的五年教育规划形成政策组合,为东盟国家未来的职业技
术教育发展方向给出了详细的行动计划与方案。

一、东盟地区职业技术教育战略的制定机构

东盟职业技术教育发展战略主要是由东南亚教育部长组织商议制定形成
的。该组织是一个区域性政府间组织,是东盟地区教育合作领域最关键的官
方平台之一。东南亚教育部长组织成立于 1965 年,致力于在东南亚地区推动
区域教育、科学及文化领域的合作,通过建立伙伴关系,增进东南亚各成员国
之间的沟通与交流,促进东南亚各国的合作和目标统一。东南亚教育部长组
织自成立以来就服务于东盟国家,甚至其他国家,它的倡议往往直接涉及东盟
提出的优先事项,为东盟国家弱势群体提供教育机会。其成员国与东盟成员
国基本是重合的(东盟候选国东帝汶除外),因此,本书将东南亚教育部长组织
发布的政策文件与倡议作为东盟地区职业技术教育区域化发展政治路径的表
现形式之一。东南亚教育部长组织的协调机制见图 4.6。

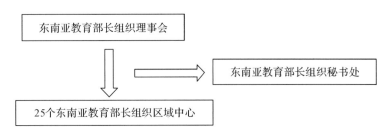

图 4.6 东南亚教育部长组织协调机制①

由图 4.6 可知,东南亚教育部长组织主要依靠以下三个部分作为其组织协调部门:一是东南亚教育部长组织理事会(SEAMEO Council);二是东南亚教育部长组织秘书处(SEAMEO Secretariat);三是东南亚教育部长组织下设的 25 个教育区域中心(SEAMEO Regional Centres)。

理事会是东南亚教育部长组织的最高决策机构,由 11 个东南亚国家的教育部长组成,即由东盟 10 个成员国教育部部长与东帝汶教育部部长组成,其主要职责是提出各类区域倡议,为东南亚教育部长组织的各类项目设定方向,回顾并组织各类计划及活动。东南亚教育部长组织秘书处在组织的各类活动中处于协调中心的角色,在执行理事会决议、协调活动、组织项目、制定提案、召开会议、审查方案与项目等方面负有主要责任。

东南亚教育部长组织下设了 25 个区域中心,这些中心分布于东南亚各个国家,专注于教育、科学和文化发展,制定针对促进地区整体发展的战略及方案。其中有 12 个区域中心的工作重点是促进教育发展。每个区域中心都有一个由 SEAMEO 成员国高级教育官员组成的理事会。SEAMEO 通过其下设的 25 个区域中心发挥在该地区教育领域的统筹协调作用,应对区域教育与社会发展过程中出现的挑战,并由其提出应对方案,详见表 4.3。②

---

① SEAMEO. SEAMEO Regional Centre and Network's Impact Survey ［R］. Bangkok:SEAMEO,2015:9.

② ASEAN. ASEAN State of Education Report[R]. Jakarta:ASEAN,2013:25.

表 4.3 东南亚教育部长组织下设区域中心

序号	组织名称	成立时间	主导国
1	区域职业技术教育中心（Regional Centre for Vocational and Technical Education and Trainning）	1990 年	文莱
2	区域热带生物学研究中心（Reginal Centre for Tropical Biology）	1968 年	印尼
3	区域学前儿童保育与教育中心（Regional Centre for Early Childhood Care Education and Parenting）	2017 年	印尼
4	区域社区教育发展中心（Regional Centre for Community Education Development）	2017 年	老挝
5	区域终身学习中心（Regional Centre for Lifelong Learning）	2011 年	越南
6	区域历史与传统中心（Regional Centre for History and Tradition）	2000 年	缅甸
7	学前儿童保育与教育中心（Regional Centre for Early Childhood Care Education and Parenting）	2017 年	印尼
8	区域教育创新与科技中心（Regional Centre for Educational Innovation and Technology）	1970 年	菲律宾
9	区域教师与教育机构人员语言修养提升中心（Regional Centre for Quality Improvement of Teachers and Education Personnel in Language）	2009 年	印尼
10	区域教师与教育机构人员数学教学提升中心（Regional Centre for Quality Improvement of Teachers and Education Personnel in Mathematics）	2009 年	印尼
11	区域教师与教育机构人员科学教学提升中心（Regional Centre for Quality Improvement of Teachers and Education Personnel in Science）	2009 年	印尼
12	区域食品与营养中心（Regional Centre for Food and Nutrition）	2010 年	印尼
13	区域科学教育与数学教育区域中心（Regional Centre for Education in Science and Mathematics）	1967 年	马来西亚

续表

序号	组织名称	成立时间	主导国
14	区域语言中心（Regional Language Centre）	1968 年	新加坡
15	区域培训中心（Regional Trainning Centre）	1966 年	越南
16	区域高等教育与发展中心（Regional Centre for Higher Education and Development）	1993 年	泰国
17	区域公开学习中心（Regional Open Learning Centre）	1997 年	印尼
18	区域农业学习与研究中心（Regional Centre for Graduate Study and Research in Agriculture）	1966 年	菲律宾
19	区域特殊教育中心（Regional Centre for Special Education）	2009 年	马来西亚
20	区域考古和美术中心（Regional Centre for Archaeology and Fine Arts）	1978 年	泰国
21	区域技术教育发展中心（Regional Centre for Technical Education Development）	2017 年	柬埔寨
22	热带医学与公共卫生网络（Tropical Medicine and Public Health Network）	1966 年	马来西亚
23	区域微生物学、寄生虫学和昆虫学区域中心（Regional Centre for Microbiology，Parasitology and Entomology）	1967 年	马来西亚
24	区域公共卫生、医院管理、环境与职业卫生中心（Regional Centre for Public Health， Hospital Administration， Environmental and Occupational Health）	1967 年	菲律宾
25	区域热带医学中心（Regional Centre for Tropical Medicine）	1967 年	泰国

资料来源：根据东南亚教育部长组织网站整理。

东南亚教育部长组织设立的各区域中心由不同成员国管理与资助，每个国家都有其擅长的专门领域，依托本国组建的区域中心为其他成员国提供建议及培训项目。此外，各个区域中心也会开展交流合作活动，在解决区域性公共问题方面相互协作。东南亚教育部长组织采取由各成员国分工的方式处理地区性教育事务，借以取代超国家层面的机构组织，这是东盟地区开展教育合作的独特之处，跟东盟教育部长会议相比，东南亚教育部长组织涉及的教育合作事务更多，范围更广，也更为具体。

二、东盟地区职业技术教育战略的路线

在东盟区域一体化大背景下,作为拥有五十年以上区域教育治理经验的区域教育组织,东南亚教育部长组织认为应对未来的挑战需要制定新的区域教育议程,而职业技术教育是这项区域新教育议程的优先发展领域。这项决定起源于 2012 年东南亚教育部长组织与亚洲开发银行(Asia Development Bank,ADB)在讨论东南亚教育部长组织学院(SEAMEO College)项目过程中发起的一项提议。[①] 随后,东南亚教育部长组织执行委员会(The Southeast Asian Ministers of Education Organization Executive Committee)于 2014 年 8 月 28 日通过了东南亚未来教育发展方向的建议,并在 2014 年 9 月 13 日举行的东南亚教育部长组织教育部长战略对话会议(SEAMEO Strategic Dialogue of Education Ministers)上确定了未来东盟地区二十年(2015—2035)的七项优先发展领域。东南亚教育部长组织委员会紧接着在第 48 次教育部长圆桌会议上签署了这项倡议性文件。

从内容看,《东南亚教育部长组织七项优先发展领域(2015—2035)》主要包括幼儿保健与教育、全纳教育、应对突发事件教育、职业技术教育与培训、教师教育、高等教育与协调研究以及 21 世纪课程开发,职业技术教育与培训为第四项优先发展领域。在 2016 年举行的教育部长战略对话会议上,东盟各国教育部长又针对这七个优先发展领域制定了行动路线图,如图 4.7。

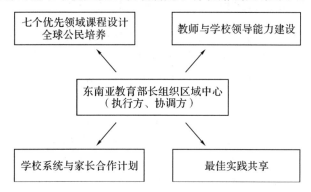

图 4.7 《东南亚教育部长组织七项优先发展领域(2015—2035)》[①]

---

① SEAMEO. Action Agenda for the SEAMEO 7 Priority Areas[R]. Bangkok:SEAMEO,2017:7.

东南亚教育部长组织呼吁超越国界,以东南亚人的身份思考,发挥各东盟成员国的优势,共同解决本地区的问题,东南亚教育部长组织将以下五个方面作为优先发展领域的行动路线:第一,利用区域中心作为东南亚教育部长组织执行 7 个优先发展教育领域相关计划的重要机构,完善相关机制,并与东盟开展协作;第二,根据七个优先发展教育领域设计相关课程,培养全球公民;第三,加强东南亚教育部长组织成员国教师与学校领导能力建设;第四,通过"与家长合作计划",鼓励家长参与教育系统,促进家长在子女教育方面与教育系统达成共同认识。第五,在东南亚教育部长组织成员国之间分享知识、技能及最佳实践,尤其是在改善职业技术教育质量、英语技能、数字应用能力、21 世纪就业能力等方面的最佳实践。

由上述行动路线可看出,东南亚教育部长组织下设的区域中心在执行其制定的优先发展教育战略中处于中心地位。与东盟五年教育规划的指导思想较为相似,东南亚教育部长确定的优先发展事项也比较重视通过教育合作来提升各国教育水平,注重"东盟意识"的培养,并以"东南亚人的身份"思考,这两种政治路径的表现形式均体现出东盟各国强调以共同身份来推进教育合作的决心,这也成为该地区开展教育合作的重要指导思想与基本前提。与此同时,东南亚教育部长组织还将"职业技术教育的标准化建设"作为优先发展事项行动路线的重要内容,且十分强调家长参与教育生态系统的重要性。

三、东盟地区职业技术教育战略的优先领域

职业技术教育是《东南亚教育部长组织七项优先发展领域(2015—2035)》的第四项战略子计划,职业技术教育战略由十三项具体的行动计划作为支撑,其具体内容见表 4.4。从内容上看,这十三项职教计划关注的领域可概括为以下五方面:东南亚地区基础产业发展、相关产业从业人员的资格认证、地区知识平台建设、国际交流与合作及特殊教师教育培养。其中,东南亚教育部长组织在强化国际交流与合作方面的项目计划多达五项,可见跨国教育合作在地区合作中的重要地位。"东南亚职业技术教育战略发展规划反映了东盟地区未来职业技术教育区域化发展的方向。详细的战略计划也说明职业技术教育的区域化发展不只是在东盟成员国高层达成政治共识,而且落实到了由东盟各成员国主导的具体项目中,每一个项目都有明确的时间节点和实施机构。"①

---

① 吴雪萍,王文雯.东盟职业技术教育区域化发展:基于 FOPA 模型的分析[J].中国高教研究,2018(6):103-108.

表 4.4　东南亚教育部长组织推动职业技术教育发展战略子计划①

类型	子计划名称	目标	预期成果
地区基础产业发展	城市农业技能促进计划	培养农业技能教师和掌握农业科技的社区学习中心协调员	提供社区学习中心、学校提供农业科技知识
	青年农业从业人员培养计划	提高农渔业学生领导力、科技思维、创新精神、社会责任感、交流沟通能力，培养未来农场从业人员，培养学生全球竞争力，搭建地区行业经验交流平台	发布地区师生创新力报告，成立未来农场师生网络
	卫生保健职业技术教育研究项目	开发健康护理及其相关职业教育课程，将其作为职业教育优先课程，并建立地区健康护理职业教育标准	发布地区健康护理课程状况调研报告，建立地区优先课程标准
资格认证与标准建设	农业从业人员能力标准开发计划	协助成员国开发农业技能标准，为成员国提供建议与指导	发布东盟农业技能从业人员标准
	非正式教育认证计划	分享东盟成员国优秀案例，强化非正式教育认证在成员国内部重要性	增强成员国对非正式教育的认证意识并提供指导
地区知识与课程平台	地区知识平台计划	建立继续教育、合作互动、政策制定平台，提高相关技能知识获取的便捷性	建立地区主要公开知识来源及地区职教工作人员平台
	在线课程项目	建立地区职业教育慕课网络，确保职教领域的教育公平性	建立东南亚在线学习系统，建立东南亚地区学分认证体系

① SEAMEO. Action Agenda for The SEAMEO 7 Priority Areas[R]. Bangkok：SEAMEO，2017：79-120.

续表

类型	子计划名称	目标	预期成果
特殊教师教育培养	全纳教育计划及特殊教育教师培养计划	确保残疾人能够获取职业技能教育以及开展特殊教育教师能力建设	培养相关领域的特殊教育教师
国际交流与合作	跨国学生交换计划	提高地区人力资源质量,加强行业合作与地区规划,鼓励跨国就业	建立职教学院及地区行业网络系统,建立跨国课程及学分互认系统
	职业教育高层会议计划	周期性回顾并预测区域职业教育发展情况,加强各部门的协作	提供区域职教发展战略政策建议,发布区域合作报告,制定会议计划
	日本国家技术学院(KOSEN)模式推广计划	在印尼及东盟国家推广KOSEN模式和课程,并进行专业论证,制定战略规划	区域内KOSEN模式的职业院校在医药、电子等专业在教育模式、课程等方面达成一致,和日本总部进行交流合作
	SEAMEO-中国职业教育文化姊妹项目	加强中国-东盟职业教育机构伙伴关系,促进双方文化交流,提高地区职业教育机构管理者能力,建立一批模范合作学校并提供最佳实践案例	达成双边及多边职教伙伴关系共识,制定项目行动计划
	东南亚职业技术教育联盟项目	制定地区职教标准及能力标准,推动地区职教课程国际化,搭建学生教师互换平台、职教领导网络系统平台、产教合作平台	将东盟职教联盟打造成区域内部以及与区域外国家交流合作的重要桥梁

(一)关注地区基础产业的发展

农业依然是未来东盟国家经济增长的重要部分,因此东南亚职业技术教育发展战略十分关注地区农业发展。为促进地区农业及其他基础产业发展，东南亚教育部长组织提出在城市农业技能提升、未来青年农业从业者职业技能培养以及卫生保健职业技术教育研究三方面制定方案计划，促进地区农业及健康护理产业的全面发展。

1. 城市农业技能促进计划

根据联合国粮食及农业组织相关报告，到 2050 年，全球粮食产量需要增加 70%，才能养活不断增长的人口。然而，随着大量城乡移民的出现，世界上对传统农业感兴趣的人也越来越少。城市化不可避免，解决方式是在世界范围内培育新的城市农民，东南亚地区也不例外。该区域一些发展中国家的人口增长率相对较高，预计粮食产量将增加 100%，而城市农业目前能提供全球 15%～20% 的粮食供应。因此，城市农业可以在解决粮食安全问题方面发挥关键作用，特别是对于面临较大风险的城市穷人。在城市生产食品不仅可以减少运输成本和时间，最大限度地缩短食品与消费者的距离，同时能够提供就业机会，实现生计多样化。城市农业也增强了抵御气候变化的能力，它还为空间及技术创新提供了可能，比如创新性地合理利用垂直空间以及使用手机应用程序监控农场等。[1]

在东盟地区，粮食安全被高度视为区域优先事项。因此，2009 年东盟峰会制定了《东盟综合粮食安全框架》（ASEAN Integrated Food Security Framework，AIFS），随后又确定了《东盟粮食安全战略行动计划》（ASEAN Strategic Plan of Action-Food Security 2015—2020，SPA-FS）[2]。东盟需要加强粮食安全管理，促进粮食市场的良性发展，加强粮食安全信息系统建设。东盟经济共同体（AEC）蓝图也提到，农业是该地区的一个关键部门，东盟有超过 30% 的土地用于农业生产，一些东盟成员国在世界范围内是大米、咖啡、水果、棕榈油、橡胶和胡椒的最大出口国。近年来，东盟地区出现了一批新的种植者，改变了东盟的城市景观。这个新兴的产业部门通常由 35 岁以下的年轻人带头参与，这些年轻人使用现代农业技术，如农业无人机等创新技术。目前城市农业已经成为一个由年轻人主导的新兴产业，这些初创企业与农村农场以及城市农场在能力建设和知识共享方面展开了广泛合作。在东盟国家

---

① RADIN M D. Revolutionising Agriculture：The Rise of Urban Farmers in ASEAN[EB/OL]. (2017-11-19)[2021-12-14]. https：//www.prospectsasean.com/growing-trend-urban-farmers/.

② ASEAN. ASEAN Integrated Food Security Framework[EB/OL]. (2018-11-4)[2021-12-15]. https：//www.asean-agrifood.org/? wpfb_dl=58.

中,新加坡、泰国、马来西亚和印度尼西亚的一些城市出现了越来越多的城市农场。例如,拥有550万人口的新加坡有90％以上的食品依赖进口,又加之气候变化、地缘政治等不确定因素,新加坡易受到价格波动的影响。虽然城市农业不能改变依赖进口食品的现状,但它可以为创造一个更具弹性的国家,为建设自给自足的城市开创先例,从而实现可持续发展。

城市农业日益增长的趋势背后的动机主要包括以下几个方面:促进社区发展、利用未使用的城市空间、创建可持续的粮食系统、解决粮食安全问题。对于一个拥有6亿人口、正在迅速城市化的地区来说,无论是投资于传统农业还是城市农业,均有利于地区可持续发展。然而,打造可持续粮食系统并不完全依赖生产者,这需要所有利益相关方的参与。东盟地区年轻的城市农民认为,城市农业不仅满足于消费需求,城市农业关乎地区产业的转型。[1]

因此,城市农业成为东盟地区职业技术教育战略的重要环节,城市农业的推进需要对创新技术进行推广以及对年轻人开展技能培训。针对这一新兴产业,东南亚教育部长组织提出由东南亚教育部长组织终身学习区域中心(SEAMEO Regional Centre for Lifelong Learning,SEAMEO CELLL)负责实施城市农业技能促进计划,并负责召开城市农业技能研讨会。其合作伙伴主要有东南亚热带生物学研究中心(Southeast Asian Reginal Centre for Tropical Biology,SEAMEO BIOTROP)、特殊教育区域中心(Reginal Centre for Special Education)及越南农林大学(Vietnam University of Forestry and Agriculture)。针对城市农业技能提升的需要,三方合作伙伴计划通过召开城市农业技能研讨会(Workshop on Urban Agricultural Skills)的方式制定相关项目,为教师、职业技术学校及社区学习中心发展提供城市农业的相关知识。

2. 青年农业从业人员培养计划

东盟青年农业从业人员培养计划源于以下两个原因:一是地区农业从业人口逐渐下降;二是职业技术教育系统中学习农业技能的学生急剧下降。东南亚拥有丰富的自然资源和适宜的气候,农业仍然是该地区经济增长的最重要产业。然而,一项农业研究显示,东盟地区从事农业的劳动力减少了4300万人。在全球化及科技进步的影响下,东盟地区选择学习农业及相关课程的职业技术教育学生人数在过去的10年里迅速减少。

农业劳动力总量的锐减以及选择农业相关专业的学生数量不断下降引起

---

① RADIN M D. Revolutionising Agriculture：The Rise of Urban Farmers in ASEAN[EB/OL]. (2017-11-19)[2021-12-14]. https：//www.prospectsasean.com/growing-trend-urban-farmers/.

了东盟国家的持续关注与重视。2015 年 8 月,来自 11 个东南亚国家的职业技术教育高级官员组织召开了首届职业技术教育高级官员会议(High Official Meeting for TVET),并参与了农渔业职业技术教育方面的研讨。并在此次会议上,各成员国代表将加强东南亚职业技术教育机构之间的合作、提高职业教育机构的质量、促进职业教育国际化以及促进该地区职业教育协调发展作为本地区的四个优先发展领域之一。2016 年 5 月,第二届东南亚职业技术教育高级官员会议补充强调,职业技术教育不仅要提高教师和学生的素质,且要培养职业技术教育学生的创新实践能力以及 21 世纪急需的技能。为响应两届职业技术教育高级官员会议为职业技术教育制定的区域政策方向,泰国教育部职业教育委员会(Vocational Education Commission)与东南亚教育部长组织展开合作,于 2017 年在泰国举办了"东南亚未来青年农业从业人员职业技术教育论坛"(Young Southeast Asian TVET Future Farmers Forum)①。此次会议标志着东南亚国家开启了在青年农业职业技能人员培养方面的合作。

青年农业从业人员培养计划的主要目标在于以下几方面:第一,提高职业技术教育师生的创新能力、领导能力、沟通能力、技术思维以及培养其企业家精神和社会责任感,发挥未来农业从业人员的标杆作用;第二,培养本地区学生和教师的全球竞争力,促进农业发展;第三,在东南亚职业技术教育学校之间分享、交流农渔业领域的研发和创新成果;第四,建立区域网络平台,帮助师生在农渔业领域传播最佳实践案例、分享创新成果。

3. 卫生保健职业技术教育研究项目

东南亚公共卫生形势的变化给卫生保健工作人员带来了新的挑战。慢性病发病率的增加、人口结构的变化、未知疾病的爆发以及可持续发展目标的实现对卫生保健工作者的需求不断增加,这类从业人群主要包括辅助医护人员、技术医护人员、专业技术医护人员等。为应对这些挑战,满足民众的需求,职业技术教育体系成为培养多样化卫生保健产业人才、促进就业多样性的重要途径。东南亚迫切需要建立区域能力标准以支持相关教育项目开发,改进教育质量,确保卫生保健职业技术教育相关项目的开展。

---

① SEAMEO. 2nd Young SEA-TVET Symposium:Young Smart Farmers[EB/OL]. (2018-10-28)[2021-12-14]. https://files. seameo. org/20_2nd%20SEA-TVET%20Symposium%20-%20Young%20Smart%20Farmers%2030Aug-2Sept17%2C%20Pattaya/2_Programme/2_Programme_Young%20Smart%20Farmers%2824Aug%29. pdf.

一直以来,促进区域卫生保健职业技术教育的发展是东南亚教育部长组织的重要工作领域,在多个区域高级官员级别会议上,东南亚教育部长组织与其成员国都十分强调各国需要共同面对卫生医疗保健领域从业人员需求不断上升的趋势。因此,将医疗保健从业人员的培养列为职业技术教育的重点十分必要。对此,印尼率先对该计划做出回应,印尼商务部技术研究中心(Research and Technology of MOEC Indonesia)与东南亚教育部长组织下设的区域高等教育发展研究中心(Regional Centre for Higher Education and Development,RIHED)在 2016 年举行了专家会议,双方将印尼的医疗保健相关的职业技术教育列为印尼的重要职业技术教育领域。同年,东南亚教育部长组织、印尼商务部、区域公开学习中心(SEAMEO Regional Open Learning Centre,SEAMOLEC)三方共同举办了"东南亚酒店、特色产业及卫生保健职业技术教育研讨会",会议上各方讨论了印尼和菲律宾在卫生护理职业技术教育方面的潜在合作领域。在 2017 年举办的东南亚职业技术教育高层官员会议上,各成员国教育官员也建议将健康护理纳入职业技术教育优先发展领域,获得了各成员国代表的批准。

卫生保健职业技术教育研究项目由东南亚教育部长组织热带医学与公共卫生网络中心(Southeast Asian Ministers of Education Tropical Medicine and Public Health Network,SEAMEO TROPMED)负责组织实施,马来西亚、菲律宾、泰国热带医学与公共卫生网络中心、东南亚教育部长职教中心(SEAMEO VOCTECH)等多个机构将协助该项目的开展。该项目的目的在于帮助东盟成员国建立与健康相关的职业技术教育课程及培训、开发国家资格框架、确立卫生保健授课教师能力标准、促进学生流动。同时,该项目将根据需求优先安排健康护理课程,为卫生保健相关的职业技术教育课程的标准设定提供建议,最终形成《东南亚健康护理职业技术教育现状》报告,为区域健康护理职业技术教育课程能力标准的制定与开发提供支持。

(二)强调资格认证与标准建设

1. 东南亚农业从业人员能力标准开发计划

农业是东南亚经济体的支柱,是 4.5 亿东盟国家专业技术工人赖以生存的产业。在东盟成员国劳动力中,有很大一部分从事农业,从图 4.8 可看到部分东盟国家农业就业人员比例在三大产业中比重较大,如老挝、缅甸、越南的农业从业人员分别占到本国劳动力结构的 78%、63%、47%,另外几个东盟国家的农业就业人口比例也相对较高。因此,有必要开发一套地区农业从业人员能力框架,发挥其在提高农业生产力方面的作用,从而促进地区食品安全,减轻贫困。

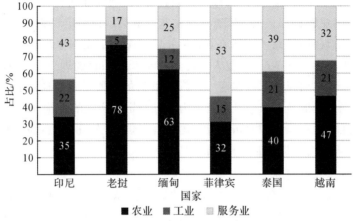

图 4.8　东盟部分成员国三大产业从业人员构成情况[①]

其次,随着东盟经济共同体的不断推进,农业和水产养殖等中低水平技术工人相关劳动力移民也可能会持续增加。因此,有必要为劳动力派遣国与接收国确定一套农业从业人员技能认证框架及机制。技能认证框架(Skills Recognition Frameworks)对促进劳动力自由流通的可持续性以及标准管理模式的运行起到较大作用,整个区域的农业从业人员也能够公平地获得高质量的学习机会。东盟国家认为,区域资格参照框架、国家资格框架以及质量保障框架是促进东南亚职业技术教育国际化以及协调发展的必要措施。这意味着东盟国家需要在不同领域制定不同的职业技术能力标准,而农业技能标准是长期以来受到较少关注的领域。

为促进职业技术教育优先发展事项部分工作,东南亚教育部长组织向区域农业研究生学习与研究中心(The SEAMEO Regional Centre for Graduate Study and Research in Agriculture,SEARCA)委派了开发区域农业从业人员能力标准的任务。2016 年,国际劳工组织开发了《区域胜任力标准》(Regional Model Competency Standards,RMCS),该标准适用于包括农业及水产养殖

---

①　SEAMEO. Action Agenda for the SEAMEO 7 Priority Areas[R]. Bangkok:SEAMEO,2017:85.

在内的主要产业,旨在为正在开发或正在修订国家能力标准的国家提供参考,成为东盟农业从业人员区域标准的参照。

为顺利完成农业从业人员标准开发任务,区域农业研究生学习与研究中心建议东南亚教育部长组织审查和评估东盟成员国在制定农业从业人员能力标准方面的现状,找到差距所在,确定东盟层面及东盟国家层面现面临的挑战,并提出应对方案,农业从业人员能力标准开发项目随即产生。菲律宾、马来西亚、印度尼西亚、泰国、越南、柬埔寨、缅甸的农业从业者通过召开区域研讨会,根据东盟成员国农业从业者能力标准制定和实施的现状,联合东盟秘书处、东南亚教育部长组织及东盟成员国撰写报告,为东盟区域层面及国家层面农业从业人员能力标准制定提供依据。

2. 非正式教育认证计划

终身学习并不等同于正式教育,其包括非正式教育(non-formal education)和非正规教育(informal education)。虽然各国都在努力促进后两种教育的发展,但正规教育依然是大众学习的选择,其原因在于正规教育的学习结果更容易得到社会广泛的认可。因此,建立非正式教育和非正规教育学习成果的认证体系是弥补这两者与正规教育之间差距的必要手段。对此,联合国教科文组织已经率先在该领域展开行动,于 2012 年发布了《联合国教科文组织非正式教育与非正规教育认证指南》(UNESCO Guidelines for the Recognition,Validation and Accreditation of the Outcomes of Non-formal and Informal Learning)[①]。对非正式教育与非正规教育学习成果的认证逐渐成为世界性趋势,这对东盟国家的改革进程产生了直接影响。

随着东盟地区劳动力流动的加速,对非正式与非正规教育的认证显得尤为重要。东南亚教育部长组织终身学习区域中心在 2019 年 10 月组织召开"非正式教育认证研讨会",重申对非正式教育认证的重要性,重点讨论在东南亚教育部长组织框架下非正式教育认证的机遇与挑战,与东盟成员国分享在非正式教育认证过程中的实践经验及未来的发展方向。东南亚教育部长组织预期通过该会议增强各国对非正式教育认证的重视程度,厘清东盟成员国未来在该领域的发展方向。[②]

---

① UNESCO. UNESCO Guidelines for the Recognition,Validation and Accreditation of the Outcomes of Non-formal and Informal Learning[R]. Hamburg:UNESCO,2012.

② SEAMEO. Action Agenda for the SEAMEO 7 Priority Areas 2017[R]. Bangkok:SEAMEO,2017:83.

（三）打造地区知识与课程平台

1. 区域职业技术教育知识平台项目

区域职业技术知识平台项目（Regional Knowledge Platform for Technical and Vocational Education and Training）旨在为东南亚乃至全球职业技术教育机构提供知识来源与交流的途径，打造职业技术教育领域相关知识、发展举措以及人才发展的讨论平台。该平台被定位为区域职业技术教育利益相关方共享知识、分享成果、参与交流、寻求合作、开展区域互动的工具，以保障地区政策对话的连续性，参与者主要由东盟成员国利益相关方组成。

区域职业技术教育知识平台的具体功能可分为以下几个方面：第一，为东南亚地区提供职业技术教育领域可理解、可操作的知识，尤其是职业技术教育人才发展方面的相关知识；第二，向利益相关者传播区域职业技术教育人才培养方面的倡议；第三，与区域各利益相关方共享成果，加强区域对话的可持续性，为区域提供可持续交流的平台；第四，与区域外部建立联系，借助内外部力量开展职业技术教育人才发展研究；第五，提供线上学习平台；第六，为东南亚国家创造在区域内外部政策学习与交流的机会；第七，为职教人员与私营部门的广泛联系搭建沟通桥梁。[①] 该平台注册的成员既是知识的贡献者，也是知识的获取者，东盟各国相关机构同时参与了平台的资源建设，职教领域的优质资源不断地出现在平台上，供使用者相互分享与交流，其操作流程见图4.9。

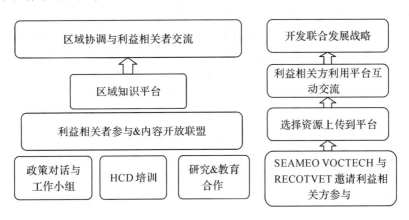

图 4.9　东南亚职业技术教育知识平台工作原理

---

① TVET Platform for SEA. What We Do? ［EB/OL］.［2021-12-15］. https：// sea-vet. net/about-us.

区域职业技术知识平台项目是东盟国家加强职业技术教育交流与合作的大胆尝试，其合作伙伴方聚集了多家区域机构及国际机构。东南亚教育部长组织职业教育中心（SEAMEO VOCTECH）负责该平台的管理，东南亚教育部长组织区域公开学习中心（SEAMEO Regional Open Learning Centre，SEAMOLEC）、东南亚教育部长秘书处（Southeast Asian Ministers of Education Secretariat，SEAMES）联合国教科文组织职业技术教育中心、联合国教科文组织驻曼谷办事处、德国国际合作平台等机构参与了该项目的开展并为其提供技术支持。

2. 职业技术教育在线课程平台项目

由于经济水平差异，东南亚各国在教育机会、公平性及质量方面存在较大差异。迅速增长的学生人数超过了现有教育资源的承受能力，教育质量欠佳、教材与课程过时、精英教育与普通教育的教育质量鸿沟不断加深成为东南亚国家教育的突出问题。因此，建立大型网上课程（MOOCs）是解决上述地区教育问题的方案之一。慕课为东盟边缘群体提供了获取相关学习资源的有效手段，让学校作为整个社会的知识灯塔的作用变得更加明显。[①]

东南亚各国教育部长在 2016 年举办的第二届东南亚教育部长战略会议（Strategic Dialogue of Education Ministers，SDEM）上指出，东南亚人需要超越国界，在学习者需求与课程设计的相关性方面分享经验，发挥各国优势以解决本地区教育问题。因而公众参与对大型职教在线课程平台项目的成功至关重要，不同国家需要探索符合本国实际情况的公众参与模式与类型，加强学校与社区伙伴关系建设，促进信息共享。[②] 教育部长们同时强调了信息通信技术的使用对于开展高质量教师教育方面的作用。东南亚地区应借鉴世界先进经验，东南亚教育领导者需要思考如何利用技术实现在教学、内容、知识等方面的教育可持续发展目标，为东南亚教育部长组织确定的七项优先发展领域做出贡献。东南亚教育部长组织根据"2012 世界公开教育资源大会"（World Open Educational Resources Congress，OER）及《公开教育资源巴黎宣言》[③]

---

① Competen-SEA. MOOCs Feasibility in Southeast Asia Report[R]. Brussels：Competen-SEA，2015：6.

② SEAMEO. Action Agenda for the SEAMEO 7 Priority Areas[R]. Bangkok：SEAMEO，2017：117.

③ World Open Educational Resources Congress. Paris OER Declaration[EB/OL]. （2012-06-22）［2021-12-13］. http：// www. unesco. org/new/fileadmin/MULTIMEDIA/HQ/CI/CI/pdf/Events/Paris%20OER%20Declaration_01. pdf.

(Paris OER Declaration)"相关内容,尝试在东南亚国家逐渐引入数字课堂,使用免费资源和开放课件。东南亚职业技术教育大型在线课程平台（Southeast Asian Technical and Vocational Education and Training Massively Open Online Courses)建设项目也在推进之中。

职业技术教育在线课程平台项目在东南亚职业技术教育所有项目中占有重要地位,该项目旨在创建东南亚地区职业技术教育网络,统筹东南亚职业技术教育机构资源,为各职业院校开发学分互换项目,促进持续对话,确保获取高质量职业技术教育公平性,为特殊学生提供特殊课程的学习机会。东南亚教育部长秘书处负责统筹,区域公开学习中心负责完善在线学习系统,由印尼与区域高等教育发展研究中心提供专业知识及专家,区域多科技术学院及高等教育机构提供职业技术教育相关课程及文凭认证。另外,文莱、新加坡、柬埔寨等 11 个东南亚国家参与了平台课程资源的设计。

(四)强化国际交流与合作

东盟国家主要从三个维度强化职业技术教育国际交流与合作,一是在区域内与东盟成员国形成良好的互动关系,通过区域内部职业技术学校学生跨国交流项目、职业技术教育高层会议计划以及东南亚职业技术教育联盟项目增强区域内部职教合作的向心力;二是利用东盟＋3 平台,与中国、日本、韩国共同制定相关职业技术教育合作项目,进一步扩大与区域外部国家的交流合作,如日本国家技术学院模式推广项目、东南亚教育部长组织—中国职业教育文化姊妹项目就是该领域的代表项目;三是建立东南亚职业技术教育联盟,旨在加强职业院校之间与产业之间的紧密合作,同时也是东盟职业技术教育区域化发展的组织路径之一。

1. 学生跨国交流项目

在东南亚职业教育机构国际化的背景下,为达到东南亚教育部长组织提出的七项优先发展领域目标,实现职业技术教育的改革和突破势在必行。在东南亚地区,职业技术教育机构国际化支撑项目之一是与产业深度融合的跨国学习学分互认项目。这类项目在加强区域合作,提高教育质量和竞争力,促进协调发展,支持东南亚职业教育机构之间的相互理解方面具有直接的推动作用。在学徒制框架内,印尼和泰国之间开展了密集的职教合作交流活动,成为地区职教国际化的经典实践案例。因此,为进一步推动学生交流质量,东盟国家逐渐意识到有必要在相关产业网络框架内加强更高层次的合作,确保毕业生能够提前进入产业网络,提高就业竞争力。

职业技术教育学生跨国交流项目的实施目的在于改善该区域人力资源质量，同时提高各类专业学生技能。为期一年的学分转换课程是学生流动形式之一，学生能够从海外合作产业机构及学习机构的学习生活中获得知识与经验，这些知识和经验将有助于培养学生的国际视野，并为其以后参与广泛区域产业网络及跨国工作提供机遇。此外，跨国交流计划增强了师生与主要产业的合作，这为制定符合区域所需的能力框架提供了基础。东南亚教育部长组织预期通过跨国交流项目建立职业技术学院和区域产业网络平台，开发东南亚职业技术教育机构的跨国课程，努力为劳动力市场建立连接，提高劳动力市场人才需求与职业院校学校毕业生供给之间的匹配度。

学生跨国交流项目的课程范围覆盖了电子机械、旅游、酒店以及农渔业等专业，该项目将由东南亚教育部长秘书处负责协调，印尼职业技术教育理事会（Directorate of Technical and Vocational Education of Indonesia，DTVE）、泰国教育部职业教育委员会办公室（The Office of the Vocational Education Commission at the Thai Education Ministry，OVEC）以及东南亚教育部长职教中心负责为该项目提供专家服务以及知识来源。东盟成员国指定由其认证的理工学院以及产业合作伙伴为该项目的实施者与课程提供者。

2. 日本国家技术学院模式（KOSEN）推广项目

日本从 20 世纪 50 年代中期开始，经济高速增长，科学技术蓬勃发展，这与日本高质量工程师的输送密不可分。在高技能人才培养方面比较有代表性的院校是日本国家技术学院（Koutou Senmon，KOSEN），KOSEN 学院（以下称科森学院）成立于 1962 年，其成立之初是为了满足工业界对工程师的强烈需求。日本先后建立了十二所国立技术学院和两所公立的技术学院，即东京都立技术学院（Tokyo Metropolitan College of Technology）和东京都立航空工程学院（Tokyo Metropolitan College of Aeronautical Engineering）。到目前为止，在日本共有 57 个国家技术学院。日本科森学院模式取得的成功逐渐引起东盟国家的高度关注，东盟地区纷纷开始效仿，日本也开始对其进行技术指导。

日本科森学院的教育体系不同于大学，科森学院为初中毕业生持续提供五年实用性的专业教育，为有志于成为工业生产公司中层工程师的人士提供七年的继续再教育高级课程。日本科森模式首先在印尼得到推广，印尼职业技术教育理事会与日本科森学院管理方合作，以培养兼备技能与知识的毕业生。在印尼职业技术教育理事会和教育文化部（Ministry of Education and

110

Culture,MoEC)的管理运作下,印尼目前有 12000 多所职业技术学校开设了三年或四年的课程项目,改善了职业技术教育人力资源结构,培养了兼具理论和实践经验的工程师,特别是在技术与工程项目方面,职业技术学院毕业生的素质得到全面提高。

日本科森模式在印尼取得较大进展,引起了区域内其他国家的兴趣,为此,东南亚教育部长组织发起了科森模式推广项目,目的在于其他东南亚国家能够共享科森职业技术教育模式、课程以及产教融合经验,寻找并开发潜在合作内容,如质量保障、评估方法、学生实习、师生互换、职教研究等。在印尼,能够提供特定领域资格认证的职业院校将提前获得参与科森教育模式推广项目的资格,如金属制造工程、汽车工程、维护管理、自动化工程、机电工程、化工等。该项目将继续组织专家讨论科森教育模式在东南亚职教机构推广的适配性与可能性,推出可复制的实施计划。

3. 中国-东盟职业教育文化姊妹项目

为响应 2016 年东南亚教育部长组织职业技术教育高级官员会议(SEAMEO HOM for TVET)对于加强与东南亚地区以外职业院校合作的倡议,东南亚教育部长组织秘书处与中国在第九届中国-东盟教育合作交流周上达成了合作协议,建立了中国与东盟国家职业技术教育交流项目。在此之前,中国与东盟国家的 74 家职教机构在 2015 年就酒店、旅游、农渔业、电气工程以及制造业领域进行了研讨,双方最终确定了 10 份谅解备忘录、8 项合作框架、10 份合作意向书及 39 项行动计划。[①] 为加强未来东盟国家与中国职业院校的合作,东南亚教育部长秘书处、东盟协调委员会(ASEAN Coordinating Council,ACC)及中国相关机构决定实施"中国-东盟职业技术教育文化姊妹项目"(SEAMEO-China TVET Cultural Twinning Programme),并将每年在中国贵阳举办的中国-东盟教育合作交流周(China - ASEAN Education Cooperation Week)作为双方合作事项的研讨平台。

"中国-东盟职业技术教育文化姊妹项目"的目标在于加强东南亚职教机构与中国职教之间的合作,推广优秀合作项目成果;通过职业院校师生互换与跨国文化活动,促进中国与东南亚国家的文化交流;为职业技术学校管理者、教师提供能力开发项目,为双方职业院校的学生提供语言发展和跨文化理解

---

① SEAMEO. Action Agenda for the SEAMEO 7 Priority Areas SEAMEO[R]. Bangkok: SEAMEO,2017:109.

项目。东盟国家期望通过该项目的持续实施,达成一系列双边协议及多边协议,并在每年实行为期 3 个月至 1 年的语言教师交换项目、学生交换项目、在线文化课程学习访问等行动计划。目前,中国及东南亚国家各有 25 至 30 家职业技术教育机构及理工学院参与了该项目,从双方合作职教机构的选择上看,这些院校的共同特点是具备在特定领域职业证书及相关文凭的颁发资质,如酒店旅游、机械电子、电子工业、制造业、农渔业、电子信息业以及其他创意产业。

(五)培养特殊职业教育教师

从可持续发展的角度来看,对于有特殊需要或残疾学生来说,接受职业技术教育有利于独立生活。根据联合国经济和社会事务部最近一次发布的《2015 残疾团体与开发全球报告》(Global Status Report on Disability and Development Prototype 2015)相关报告显示,全世界现有 1.8 亿到 2.2 亿残疾青年,其中近 80% 生活在发展中国家。[①] 他们经常在就业时被拒,其主要原因在于这类群体的职业技能与学习能力被低估,部分原因还在于社会缺乏全纳的教育体系,残疾青年学生群体的技能发展倡议长期得不到重视。这对他们来说意味着终身失业,并逐渐成为边缘化群体。因此,残疾学生群体必须具备符合本地劳动力市场要求的技能,这需要彻底改变教育制度,同时需要学校为在校的残疾学生提供技能知识,并帮助他们升学。

职业技术教育不仅为工作而做准备,也是为生活而做准备。职业技术教育的目的是提供工作领域所需要的知识和技能,也是一种维持个人经济收入手段。联合国教科文曾指出让所有人都能获得职业技术教育的权利十分重要。残疾人在接受教育与培训时往往被边缘化并被视为负担,社会低估了这类群体对经济与社会做出重大贡献的潜力。残疾人应接受适当的教育与培训,掌握一定技能,使其顺利就业,靠自己的收入维持生存。

基于建立区域全纳职业技术教育体系的必要性,东南亚教育部长组织特殊教育中心(SEAMEO Regional Center for Special Education,SEAMEO SEN)发起了一系列关于特殊教育教师职业技术教育培训会议组成项目,其参与者主要由盲童教育教师、听力障碍教师等教师群体组成。该项目旨在向特殊教育教师传递职业技术教育技巧与知识,以便他们在今后也将这些知识以

---

① UNESCO Department of Economic and Social Affairs,Global Status Report on Disability and Development Prototype 2015[R]. New York:UNESCO DESA,2015:139.

同样的方式有效地传递给残疾学生。同时,该项目期望通过创建良好的学校环境,确保残疾学生获得生存技能,维持可持续的职业生涯。通过该项目的培训,特殊教育教师可以了解并掌握城市农业、酒店服务、食品生产、工艺品制造等领域的职业技能。

第三节　建立东南亚职业技术教育高层会议机制

东南亚职业技术教育高层会议机制是东盟各国在职业技术教育领域开展政府间紧密合作的一种尝试,地区职教国际化与协调发展是职教高层会议的首要议题,从2015年至2019年,东南亚职业技术教育高层会议已成功举办了五届。从该会议机制所达成的各类协议来看,该机制在地区职教政策协调方面取得了较大进展。

一、东南亚职业技术教育高层会议的目标与功能

2015年标志着《东盟一体化倡议》的全面实施,所有东盟成员国都意识到职业技术教育在其本国社会经济发展中扮演着重要角色,因而将职业技术教育定位为本国的主流教育体系,并将其作为本国教育议程的重点。在区域层面,职业技术教育在2014年举行的东南亚教育部长会议上被列为地区七项优先发展领域之一,可见其在地区一体化发展进程占有重要地位。为了回应地区需要,东盟各国从2015年起启动了职业技术教育高层会议机制,并由东南亚教育部长组织秘书处、东南亚教育部长组织职教中心以及其他相关机构负责统筹协调。经过5年的探索,东南亚职教高层会议成为继东盟以及东南亚教育部长组织两大教育合作政策讨论平台以外直接影响东南亚地区职教发展方向的官方政策讨论平台。历届职教高层会议的讨论议题及参与情况如表4.5所示。

表 4.5　历届东南亚职业技术教育高层会议议题

会议议题	主办方	协办方	时间	参与方数量/人
共促东南亚职业技术教育协调发展与国际化	东南亚教育部长组织	泰国教育部、英国文化委员会	2015	250
加强东南亚职业技术教育协调发展与国际化	东南亚教育部长组织	印尼教育与文化部、区域职教中心、区域公开学习中心德国国际合作机构	2016	300
21世纪东南亚职业技术教育：迈向和谐发展与国际化	东南亚教育部长组织	印尼教育与文化部、区域职教中心	2017	180
迈向职业技术教育4.0	东南亚教育部长组织	菲律宾技术教育与技能发展管理局、东南亚教育部长组织区域职教中心	2018	192
加快进入职业技术教育4.0	东南亚教育部长组织	文莱教育部	2019	104

资料来源：笔者根据东南亚职业技术教育高层会议五次会议报告整理。

　　东南亚高层职业技术教育会议机制的主要功能在于以下几方面：讨论当前各东盟成员国在职业技术教育领域的合作状况以及职业技术教育的发展趋势；回顾区域职业技术教育项目进展；确定区域职业技术教育发展方向与策略；促进职业技术教育转型与协同发展；加强地区各机构部门在职教领域的合作；建立东南亚地区职业技术教育政策制定者与实践者的互联系统。东南亚各国预期通过参与东南亚职业技术教育高层会议，获取地区各国教育部门高级官员关于区域职业技术教育协调发展与转型升级的政策建议，形成东南亚地区职业技术教育师生互换等合作活动的综合报告，并向东南亚教育部长会议提交区域职业技术教育倡议。[①]

　　目前，东南亚职业技术教育高层会议形成了以东盟各国职业技术教育相关部委、东南亚以外国家代表、国际组织及机构、区域产业部门、会议主办国职业技术教育主管部门及相关部委组成的多方参与机制。会议参与方见表4.6。

---

① SEAMEO. Action Agenda for the SEAMEO 7 Priority Areas[R]. Bangkok：SEAMEO，2017：91.

表 4.6　东南亚职业技术教育高层会议主要参与方

序号	参与方类型	东南亚各国参与方部委名称
1	东南亚各国职业技术教育相关的部委	文莱教育部;柬埔寨青年教育与体育部、劳动和职业培训部;印尼研究技术与高等教育部、文化与教育部;老挝教育与体育部;马来西亚教育部、高等教育部;缅甸教育部;菲律宾教育部、技术教育与技能发展管理局;新加坡教育部;泰国教育部;东帝汶教育部、教育与培训部、劳工部;越南劳动荣军与社会事务部
2	东南亚以外国家代表	中国、日本、德国
3	国际组织及机构	东南亚教育部长组织、东盟秘书处、德国国际合作机构、联合国、德国交流服务中心
4	区域产业部门	东南亚相关产业部门
5	主办国相关人员	教育政策制定者、教育部门主管

资料来源:根据东南亚职业技术教育高层会议四次会议报告整理。

二、东南亚职业技术教育高层会议的主要议题

在历届东南亚职业技术教育高层会议中,前三届的会议内容聚焦于东南亚职业技术教育协调发展与国际化,最后两届会议聚焦于东南亚职业技术教育4.0。总的来说,东盟地区的职教国际化与协调发展已成为地区不可回避的趋势,也是东盟一体化发展不可或缺的重要组成部分。

(一)东南亚职业技术教育协调发展与国际化

"东南亚职业技术教育协调发展与国际化"是东南亚职业技术教育高层会议讨论最多以及最为重视的议题。东南亚职业技术教育协调发展与国际化的动力来自以下几方面:第一,东盟一体化的全面实施必然会加速区域内贸易、投资以及人员流动的速度,这要求地区加强人力资源开发、能力建设、专业资格认证以及区域内产业的整合。对此,东盟国家已经举办了几次关于扩大与增强职业技术教育的部长级别会议,如2014年9月在老挝万象举行的东南亚教育部长战略对话会议以及2015年5月在泰国芭堤雅举行的东南亚教育部长圆桌会议。东南亚教育部长战略会议确定了东南亚2015—2035年的七个优先发展领域,职业技术教育被列为其中之一。东南亚教育部长圆桌会议强调利用东南亚教育部长组织下设的各个区域中心作为国家和区域一级实施七

个优先领域的重要载体，以便在东盟成员国之间加强合作。第二，东南亚国家工业化进程的加快对熟练劳动力的需求大幅增加。随着东南亚国家工业化程度的加深，所有东南亚国家都开始将职业技术教育作为有效培养合格人才的手段，以此应对行业快速增长对高素质劳动力的需求。第三，受本国及地区产业需求的影响，东南亚国家职业技术教育管理与发展理念各不相同，东南亚各国在职业技术教育教学方法、资源管理、课程与教学大纲设计、产业合作方式等方面也都有其各自的特点，不同职业技术教育体制的融合互通问题成为东南亚各国急需解决的问题之一。因此，针对上述挑战，有效地制定具有前瞻性的职业技术教育战略显得尤为重要。基于上述区域背景的考虑，为应对地区共同问题和挑战，支持区域一体化目标，东南亚地区高层将职业技术教育的协调发展和国际化被视为职业技术教育质量提升和能力建设的重要手段。①

在东盟语境下，东南亚职业技术教育协调发展中的"协调"主要表现在三个方面：一是东南亚地区不同国家不同职业技术教育体系之间的协调，二是东南亚各国职教标准体系的协调，三是东南亚职业技术教育体系与产业部门以及企业之间的协调。"协调"意味着兼顾东盟国家职业技术教育体系的可比性与兼容性，在东盟一体化进程中，对于如何实现东南亚职业技术教育协调发展与国际化，加强各东盟成员国之间的合作，东南亚职业技术教育高级官员会议的参会代表提出了如下建议。

第一，找到东南亚各国职业技术教育共同基础和支撑，厘清关键概念，了解各国不同优先事项，建立网络联系。英国驻泰国大使馆官员举例说明了英国不同地区职业教育状况及侧重点反观东南亚不同成员国的差异性。② 因此，把握好东南亚各国的共性对于今后建立区域协调发展的职业技术教育体系以及促进东南亚各国职业技术教育国际化至关重要。同时，各成员国需要明确不同国家职业技术教育系统发展过程中的优先发展事项，以便顺利展开合作交流，促进本国职业技术教育国际化，培养未来的高质量劳动力。

第二，建立统一的职业技术教育标准，实现双边及多边合作。东南亚各国职业技术教育水平发展不一，马来西亚、菲律宾、文莱、印尼、泰国都建立了较完善的职业技术教育体系，发布了相关职教政策及计划，而缅甸、柬埔寨、老挝

---

① British Council. High Official Meeting for TVET in Southeast Asia: Working Together Towards Harmonisation and Internationalisation[R]. Edinburgh: British Council, 2015: 8-9.

② British Council. High Official Meeting for TVET in Southeast Asia: Working Together Towards Harmonisation and Internationalisation[R]. Edinburgh: British Council, 2015: 11.

的职教体系尚在建设之中,政策实施过程困难重重。这将影响东南亚各国的职业技术教育政策对接与合作。因此,各东盟成员国需要共同努力,确保区域内各国职业技术教育处于同一水平,实现区域内劳动力自由流动,在教育资源共享、师资队伍建设及实践方面进行合作交流。

第三,进行劳动力市场需求分析,以此为基础制定职业技术教育战略,不断完善职教标准、资格证书、课程及教材,取长补短,借鉴最佳案例的做法。职业技术教育体系应被看作是不断改进的体系,而不是一开始就尝试建立完善的制度,职业技术教育体系需要不断适应经济发展变化而进行调整,使其充满活力。

第四,制定多样化的职业技术教育协调发展与国际化的合作策略,促进文化理解与互利互信,如开展政策对话、组建考察游学团、开发国际技术合作项目与实践项目、建立合作机制与框架、签订谅解备忘录等。

第五,建立基于不同东盟国家职业技术教育体系特点的资格认证体系,开发共同工具。建立具有兼容性的资格认证体系对于促进区域融合、对话及互认具有重要作用。在分享国际标准、原则及改革路径的过程中,不同利益相关方的参与尤为重要。同时,各成员国需要协调本国的职业技术教育政策以适应区域发展需要。

第六,提高雇主在制定职业技术教育政策过程中的参与度与领导力(employer leadership and engagement)。在研究职教标准体系、制定国家资格框架、开发学徒项目时,雇主参与是建立产业导向的职教体系的基本立足点。

第七,发挥区域内外机构组织协调者及指导者的作用。目前,东盟国家在促进东盟地区职业技术教育区域化发展方面设立了不同类型的机构组织,东亚与东南亚职业教师教育协会(The Regional Association of Vocational Teacher Education in East and Southeast Asia,RAVTE)就是其中之一,该协会致力于推进东盟一体化和国际化进程,支持在东南亚地区建立利益相关方永久机构,推进区域职业技术教育协调发展及国际化。[①] 德国国际合作机构(GIZ)在东南亚设立了"东盟地区职教技术教育质量提升与职教人员培训项目"(Regional Cooperation for the Improvement of Education and Further Training of TVET Personnel in ASEAN,RECOTVET),该项目的目标是在

---

① RAVTE. Regional Development,Harmonisation and Internationalisation of TVET in the Wake of ASEAN Economic Community (AEC) [R]. Chiang Mai:RAVTE,2015:1-5.

不同政策层面上改善职业技术教育体系,比如促进职教专业人员及管理人员的能力提升、开展劳动市场导向的教育体制改革、开发地区协调发展政策等。该项目最大的功能还在于加强及支持东盟各国官员、东南亚教育部长组织、东盟秘书处等地区组织以及私营部门的政策对话,现由该项目组建的三个工作小组正在协助东南亚地区制定促进东盟职教人员能力建设及质量改进方面的解决方案。① 除此之外,联合国教科文组织等国际组织也在地区职业技术教育协调发展与国际化过程中扮演了指导者角色。

从东南亚职业技术高层会议的内容看,开发东南亚职业技术教育技能互认标准、开展教学评估、创新职教体系与实践、互享资源将是未来东盟国家交流与合作的落脚点。东南亚职业技术教育协调发展与国际化的主要目标是审视东盟各国课程与职教标准是否能够与东盟资格参照框架相互对应,以便实现技能互认、学分转换,促进区域一体化及人员流动。其次是通过开展师生互换项目以及产业合作项目培养学生 21 世纪核心技能,尤其是信息技术的运用能力、创新能力以及跨文化交际能力。东南亚职业技术教育高层会议倡导增强东盟成员国职业技术教育系统使用信息技术,发展绿色职教,制定职业生涯规划、互享成果。该会议还建议将酒店管理与旅游、农渔业、电子与机电制造、土木工程、商业及银行业作为区域职教协调发展与国际化第一阶段的重点合作领域。

(二)东南亚职业技术教育 4.0

“工业 4.0”这个术语是在 2011 年德国在汉诺威工业博览会(Hannover Fair)上首次提出的,这个术语被命名为“智能生产”(Intelligent Production)。工业 4.0 意味着利用信息化技术促使产业变革,利用物联信息系统(Cyber-physical Systems)进行工业生产,消费者成为生产过程的重要组成部分。② 但“工业 4.0”并不仅局限于工业生产领域,它导致了劳动市场的变革,“其核心是人对设备以及智能网络组成的复杂系统的动态管理,因此它指的是在工作

---

① SEAMEO. GIZ and RECOTVET Initiatives：Regional Cooperation in TVET［EB/OL］. (2016-05-09)［2021-12-14］. http：// files. seameo. org/10_2nd%20High%20Officials%20Meeting%20on%20SEA-TVET%2C%20Bali%2C%202012-14%20May%202016/12_13May_2nd%20HOM%20on%20SEA-TVET%20Bali/12May_3_Session1_GIZ_RECOTVET%20Initiatives_Dr%20Nils. pdf.

② BAYGIN M，YETIS H，KARAKOSE M, et al. An Effect Analysis of Industry 4.0 to Higher Education：15th International Conference on Information Technology Based Higher Education and Training，Istanbul，8th-9th September 2016［C］. Institute of Electrical and Electronics Engineers，New York City，2016.

组织和劳工关系方面带来的变化"①。时任东南亚教育部长组织职教中心副主任帕尤诺在第四届东南亚职业技术教育高级官员会议上指出，东南亚国家职业技术教育与培训系统对技术创新的适应较为缓慢，往往不能满足现代企业的需求。目前关于"工业4.0"在何时以及在多大程度上对东南亚不同国家和行业带来的冲击难以把握，何时能够创造新的就业机会而淘汰旧的就业机会等问题也难以准确预测，但可以肯定的是，熟练工人的短缺将会是东盟国家发展"工业4.0"的瓶颈。职业技术教育课程、教学与学习过程、教师教育与培训、实验室与工作间、职业内容都将会受到影响。②

应对"工业4.0"带来的各种变化早已成为时代新要求，共建"东南亚职业技术教育4.0"成为继"东南亚职业技术教育协调发展与国际化"之后的又一重要倡议。在以"迈向东南亚职业技术教育4.0"主题的第四届东南亚职业技术高级官员会议上，与会代表认为第四次工业革命对全球经济及就业形式产生了巨大影响，传统的劳动力将被高技能与高度专业化的IT熟练工人、人工智能等高度自动化的机器设备所取代。如何在数字化时代为劳动力市场提供高素质劳动力成为东盟各国十分关切的问题。为应对工业4.0时代制造业的新需求，东南亚职业技术教育高层会议与会代表从以下几个方面提出了建议。

第一，开发职业技术教育4.0在职培训模块（in-service training modules）。开发职业技术教育4.0在职培训模块是一项区域性工作，旨在为需求量大但尚不能提供优质在职培训的东盟成员国提供先进的培训项目。培训模块应与所有东盟成员国职业技术教育与培训机构协作开发。模块应包括以下内容：第一单元为应对工业变革的创造性教学与学习方式；第二单元为职业技术教育与培训教师的专业发展培训。地区合作平台（RECOTVET）和东南亚教育部长组织职业技术教育与培训中心（SEAMEO VOCTECH）将在开发、评估在职培训模块过程中寻求东南亚高级官员教育会议的支持，并提供资源将模

① 陈莹."工业4.0"时代德国职业教育与高等教育融通研究[J].比较教育研究，2018，339(04)：96-102.

② SEAMEO. In-Service Training Modules for I 4.0 in TVET[EB/OL].(2018-09)[2019-03-09]. http:∥files.seameo.org/27_4th%20HOM%20on%20SEA-TVET%2C%204-5%20Sept%202018%2C%20Manila/5_PPT_Session%202_TVET%20Regional%20Initiatives%20and%20Endoresement%20and%20Information/2_Regional%20Initiatives/8_SEAMEO%20VOCTECH_InService%20Training%20Module%20for%20TVET%204.0/Concept%20Paper_VOCTECH.pdf.

块翻译成本地语言，以支持该模块在各个成员国的顺利使用。①

第二，通过农业研究加强面向"工业 4.0"的农业职业学校建设。东南亚教育部长组织热带生物学研究中心（SEAMEO BIOTROP）分享了该计划的目标、目标参与者和预期产出。该项目计划在东南亚成员国进行基线调查（baseline survey），并谋求第四届职教高级官员会议对方案提供支持，如为调查工作提供便利等。另外，该计划还将建立面向工业 4.0 的农业职业学校试点项目并召开后续研讨会。

第三，建立东盟职业技术教育与培训理事会（ASEAN TVET Development Council）。菲律宾教育技术和技能发展局（Technical Education and Skills Development Authority in the Philippines，TESDA）执行理事玛丽莎·雷格斯比（Marissa G. Legaspi）建议成立东盟职业技术教育与培训理事会作为区域职业教育部门的协调组织机构，理事会由东盟各国政府部门、教育部门、劳工部门、经济部门、私营部门以及工人组成，其角色主要是东盟职业技术教育部门的监督机构，并以互补的方式支持其他地区职教机构的工作。该倡议旨在进一步加强东盟成员国在职业技术教育和人力资源开发计划方面的区域融合，使劳动力队伍能够有效地面对来自区域内外的工作竞争。这一建议既符合东盟经济共同体蓝图关于促进高技能工作人员的自由流动，增强东盟人力资源竞争力的要求，也符合《东盟五年教育规划（2016—2020）》关于职业技术教育的发展愿景。该倡议已在其他国际研讨会被广泛讨论并获取了各利益相关方的意见，下一步该方案将被提交到东盟劳工部与东盟高级官员教育会议审批。菲律宾希望东南亚职教高层会议就东盟职业技术教育与培训发展委员会的细节和运作提出建议，同时，菲律宾将考虑与其他相关机构进行进一步的磋商。②

---

① SEAMEO. In-Service Training Modules for 4.0 in TVET[EB/OL]. (2019-03-09)[2021-12-14]. http://files.seameo.org/27_4th%20HOM%20on%20SEA-TVET%2C%204-5%20Sept%202018%2C%20Manila/5_PPT_Session%202_TVET%20Regional%20Initiatives%20and%20Endoresement%20and%20Information/2_Regional%20Initiatives/8_SEAMEO%20VOCTECH_InService%20Training%20Module%20for%20TVET%204.0/Concept%20Paper_VOCTECH.pdf.

② SEAMEO. Concept Note on Creation of the ASEAN TVET Development Council[EB/OL]. (2018-09)[2021-12-14]. http://files.seameo.org/27_4th%20HOM%20on%20SEA-TVET%2C%204-5%20Sept%202018%2C%20Manila/5_PPT_Session%202_TVET%20Regional%20Initiatives%20and%20Endoresement%20and%20Information/2_Regional%20Initiatives/9_TESDA_ASEAN%20TVET%20Development%20Council/Concept%20Note-ASEAN%20TVET%20Development%20Council.pdf.

除上述建议外,亚洲发展银行(Asian Development Bank)、日本-泰国科森工程技术学院(Japanese-Thai KOSEN Institute of Engineering and Technology)、德国国际合作机构(GIZ)等组织机构结合各自的业务范围及经验,对东南亚国家迈向职业技术教育4.0的愿景提出了建议。

三、东南亚职业技术教育高层会议机制的成果

东南亚职业技术教育高层会议机制的确立使职业技术教育区域化协调发展成为该地区重要研究课题,由该会议提出的倡议在东盟成员国产生了政策导向作用。东南亚职业技术教育高级官员会议不仅是地区职业技术教育政策研讨参与方最多的高层会议,也是未来东盟地区各项职教政策的主要讨论平台。从2015年第一届东南亚职业技术教育高级官员会议举办以来,讨论议题从"东南亚职业技术教育协调发展与国际化"聚焦到"职业技术教育4.0",可见该会议的议题内容在不断拓展,机制也较为灵活,不仅涵盖了丰富的磋商内容,并对当下最急需解决的职教发展问题做出了回应。随着各利益相关者不断加入,该会议机制在东盟各国相关组织机构的努力下取得了多项成果,其成效主要表现在四次会议所达成的三项重要协议上,即《清迈联合声明》《巴厘共识》以及《马尼拉共识》。另外,由菲律宾技术教育和技能发展局提出建立东盟层面的职业技术教育发展委员会(ASEAN TVET Development Council),这一建议也成为未来东盟国家实现区域职业教育治理的重要手段。

(一)发布《清迈联合声明》

《清迈联合声明》(Chiang Mai Joint Statement on Harmonisation and Internationalisation of TVET in Southeast Asia)是第一届东南亚职业技术教育高层会议达成的会议成果,该声明是对以下三次会议提议的直接回应:一是2014年东南亚教育部长战略对话会议提出的"2015年教育优先发展事项",二是2012年第三次世界职业技术教育大会(International Congress on TVET)提出的"为可持续发展提升职业教育质量",三是2015年《吉隆坡宣言》(Kuala Lumpur Declaration)提出的"让技能在未来发挥作用"。东南亚地区日益融合,各国政府需要共同努力以解决劳动力市场的需求。职业技术教育协调发展与国际化能够确保更大的流动性和灵活性,这不仅将有助于提高个别国家的竞争力与经济发展水平,而且将提高整个东南亚地区的经济与社会发展。

《清迈联合声明》认为,工业是东盟地区经济增长的重要驱动力,职业技术教育在培养东南亚地区劳动力方面发挥着基础性作用,东盟成员国共同致力于职业技术教育的协同发展,这必将有利于东盟一体化,持续的战略性的对话

也将直接有助于东南亚国家在职业技术教育领域进行持久合作。实际上，东南亚职业技术教育协调发展与国际化的本质是职教能力的发展与质量改进。①

为支持地区一体化进程，东南亚国家通过《清迈联合声明》确立了未来职业技术教育领域的合作内容：第一，根据东盟资格参照框架相关内容，回顾本国的职业技术教育国家资格框架及质量保障体系；第二，建立东南亚职业技术教育联盟，并以此作为东南亚职教体系师生、工作人员以及产业部门交流与合作的平台；第三，将旅游与酒店管理作为区域职教协同发展的试点领域，随后再推广到电子与机电制造、农渔业以及建筑业；第四，加强信息共享，通过东南亚职业技术教育在线系统，分享知识、最佳实践、教学资源、设备、专家等信息，改善东南亚职业技术教育质量；第五，与产业部门及机构开展合作，在试点领域开展职业技术教育职业供需分析，缩小地区劳动力市场供需差距；第六，倡导将绿色职教体系、科技创业、实践创新、教师培训纳入东南亚职业技术教育协同发展与国际化的一部分；第七，调动利益相关者的力量，共商职教发展战略，担当起东南亚职教协调发展的责任。②

（二）签署《巴厘共识》协议

《巴厘共识》（Agreements from the High Officials Round Table Meeting at Bali）是 2016 年第二届东南亚职业技术教育高层会议的圆桌会议阶段达成的协议，与第一届职教高层会议相比，《巴厘共识》继续以促进"东南亚职业技术教育协调发展与国际化"为努力方向，延续了《清迈联合声明》中提到的各项合作类别，使其更加具体，并确定了更有效的干预措施，制定了东南亚国家之间更有操作性的职教发展与合作政策。

在与地区资格参照框架对接方面，东盟资格参照框架与东盟各成员国国家资格框架的对接是实现东南亚职业技术教育协调发展与国际化的重要组成部分，因此，《巴厘共识》建议成立一个区域机构或委员会，专注于东盟资格参照框架与国家资格框架的对接；构建与东南亚地区职业技术教育相匹配的质

---

① British Council. High Official Meeting for TVET in Southeast Asia：Working Together Towards Harmonisation and Internationalisation[R]. Scotland：British Council，2015：39-40.

② SEAMEO. Chiang Mai Joint Statement on Harmonisation and Internationalisation of TVET in Southeast Asia［EB/OL］.（2015-08-26）［2021-12-15］. https：// files. seameo. org/02 _ High% 20Officials% 20Meeting% 2C% 20Chiang% 20Mai% 2024-26% 20Aug% 202015/11 _ 26% 20Aug _ Closing%20Ceremony/1. 1_Chiang%20Mai%20Joint%20Statement%20on%20TVET%20%28Eng% 29_28%20Aug. pdf.

量保障模型,并确定时间表;完成学分转化系统的协调研究;拟订东南亚教育部长组织相关工作文件,成立一个组织机构,参照东盟质量保障网络(ASEAN Quality Assurance Network,AQAN)的研究方式,研究区域质量保证体系和质量保障框架的使用方法,确保成员国设置专门的负责机构及负责人,在四个优先发展领域中选取至少两个领域来进行国家资格框架与东盟资格参照框架的协调研究。[①]

在职业院校师生互换方面,《巴厘共识》认为以校对校(school to school)的方式实施双边人员交流方案比建立多边合作伙伴关系的方式(multi-partners approach)更适用可行。另外,为确保东南亚职业技术教育联盟(SEA-TVET)注册的职业院校符合合作对象国国家资格参照框架所陈述的某些规定,该协议强调有必要为参与校对校交流项目的院校制定最低准入标准,并建议东南亚职业技术教育联盟网络的成员扩大到相关工业部门,在校对校的师生交换项目中增加产业部门的参与。

在促进东南亚国家职业技术教育机构的资源与实践经验共享方面,《巴厘共识》建议在东南亚教育部长组织与各国职教网站之间建立链接关系,并授予在资源共享方面的最佳实践单位"区域级别奖项"。

在进行职业技术教育与劳动力市场匹配分析研究方面,《巴厘共识》建议应扩大研究活动与范围,以涵盖更多的职业技术教育相关领域,并建议组建东南亚专家团队,开发特定的工具,以便东盟成员国可以在相关产业部门及区域内使用这些工具,借助其进行供需分析。此外,该文件还建议制定进度进展报告机制,使各成员国能够了解最新情况。

在改进职业技术教育体系的途径方面,《巴厘共识》继续强调了《清迈联合声明》中提出关于绿色职教体系、科技创业、实践创新、教师培训、全民职教的相关概念,还将"职业技术教育的可持续发展"纳入该协议中,并建议将"绿色职教体系"修改为"绿色学校",将"全民职业技术教育"更改为"全民质量职业技术教育"。同时,建议举办"东南亚职业技术教育创新实践竞赛",并动员社区、家长、私营公司、跨国公司、制造商、专业协会等利益相关者,让其发挥更大的作用。

此外,第二届东南亚职教高层圆桌会议提出在区域内推行各项职业技术

[①] SEAMEO. 2nd High Officials Meeting on SEA-TVET: "Strengthening Efforts towards Harmonisation and Internationalisation of TVET in Southeast Asia"[R]. Bali: SEAMEO, 2016: 1-12.

教育的计划。这些区域职教计划包括职业技术教育奖学金计划(SEA-TVET Scholarship Programme)、东南亚教育部长组织理工学院网络计划(SEAMEO Polytechnic Network)、东南亚职业技术教育未来教师计划(SEA-TVET Future Teacher)以及东南亚职业技术教育知识平台计划(SEA-TVET Knowledge Platform)。

(三)达成《马尼拉共识》协议

《马尼拉共识》是第四届东南亚职业技术教育高层会议上所达成的重要协议。该协议的内容主要围绕如何发展职业技术教育4.0而展开。在第四届东南亚职业技术教育高层会议圆桌会议阶段,东南亚教育高级官员在以下几个方面达成了共识:一是借鉴东南亚各国建设职业技术教育4.0的先进经验;二是采纳东南亚教育部长组织下设区域中心提出的相关政策建议;三是吸收其他国际组织及机构关于构建职业技术教育4.0的相关政策及建议。[①] 具体内容如下:

在听取了印尼、马来西亚、菲律宾及新加坡等国关于建设职业技术教育4.0的提议后,东南亚职业技术教育高级官员代表决定建立一个由东南亚国家部委提名的"工作小组"(task force),并建议至少每三个月或有需要时召开线上政策对话会议,讨论具体问题;开展"工业4.0时代技能需求调查"(Survey on Future Skill Requirement for Industry 4.0),制定符合行业需要的工具及指南,最大限度地发挥东南亚职业教育平台(SEA-VET. Net)的作用,分享建设职业技术教育4.0的最佳实践;通过网络或面对面的方式对教师进行新技能培训,评选"先进职业技术教育机构"代表;将"乘数效应培训"(multiplier effect training)应用于工业4.0的培训模块,参加培训课程的代表今后可以担任导师或顾问;组建"监测工作组"(monitoring task force),开展培训项目的"实施影响研究"(implementation impact study);构建"工业4.0职业技术教育质量保障体系"。上述协议已由东南亚教育部长组织职教中心纳入其工作任务之中。

《马尼拉共识》的第二部分主要由东南亚教育部长组织下设区域中心提出的倡议组成。第一,东南亚教育部长组织区域农业研究生学习与研究中心(SEAMEO SEARCA)建议开发一套东南亚农业从业人员能力认证体系(Competency Certification for Agricultural Workers in Southeast Asia);第

---

① SEAMEO. 4th High Officials Meeting on SEA-TVET: "Moving Together Towards TVET 4.0" [R]. Manila: SEAMEO, 2016: 6-18.

二,东南亚教育部长组织区域特殊教育中心提出建设特殊人群职业技术教育体系;第三,东南亚热带生物学研究中心(SEAMEO BIOTROP)提出通过加强与农业研究中心的联系,协助农业职业学校迈向工业 4.0 的建议;第四,东南亚教育部长组织区域技术教育与发展中心(SEAMEO Regional Centre for Technical Education Development,SEAMEO TED)提出成立专门的区域技术教育发展中心。

在吸收其他国际组织及机构关于构建职教 4.0 的相关政策方面,东南亚职业技术教育高级官员对英国国际贸易部(Department of International Trade in UK)提出的"让职业技术教育成为第一选择"的建议表示认可。另外,德国国际合作机构区域合作平台提出关于构建工业 4.0 在职教师培训模式的建议,科伦坡计划技术教育规划学院(Colombo Plan Staff College)提出关于提高职业技术教育质量的建议。

在促进区域职业技术教育人员流动方面,东南亚各国高级官员表示应共同参与研究地区性职业技术教育标准,如东南亚职业技术教育教师标准等,并建议各东盟成员国做好本国职业技术教育标准与区域标准的衔接,促进区域职业技术教育的协调发展与国际化。《马尼拉共识》还提到职业技术教育护理专业区域标准的开发。另外,该共识还强调应关注东南亚各国如何发挥各国职业技术教育体系的合力作用,改善职业技术教育的形象与吸引力,设立更多的职业技术教育教师发展项目。

总之,东南亚职业技术教育高层会议机制的建立标志着东盟国家在职业技术教育领域建立了定期会晤机制。这样的定期会晤机制适应了地区合作主体多样化的现实,并采取了比较灵活的形式,为东盟国家吸收区域内外组织机构的政策建议、实现求同存异及创造互信互谅的可持续职教合作开创了新的地区合作模式。该会议不仅增强了东盟国家之间对话与合作的信心,同时也建立了一个由东盟各国职业院校、产业部门、政府以及区域外组织机构组成的合作平台及交流渠道。

第五章　东盟地区职业技术教育
区域化发展的功能路径

　　根据简·奈特高等教育区域化理论中 FOPA 模型功能路径的含义,在东盟语境下,东盟地区职业技术教育区域化功能路径是"指制定一系列增加东盟职业技术教育体系一致性、透明度的框架与计划,这些框架与计划为东盟职业技术教育系统之间的连接提供了技术保障"①。因此,在本书中,东盟地区职业技术教育区域化发展功能路径的实质是实现东盟国家之间职业技术教育体系互联互通的一系列技术路径,这种技术路径主要表现在开发东盟资格参照框架、保障东盟资格认证体系的质量、构建东盟职业技术教育标准体系、建立东盟学分转化系统以及发布东盟学术期刊数据库五个方面。

第一节　开发东盟资格参照框架

　　东盟资格参照框架(The ASEAN Qualifications Reference Framework,AQRF)是东盟国家共同开发的一个通用参考框架,其主要功能是为东盟成员国颁发的学历证书和资格证书提供可比较的工具②,并同时满足职业技术教育领域与高等教育领域的资格互认需求。③ 东盟资格参照框架建立在成员国之间达成共识的基础之上,旨在对东盟成员国的国家资格框架(National Qualification Frameworks,NQFs)产生影响,并尊重各成员国特有的教育结构。各成员国自愿参与,且不需要改变各成员国的国家资格认证制度。在各成员国的努力下,东盟资格参照框架不断修正与完善,为东盟各成员国职业技

---

① 吴雪萍,王文雯. 东盟职业技术教育区域化发展:基于 FOPA 模型的分析[J]. 中国高教研究,2018(6):103-108.

② ASEAN. Fact Sheet on AQRF[EB/OL]. (2018-08-10)[2021-12-14]. https:// sea-vet. net/ images/seb/events/appendix_file/112/summaryreport4thhomsea-tvet-8oct. pdf.

③ European Union. ASEAN Qualifications Reference Framework and National Qualifications Frameworks:State of Play Report[R]. Jakarta:SHARE Project Management Office,2015:3.

术教育体系及资格证书体系之间的互认、对比、互动以及连接提供了操作工具,促进了东盟国家职业技术教育与高等教育部门的资格整合与协调,同时也成为区域内部劳动力流动以及东盟共同体建设不可或缺的技术手段。

一、东盟资格参照框架的缘起与发展

东盟资格参照框架是东盟地区教育协调发展的基石[①],是东盟国家集体智慧的体现。东盟资格参照框架缘起于全球一体化,与东盟区域一体化进程密不可分,并在东盟成员国的不断努力下不断完善与发展。

(一)东盟资格参照框架产生的背景

从国际形势看,东盟资格参照框架产生的背景与全球化有必然联系。一方面,区域化是应对全球化挑战的过程中产生的,东盟与欧盟相似,这两个联盟的建立都源于地区经济一体化及对大量人才的需求,而地区资格参照框架正是解决劳动力跨国流动的重要途径之一。另一方面,质量保障体系、国家资格框架、资格参照框架以及资格互认体系在全球范围内的重要性逐渐增加。因此,在全球范围内,各地区纷纷建立了本地区的资格参照框架,如欧盟资格参照框架就是其中之一。针对区域资格参照框架的全球发展情况,联合国教科文组织出版了一系列报告,如《全球区域与国家资格框架概览 2017》(Global Inventory of Regional and National Qualifications Frameworks 2017)[②]。各国为了使其资格认证体系透明化,便于与其他国家及地区的资格框架对接,也加入了建立国家资格框架的队伍。此外,开发区域资格参照框架的潮流也与教育范式转换有关,即从接受教育转变到自主学习,从自主学习转变到终身学习,从侧重于学习输入转变到了侧重学习成果。

从东盟地区近年来的发展趋势看,东盟资格参照框架的开发与东盟共同体建设密不可分。早在 2007 年,东盟领导人在新加坡签订的《东盟宪章》中就明确指出"东盟的宗旨在于通过教育、终身学习及科学技术的合作开发人力资源,为人民创造福祉,加强东盟共同体建设"[③]。上述理念是开发地区性资格

---

① SETIAWAN A. Compliance of IQF towards AQRF: Challenges and Opportunities of the Referencing to Regional Qualification Framework: International Conference on Innovation in Engineering and Vocational Education, Bandung, Nov 14, 2015[C]. Bandung: ICIEVE, 2015.

② UNESCO, The European Centre for the Development of Vocational Training, The European Training Foundation. Global Inventory of Regional and National Qualifications Frameworks 2017[R]. Turin: ETF, 2017.

③ ASEAN. The ASEAN Charter[R]. Jakarta: ASEAN, 2017: 4-5.

参照框架的概念基石。另外，《东盟宪章》强调建立统一的市场以及生产基地，实现商品、服务与投资的自由流通，促进商界人士、技术人才及劳动力的自由流动。因此，开发区域性资格参照框架势在必行。同年，东盟国家宣布启动东盟经济一体化建设，并发布了《东盟经济共同体建设蓝图 2007》，这份蓝图呼吁东盟国家加强合作，其中就包括专业资格认证方面的合作。在 2005 年到 2006 年间，东盟国家首先在工程与护理行业签署了双边互认协议（Mutual Recognition Arrangements）。随后，东盟国家在 2007 年至 2009 年的两年内将双边互认协议扩大到了建筑、土地测量、医药、牙科、会计这五个行业。东盟经济共同体蓝图的目的是通过"协同发展与标准化建设（Harmonisation and Standardisation）"实现熟练劳动力的跨国自由流动，特别是为 2015 年开始的东盟经济共同体建设做准备。[①] 这个较为直接的提法成为开发区域资格参照框架的动力来源。

从东盟成员国不同的发展现状来看，东盟成员国总人口近 6 亿，人口众多，经济规模、发展水平、人均收入等均存在显著差异。尽管成员国之间的劳动力流动增加，但数量与其他地区相比，规模仍然较小。因此，东盟作为一个强大的实体，仍在继续积极主导、参与各成员国之间经济及社会合作。跟世界其他地区相比，东盟地区典型特征之一是发展了不同层次的国家资格框架，一些东盟成员国建立了全面的国家资格框架，部分成员国建立的是部门国家资格框架，如新加坡的"劳动力技能资格认证体系"（Workforce Skills Qualifications System）就是针对职业技术教育领域的国家资格框架，而一些成员国尚未开发国家资格框架。在此背景下，开发东盟资格参照框架旨在适应上述不同类型及不同发展阶段的国家资格框架，不管是正处在国家资格框架概念建构阶段的国家，还是已经成型的国家，都将被考虑其中。[②] 其目的是帮助东盟成员国的劳动力适应不断变化的劳动力市场需求，更好地掌握生存技能。

除上述原因以外，在东盟资格参照框架还未出现以前，东盟部分成员国已走在前列，这为地区性资格参照框架的开发奠定了基础。一直以来，东盟通过亚太地区的交叉成员关系与亚太地区经济合作组织（Asia - Pacific Economic Cooperation，APEC）和亚太质量网络（Asia - Pacific Quality Network，APQN）建立了合作伙伴关系。东盟成员国希望将本国的资格框架体系与国际接轨，更大限度地发挥本国国家资格框架的潜力，促进劳动力与学生流动，

---

① ASEAN. ASEAN Economic Community Blueprint [R]. Jakarta：ASEAN，2008：6.

② ASEAN. ASEAN Qualification Reference Framework[R]. Jakarta：ASEAN，2017：1.

发展教育培训贸易以提高国家资格制度的透明度。① 由此来看,区域资格框架的开发得到了东盟成员国政府的支持。

(二)东盟资格参照框架的发展历程

东盟资格参照框架的发展历程经历了以下五个阶段,即酝酿阶段、概念提出阶段、内容形成阶段、文件签署阶段以及应用与完善阶段,具体时间及事件见表5.1。可以看出,从东盟资格参照框架的酝酿阶段到成员国的采用阶段,经历了24年的时间,时间跨度大、历时长。

表5.1　东盟资格参照框架发展历程一览

阶段	时间	事件
第一阶段: 酝酿阶段	1995	东盟经济部长会议签署《东盟服务框架协议》,随后发布《东盟资格互认协议》
	2005—2006	东盟国家签署了工程及护理行业的《双边互认协议》
	2007	《东盟经济共同体蓝图2007》呼吁开发东盟专业资格认证
	2007—2009	东盟国家将签署的工程及护理行业的《双边互认协议》扩大到了建筑、土地测量、医药、牙医、会计五个行业
	2009	东盟加入亚太质量网络,其中几个成员国参与了亚太资格框架
第二阶段: 概念提出 阶段	2010	东盟国家发起"国家资格框架能力建设"教育与培训治理项目
	2010.5— 2010.7	东盟-澳大利亚-新西兰自由贸易区自贸区联合委员会第一次会议上提交东盟资格参照框架概念性文件
	2011.4	在曼谷举办"东盟区域资格框架"论坛,商讨共同资格框架事宜,提交了概念文件第一稿
	2012	东盟-澳大利亚-新西兰自由贸易区自贸区联合委员会成立东盟资格参照框架技术小组
第三阶段: 内容形成 阶段	2012.10— 2014.3	陆续举办5次东盟资格参照框架技术工作组会议
	2013.5	发布东盟资格参照框架咨询文件

① APEC Secretariat. Mapping Qualifications Frameworks across APEC Economies［R］. Singapore City:APEC Secretariat,2009:3.

续表

阶段	时间	事件
第四阶段：文件签署阶段	2014.8—2015.5	东盟经济部长、劳工部长、教育部长会议上分别签署了东盟资格参照框架的相关文件
	2015.10	发布了指导性文件《东盟资格参照框架参照指南》
第五阶段：应用及完善阶段	2014—2016	东盟资格参照框架技术工作组确定区域资格框架的治理结构
	2018—2021	东盟四国开始使用东盟资格参照框架，马来西亚、印尼、菲律宾、泰国先后提交了资格框架对接报告

资料来源：笔者根据东盟资格参照框架相关文献整理。

东盟资格参照框架的形成可追溯到 1995 年东盟经济部长签署的《东盟服务框架协议》(ASEAN Framework Arrangement on Services，AFAS)，《东盟服务框架协议》旨在消除东盟成员国之间贸易上的限制，它成了东盟资格参照框架的基石。东盟成员国倡议首先在区域内一些专业领域推行资格互认，使专业服务提供者的资历得到其他成员国的认可。另外，东盟国家签署的《东盟经济共同体蓝图 2007》也呼吁开发东盟专业资格认证（Recognition of Professional Qualifications）。因此，在 2005 年至 2006 年间，东盟国家首先在工程及护理行业签署了《双边互认协议》(Mutual Recognition Arrangements，MRAs)。随后两年，互认协议逐渐扩大到了建筑、土地测量、医药、牙医、会计五个行业。上述七个行业的互认协议在东盟成员国的使用过程中取得了较为丰富的经验，这为东盟资格框架内容的开发奠定了基础。同时，东盟借助其亚洲太平洋经济合作组织（Asia-Pacific Economic Cooperation）及亚太质量网络（Asia-Pacific Quality Network，APQN)成员国的关系也得到了直接的资格互认经验，东盟其中几个成员国还参加了亚太经合组织的资格框架的开发，这也为东盟资格参照框架的开发提供了借鉴。[①] 可见，在东盟资格参照框架的酝酿阶段，东盟成员国之间的资格互认取得了有益的经验。

2010 年，东盟国家进入开发地区资格参照框架的概念提出阶段，东盟–澳大利亚–新西兰自由贸易区（ASEAN-Australia-New Zealand Free Trade Area，AANZFTA)发起了"国家资格框架能力建设教育与培训治理项目"（Project on Education and Training Governance：Capacity Building for

---

① ASEAN. ASEAN Qualification Reference Framework[R]. Jakarta：ASEAN，2017：1-2.

National Qualifications Frameworks)。在该项目的支持下,东盟资格参照框架第一稿在 2010 年举办的第一届东盟-澳大利亚-新西兰自由贸易区联合委员会议上被呈现。随后,该联合委员会先后召开了五次会议,讨论并确定了该框架的内容,并成立了东盟资格参照框架技术工作组。2013 年 5 月,东盟正式发布了《东盟资格参照框架征求意见咨询文件》①(ASEAN Qualifications Reference Framework Education and Training Governance:Capacity Building for National Qualifications Frameworks),在各方的广泛讨论下,东盟各成员国领导人于 2014 年到 2015 年期间在东盟经济部长、劳工部长、教育部长会议上分别签署了东盟资格参照框架草案,并于 2015 年 10 月发布了地区性指导性文件《东盟资格参照框架参照指南》②(ASEAN Qualifications Reference Framework Referencing Guidelines)。

2017 年,东盟参照资格框架技术工作组确定了区域资格框架的治理结构方案。③ 截至 2021 年,东盟成员国中的马来西亚、印度尼西亚、菲律宾及泰国已经开始与东盟资格参照框架对接,并提交了对接报告。

二、东盟资格参照框架的构成要素

东盟国家根据本地区的实际情况,确定了东盟资格参照框架内涵、等级描述方案及具有东盟特色的资格框架治理方式。

(一)东盟资格参照框架的内涵

东盟资格参照框架使用学习成果作为度量层级的层级结构,每个层级描述包括了认知能力(cognitive competence)与专业能力(functional competence)。认知能力指应用理论与概念的能力以及依靠经验获取隐性知识的能力,专业能力指在某个特定领域知道如何做的能力与技能。从本质上看,东盟资格参照框架是东盟成员国国家资格认证体系的翻译工具,为东盟成员国提供参照体系,使得东盟成员国的国家资格框架具有可比性,增进彼此之间对其他东盟成员国国家资格框架体系的了解。该框架不仅针对教育体系和

---

① BATEMAN A,Bateman & Giles Pty Ltd. ASEAN Qualifications Reference Framework Education and Training Governance:Capacity Building for National Qualifications Frameworks[R]. Jakarta:ASEAN,2013.

② ASEAN. ASEAN Qualifications Reference Framework:Referencing Guidelines[R]. Jakarta:ASEAN,2015.

③ ASEAN. ASEAN Qualifications Reference Framework:Governance and Structure[R]. Jakarta:ASEAN,2017.

培训部门,而且也针对更广泛的终身学习成果认证。东盟资格参照框架中对教育的定义是广义的,结合了非正式、非正规和正式学习三种学习形式,正式学习包括但不限于义务教育、成人与社区教育、职业技术教育及高等教育。[①]基于此,东盟资格参照的应用范围较广,包括职业技术教育在内的更为广泛的终身学习领域。

具体而言,东盟资格参照框架旨在支持和加强东盟成员国国家资格框架建设,同时为其提供一种比较机制,以便于成员国之间的相互比较,提高各国教育体系的透明度,促进高层次的认证系统建设,支持终身学习,促进劳动力与学习者的流动。东盟资格参照框架不同于国家资格框架,东盟成员国的认证体系并不能彼此对接,而是通过东盟资格框架与其他东盟成员国建立联系,这样东盟各国国家资格框架的对比随之发生,其参照原理见图5.1。

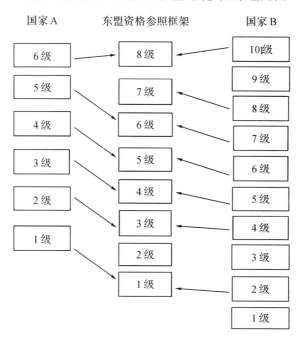

图5.1 东盟任意二国资格框架对接示例

东盟资格参照框架并不是一个质量保障框架(Quality Assurance Framework),但又与质量保障框架紧密联系在一起,这是因为东盟资格参照

---

① ASEAN. ASEAN Qualification Reference Framework[R]. Jakarta：ASEAN，2017：4.

框架不仅以一系列质量保障原则为基础,且以认证机构、认证体系、评估体系证书颁发原则等为基础。此外,东盟资格参照框架并不是一个直接使用的认证工具,但为认证体系提供支持,是国际众多认证工具的一个组成部分,如《东盟资格互认协议》、联合国亚太地区高等教育资格认可机制等。以《东盟资格互认协议》(ASEAN Mutual Recognition Arrangement,MRA)认证工具为例,该协议通过十个成员国的国家资格框架与东盟资格参照框架建立联系,从而进行相互比较,详见图 5.2。

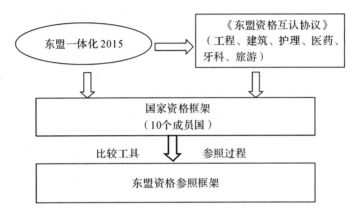

图 5.2 东盟资格互认体系与东盟资格参照框架关系[①]

东盟资格参照框架为东盟成员国以及东盟以外的国家提供了国家资格框架之间的翻译工具,通过该框架的参照作用,各国的国家资格框架彼此之间建立了联系。该框架不仅对东盟国家资格认证体系的建设提出了新要求,促进了正规学习范围之外的学习认证体系的开发,也推动了东盟国家与区域外国家的教育互联互通。在东盟地区,东盟资格参照框架将会成为该地区国家资格框架与质量保障体系发展的"加速器"、东盟成员国探索国家资格认证体系的平台与区域认证体系相互协作的"助推器"以及东盟成员国检验本国资格认证体系有效性的"试金石"。

(二)东盟资格参照框架的等级描述

在全球范围内,学习成果已经成为国家资格框架和区域资格参照框架的

① BAUTISTA M C. ASEAN Qualifications Reference Framework:Context,Development and Implementation[EB/OL]. (2018-12-06)[2021-12-14]. https:// www. share-asean. eu/sites/default/ files/SHARE-01_AQRF-and-CQF_Prof-Dr-Cynthia-Bautista.pdf.

基础，而非投入的学习时间，国家资格框架支持资格互认、学分转换以及对非正规和非正式学习成果的认证。如前所述，东盟资格参照框架是一个复杂的学习成果层级，使用学习结果作为每个层级的度量单位，并以"成效"为本。在这种评价方法下，以"项目"为单位的学习时长计算方法不再可行。因此，东盟资格参照框架中的等级描述使用了学习结果作为描述的基本单位，以此推动东盟成员国之间资格认证体系的对比与连接。《东盟资格参照框架参照指南》中明确指出，为方便东盟成员国国家资格框架与东盟资格参照框架对接，成员国的国家资格框架应具备明显以学习成果为基础的资格认证体系。对于不以学习结果为基础的国家资格框架，该指南建议该国应朝着以学习结果为基础的方向作出努力，以便参照的顺利进行。①

东盟资格参照框架的等级描述为成员国国家资格框架与国家资格体系提供了一个参照点，为方便参照过程，东盟资格参照框建立了一个基于复杂学习成果的八级描述体系。一般来说，层次描述涉及以下几种能力：(1)运用理论和概念的认知能力(cognitive competence)，以及通过经验获得的非正式隐性知识；(2)职业能力(functional competence)，即在一个特定的工作领域掌握如何做的能力；(3)个人能力(personal competence)，即知道如何在特定情况下表现自己的能力；(4)道德能力(ethical competence)，即拥有一定的个人价值观和职业价值观。②

虽然个人能力与道德能力在东盟国家的国家资格框架中有明确表述，这两种能力代表了个人吸引力、跨文化交际能力、多元文化接受能力及包容能力，但东盟资格参照框架未将这两项能力纳入等级描述范围，而将等级描述简化为以下两个领域，即知识与技能(knowledge and skills)领域以及应用与责任(application and responsibility)领域。

知识和技能领域包括掌握事实与理论知识以及实践技能与认知技能。应用与责任领域包括在实践中独立应用知识的能力、做出决定的能力以及承担个人和他人责任的能力。东盟资格参照框架的等级描述假设学习结果是按级别累积的，换句话说，该框架默认高层次描述的能力技能包含了低层次能力技能。东盟资格参照框架八个级别所对应的知识技能、应用与责任水平描述如表5.2所示。

---

① ASEAN. ASEAN Qualifications Reference Framework：Referencing Guidelines[R]. Jakarta：ASEAN，2015.

② OECD. Qualification System：Bridges to Lifelong Learning[R]. Paris：OECD，2006：23.

表 5.2　东盟资格参照框架等级描述①

级别	级别描述	
	知识与技能	知识与技能应用场景及责任
八级	处于某领域最先进、最专业的水平及某领域的前沿；参与独立的、原创性的研究，从事新知识的生产或实践	能够提出新理论，高度专业化地提供解决复杂及抽象问题的解决新方案；在研究或组织管理方面需要权威机构和专家判断，并负责拓展专业知识和实践知识，创造新想法和新流程
七级	处在某一领域的最前沿，掌握大量的知识；以批判性与独立思考作为研究的基础，扩展或重新定义知识或实践	开发及创新解决方案，解决复杂且不可预测的问题；需要专业判断，对知识、实践及管理负重大责任
六级	在特定领域具备专业技术和理论；具有批判性和分析性思维	在复杂多变的情境下解决复杂问题，要求具备改进活动的首创精神、适应性以及解决复杂抽象问题的策略
五级	掌握一般领域的技术和理论知识；具有分析性思维	在多变的情境下，能够独立开展评估活动以解决复杂问题或是抽象的问题
四级	掌握某一领域的技术和理论知识；能够参与一般活动	在可预测或偶尔有变化的情境下，能够依靠指导或自我引导协调解决不熟悉的问题
三级	掌握一般原则与概念；能够使用、应用基本方法、工具、材料及信息	在总体稳定但偶尔有变的情况下，依靠一般性指导，能够作出判断并独立解决某类问题
二级	掌握一般事实性知识；能够按某种标准行动	在结构化过程情境下，能够依靠监督及自由裁决权来解决熟悉的问题
一级	掌握基本知识；从事简单直接的常规实践活动	在结构化及常规流程情境下，依靠监督与支持完成任务

---

① ASEAN. ASEAN Qualification Reference Framework［EB/OL］.（2017-03）［2021-12-18］. https://asean.org/wp-content/uploads/2017/03/ED-02-ASEAN-Qualifications-Reference-Framework-January-2016.pdf.

东盟资格参照框架中并没有对学分或学习量做出定义，以学习成果为基础的资格认证方法更有利于促进东盟成员国之间资格体系的相互比较，并能为区域资格框架进行补充。

（三）东盟资格参照框架的治理方式

东盟资格参照框架的治理结构采取多元治理结构，其治理方式与结构见图5.3。东盟资格参照框架委员会（AQRF Committee）为最高决策机构，向东盟三大部长级会议（经济部长会议、教育部长会议、劳工部长会议）汇报工作，负责处理东盟资格参照框架在实施过程中出现的政策以及技术问题，为成员国提供最新的资讯，推动质量保障体系框架作为基准。

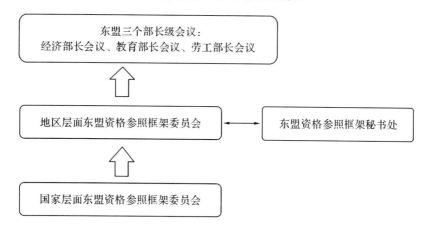

图5.3 东盟资格参照框架治理方式与结构①

东盟资格参照框架秘书处（AQRF Secretariat）负责该框架在区域内运行过程中的协调工作，为东盟资格框架委员会提供行政支持。东盟成员国内部也建立了国家层面的东盟资格参照框架委员会（National AQRF Committees），建立国家层面委员会的目的在于支持本国国家资格框架与区域资格参照框架的对接，并充当国家决策机构、国家资格框架机构以及东盟资格框架委员会三方的交流的平台，其基本角色定位是东盟成员国与东盟资格

① ASEAN. ASEAN Qualifications Reference Framework：Governance and Structure［R］. Jakarta：ASEAN，2017.

参照框架的联络中心。[①]

三、东盟成员国国家资格框架与东盟资格参照框架的对接

东盟资格参照框架与东盟成员国国家资格框架对接的实质就是两者相互参照的过程,参照的目的在于可以用同一种结构来描述东盟成员国国家资格框架与地区资格参照框架中各个级别的学习成果,这个过程可能是一个复杂的过程,是具有政治及社会层面重大意义的技术性工作。为确保所进行的连接过程可靠、透明,最终的参照报告将被提交给东盟资格框架咨询委员会(AQRF Advisory Committee)审核,并接受同行评审,最后成为东盟成员国国家资格框架与东盟资格参照框架对接的唯一官方报告。

(一)对接的条件

对接即参照,在东盟资格参照框架与东盟成员国资格框架参照发生以前,需厘清国家资格框架与东盟资格参照框架的差异,建立完善的质量保障体系,并满足特定的条件。《东盟资格参照框架参照指南》(ASEAN Qualifications Reference Framework:Referencing Guidelines)从主要功能、开发机构、调整动机、价值倾向、质量管理、级别依据几方面对两种资格框架的不同之处做出详细区分,规划基于国家内部视角还是区域公共视角是界定两种资格框架差异的判断标准,详见表5.3。

表5.3 国家资格参照框架与东盟资格参照框架的差异[②]

类别	国家资格框架	东盟资格参照框架
主要功能	作为国家资格体系(或国家资格框架)学习结果的基准、学习量与类型的指标	作为国家资格框架(或资格认证体系)与东盟资格参照框架学习结果的基准
开发机构	区域实体组织、国家机构、国家教育与培训机构	东盟成员国共同完成
调整动机	受区域、国家及地方优先事项影响(如识字率、劳动力市场需求)	促进资格体系透明化的集体优先事项(如贸易全球化)

① ASEAN. ASEAN Qualifications Reference Framework:Governance and Structure[R]. Jakarta:ASEAN,2017.

② ASEAN. ASEAN Qualifications Reference Framework:Referencing Guidelines[R]. Jakarta:ASEAN,2015:10.

续表

类别	国家资格框架	东盟资格参照框架
价值倾向	受国内环境因素影响	受国际因素影响
质量管理	由国家机构及学习机构来保障	由 11 个参考标准与稳定的参照程序进行规范
级别依据	不同领域学习情境下的国家标准（如学校教育、职业培训、高等教育等）	所有国家在不同学习情境下取得的学习成果

另外，在参照发生以前，东盟成员国需满足以下前提条件：(1)注重东盟资格参照框架在加强区域合作过程中的重要作用；(2)制定国家资格框架治理及管理架构，包括明确参照责任方、成立相关的委员会、组织咨询及汇报相关过程；(3)重视资格认证体系中的质量保障，尤其是扩展当前质量保障体系，并使其服务于国家资格框架建设；(4)质量保障体系应可应用于多个领域，比如项目设计领域。

为保障东盟资格参照框架参照过程的顺利进行，东盟成员国首先需具备国家资格框架，并明确国家资格框架与东盟资格参照框架对等级别的广义定义。对于尚未建立国家资格框架的成员国，需标识出国家资格体系的主要类型及资质，并根据东盟资格参照框架的级别描述找到最对等的级别，确保认证和注册机构符合已约定的质量原则及标准。

为促进成员国之间的互信，各东盟成员国需向其他成员国报告本国质量保障体系及质量保障战略是否符合约定的质量保障原则和标准。对于不能确认的成员国，应在报告中注明满足相应的质量保障原则与标准。参照过程要求每个东盟成员国成立利益相关者工作小组。该工作小组应包括至少一名能在参照过程中发挥积极作用的国际专家代表，外加一名来自其他东盟成员国的专家作为附加观察员。成员国在参照过程中可采用交错式的参照方法，但东盟资格参照框架的参照强度会因此而降低，其效用取决于全面可靠的参照过程。东盟成员国在参照过程中，各利益相关者需共同完成参照过程报告，为促进相互理解，该报告的相关术语应参考地区约定的术语索引。为使东盟资格参照框架发挥有效的参照作用，设定参照过程时间表十分必要。东盟成员国工作小组在适当情况下可采取措施，以确保所有新资格证书均符合有关部门的规定。工作小组还应提供明确的参照方法以便在国家资格框架及东盟资格参照框架中找到相应的等级，这个过程需要与东盟资格参照框架相关机构保持充分全面的沟通。

（二）对接的标准

对接发生以前，东盟成员国需对本国国家资格框架或资格证书制度如何与东盟资格参照框架建立联系进行描述，此为参照过程的主要内容。公开透明地实施参照过程将增进各成员国对彼此的理解与信任。保证不同成员国开展这一工作的一致性对于东盟资格参照框架的完整性至关重要，因此，东盟在相关文件中对东盟资格参照框架参照过程的标准做出详细说明，并要求成员国根据相关标准撰写参照报告，促进各成员国参照过程的一致性和透明性。

由表5.4可见，东盟资格参照框架参照标准主要围绕以下四方面规范参照过程：一是明确管理方；二是细化参照过程；三是公开参照过程；四是邀请国外专家参与参照过程。

表5.4　东盟资格参照框架参照标准①

序号	标准描述
标准1	对教育结构及培训系统进行描述
标准2	明确并公开主持参照过程相关事务的组织机构责任及法律基础
标准3	以下事务应予以公开：(1)将某种资格证书纳入国家资格框架的程序；(2)描述某类资格证书在国家资格框架中的地位
标准4	东盟资格参照框架与国家资格框架或资格证书体系之间的联系应清晰化
标准5	现有国家资格框架、资格体系及资格证书的基础需有清晰的描述
标准6	国家资格框架有关的教育与培训质量保障体系及相关负责机构应有明确描述
标准7	参照过程的程序由公共管理部门制定，并由主要利益相关方签署
标准8	参照过程需由本国以外资格认证专家参与并提出建议
标准9	由国家相关主管部门出版资格参照标准，并提供引证
标准10	由东盟秘书处与其成员国家机构共同出版参照结果
标准11	参照过程结束之后，资格证书授予机构需明确新增资格证书及文凭在东盟资格参照框架中的级别

---

① ASEAN. ASEAN Qualification Reference Framework[R]. Jakarta：ASEAN，2017：9-13.

在明确管理机构方面，东盟建议明确并公开主持参照过程相关事务的组织机构责任及法律基础。东盟成员国制度架构不同，在参照过程中有必要明确所有合法组织的作用，以便让其他组织了解这些其角色。以下职能机构一般在参照过程中具有重要地位：(1)负责国家资格认证过程、设计及有资格授予证书或文凭的机构；(2)与劳动力市场有关的教育与培训机构；(3)与授予国家资格证书及奖励有关的质量保障机构；(4)管理国家资格框架的机构；(5)负责国外资格认证及提供国家资格认证信息的机构；(6)授予国家资格证书的代表及使用资格证书的代表(雇主、学习者)。

在细化参照过程方面，标准涵盖了以下几个方面的建议：第一，东盟建议其成员国对教育系统的教育结构及培训系统进行描述，教育系统的基本结构包括年龄、教育与培训的阶段与途径(包括正规、非正规和非正式学习)，都应在大纲中加以说明。不同路径的学习方式之间的联系应该清楚明了，如果可能，应包括一些一般性的统计数据。第二，东盟建议公开某种资格证书纳入国家资格框架的程序及其在国家资格框架中的地位，并举出相关案例加以说明。这样既可为公民提供关于某种资格证书在国家资格框架中对应级别的解释，也可以通过参照作用，使其他国家对该资格证书在东盟资格参照框架中的位置有所了解。第三，东盟资格参照框架与国家资格框架或资格证书体系之间的联系应清晰化，其对应关系也需做出明确说明，参照程序应透明公开，包括解释、论证、专家判断等阶段。第四，现有国家资格框架、资格体系及资格证书的基础需有清晰的描述，并以学习成果为基础，包括成绩标准、学分设置等。第五，跟国家资格框架有关的教育与培训质量保障体系及相关负责机构应有明确描述。与国家资格框架有关的质量保障体系主要是指(但不限于)东亚峰会职业教育与培训质量保障框架、国际高等教育质量保证机构实践指南、东盟高等教育质量保障框架。相关负责机构主要是指：教师资格证书授予单位、项目认证与评估部门、质量保障部门、资格认证机构、教育系统监管部门、评价机构、国家资格框架开发与实施部门、财务部门等。

在公开参照过程方面，东盟认为参照过程的程序需由成员国公共管理部门制定，并获得主要利益相关方的认同。其次，由国家相关主管部门出版资格参照标准，并提供引证，无论参照程序的范围如何，参照报告应由主管机构与利益相关方共同编写。参照报告应附上国家资格等级与东盟资格参照的所有参照结果，并提供部分引证。再次，为公开参照过程，须由东盟秘书处以及东盟成员国国家机构共同出版参照结果。在参照过程结束之后，资格证书授予机构需对新增资格证书或文凭在东盟资格参照框架中的所对应的级别做相应说明。

在邀请相关专家参与参照过程方面,参照指南建议东盟成员国应邀请本国以外相关领域专家参与参照进程,并为其提供咨询意见,做出必要的修正,以增加利益相关群体对东盟成员国国家资格框架与东盟资格参照框架相互参照过程的信任度。

（三）对接的流程

东盟成员国可以根据自身的制度结构及常规程序设计本国的参照流程,但无论各国采取什么样的参照程序,主要经历以下四个阶段,如图 5.4 所示。

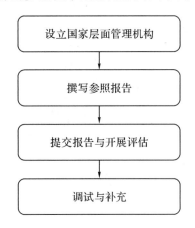

图 5.4　东盟成员国资格框架参照流程

资料来源:笔者根据东盟资格参照框架官方文件整理。

在建立国家层面管理机构阶段,东盟成员国在国家层面设立相关组织或机构(如国家层面东盟资格参照框架委员会)来全面管理整个参照过程。东盟成员国有任命国家层面东盟资格参照框架委员会的权利,并将该委员会作为各东盟成员国与区域资格参照框架的对接机构。

在撰写参照报告阶段,东盟成员国就国家资格框架与东盟资格参照框架的分级对应连接提出意见,并与利益相关者在已有建议的基础上在全国范围内征求意见。随后,在充分考虑全国范围内的意见咨询结果与国际专家的意见基础上,成员国将根据东盟资格参照框架参照标准撰写参照报告,确保得到利益相关方对参照报告的认同。

在提交报告与开展评估阶段,东盟成员国向东盟资格参照框架咨询委员会提交参照报告,东盟资格参照框架咨询委员会将根据参照标准进行评估,判断其是否符合标准，并跟进其他东盟成员国的同行评审意见。在参照报告定稿以前，上述过程将会持续多轮。提交报告及评估阶段流程见图5.5。

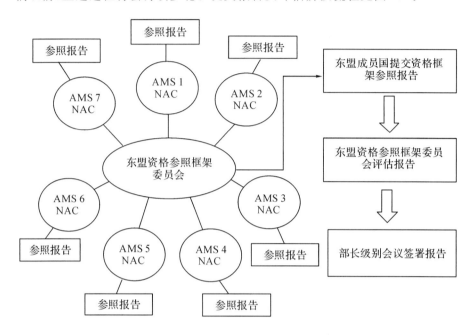

图5.5　东盟成员国资格框架参照报告评估流程①

注：AMS指东盟成员国（ASEAN Member States），NAC指国家层面东盟资格框架委员会（National AQRF Committee）。

在调试与补充阶段，针对东盟资格框架委员会提出的问题和意见，东盟成员国将向公众提供说明及证据。如果国家资格框架发生变化，那么东盟资格参照框架与之建立的联系也会相应改变，这时需要及时更新参照报告。

（四）对接的实施

东盟发布的区域教育政策在一定程度上导致了其成员国教育政策的变革，最明显的事件就是东盟国家近年来努力推进或完善其国家资格框架建设，其目的是实现与区域乃至国际资格认证体系的对接。同时，区域教育政策也促进了区域内各国教育政策的协调，东盟国家已在诸多职业技能领域实现了

---

① ASEAN. ASEAN Qualifications Reference Framework：Referencing Guidelines［R］. Jakarta：ASEAN，2015：20.

资格互认,加速了地区间劳动力流动,从而加快了区域社会经济的整体发展。

东盟资格参照框架的顺利实施离不开东盟成员国的广泛支持。目前,东盟成员国主要通过以下手段对该项区域教育政策做出回应:一是建立或完善本国的国家资格框架并设立管理机构;二是将国家资格框架纳入国家政策法规;三是在国家资格框架目标描述中明确表示国家资格框架的目标之一是与本国以外的国家进行资格互认,与本地区或国际接轨;四是按地区参照标准撰写参照报告,并提交到东盟资格参照框架委员会审核与评估;五是在职业技能领域进行试点,开展部分职业的资格互认行动。

实施东盟资格参照框架的前提条件之一是东盟成员国需建立本国的国家资格框架并设立国家层面管理机构,目前东盟成员国的国家资格框架建设情况进度与发展水平不一,且分别处在四个不同的阶段,即筹备阶段、建立阶段、起步阶段及全面实施阶段,详见表5.5。

表5.5　东盟成员国国家资格框架建设情况概览①

国家	起始年份	发展阶段	类型	级别	管理机构
文莱	2013年	起步阶段	国家资格框架	8级	国家资格认证委员会
柬埔寨	2012年	起步阶段	国家资格框架	8级	无
印尼	2012年	起步阶段	国家资格框架	9级	多部门
老挝	—	计划中	国家资格框架	8级	无
马来西亚	2007年	全面实施阶段	国家资格框架	8级	国家资格认证局
缅甸	—	筹备阶段	计划中	8级	国家资格认证与质量保障委员会
菲律宾	2012年	起步阶段	国家资格框架	8级	国家资格框架协调委员会
新加坡	2003年	全面实施阶段	劳动力技能资格认证体系	7级	劳动力发展局
泰国	2014年	起步阶段	专业技能及高等教育资格框架	6级	教育委员会办公室
越南	—	筹备阶段	国家资格框架	8级	无

---

① European Union, ASEAN. ASEAN Qualifications Reference Framework and National Qualifications Frameworks: State of Play Report[R]. Jakarta: SHARE, 2015: 8.

在东盟成员国中,新加坡与马来西亚是实施国家资格框架较早的国家,其国家资格框架较为成熟,因此这两个国家已经进入全面实施阶段,但新加坡建立的是部门资格框架,主要关注职业技术教育领域的资格认证,而马来西亚的国家资格框架覆盖了全部教育层次的等级认定。一半东盟成员国的国家资格框架还处于实施的起步阶段,部分国家才刚刚完成建设国家资格框架的阶段任务,如泰国和文莱,此类国家由于建立国家资格框架的时间还较短,实施经验不够丰富。同时,缅甸、越南已成立国家技术小组起草国家资格框架相关文件,其总体方案还在不断调整中,因此最终方案还未公布。老挝通过 2015 年修订的《教育法(2015)》(Education Law 2015)发布了国家资格框架的一般性声明,但整体实施方案仍然停留在筹备阶段。

总的来说,东盟成员国在实施国家资格参照框架的过程中普遍面临以下几个问题:一是不具备实施国家资格框架条件;二是不同教育部门之间缺乏联系和协调,尤其是高等教育系统与职业教育系统之间的协调;三是国家资格框架支持者及实施者能力有限,缺乏管理能力;四是政府官员等利益相关群体对国家资格框架的重要性以及质量保障意识弱化;五是实施国家资格框架的资金不足。[①] 因此,东盟成员国自身的基础条件及教育水平决定了其国家资格框架的管理水平及运行成效。

已经开始实施国家资格框架的东盟国家都设置了相应的责任机构,其管理机构主要分为以下四类:一是通过国家资格认证机构管理(文莱、马来西亚、缅甸);二是通过劳动力部门管理(新加坡);三是通过教育部门管理(泰国);四是通过不同部门协调管理(印度尼西亚)。确立国家资格框架管理部门是东盟各国与地区资格参照框架对接的重要保障,这在东盟的区域性指导文件中多次被强调。

从东盟成员国国家资格框架的目标描述中可知,七个国家都明确表示建立国家资格框架的目的是与本国以外的资格认证系统实现对接,促进劳动力与学生自由流动。同时,多个东盟成员国将国家资格框架的建设与实施纳入了国家政策法规,以此作为进一步完善的依据。如文莱《国家资格认证委员会令》(2011 年)、柬埔寨《第 153 号法令》(Sub-decree No. 153 ANK. BK)、印尼《第 8 号总统令》(Presidential Decree Number 8)、老挝《教育法(2015)》、马来

---

① European Union, ASEAN. ASEAN Qualifications Reference Framework and National Qualifications Frameworks: State of Play Report[R]. Jakarta: SHARE Project Management Office, 2015: 16.

西亚《资格认证局法案》(2007)、缅甸《就业与技能发展法》(2013)等。[1]

东盟成员国国家资格框架建设进度会对东盟资格参照框架的实施造成较大的影响。虽然东盟建议其成员国尽早消除国内实施国家资格框架及资格认证体系的障碍，但东盟资格参照框架的成功还取决于东盟成员国将全部或部分国家资格认证系统引用到区域参照资格框架的能力和意愿，因此参考程序的时间和范围由每个成员国自行决定。对许多东盟国家来说，将其本国的国家资格框架与东盟资格参照框架挂钩还为时过早，但东盟资格参照框架工作组第五次会议决定将最晚的参照起始点定在 2018 年。[2] 根据东盟资格参照框架的实施流程，大多数东盟成员国还处在设立国家层面管理机构阶段或是国家资格框架实施的起步阶段，只有菲律宾和马来西亚完成了东盟资格参照框架报告的撰写，并提交给了东盟资格框架委员会进行评估，成为东盟成员国中率先制定出国家资格框架与区域资格参照框架对接标准的两个国家。[3] 参照报告是增强东盟成员国之间信任度的重要环节，是增加东盟地区人员流动的必要手段。

虽然东盟资格参照框架与东盟成员国国家资格框架的全面对接还存在较大困难，但东盟成员国已陆续开始通过《职业技能互认协议》(Mutual Recognition Skills，MRS)与《专业人才互认协议》(Mutual Recognition Arrangements，MRAS)在部分领域进行试点，开展资格互认，并制定了技能互认行动计划。

《职业技能互认协议》与《专业人才互认协议》是东盟资格参照框架的基础，前者以职业技能为重点，后者以专业技能为重点，如工程、医疗、建筑等。从表 5.6 可看出，成为资格互认合作伙伴关系的两个东盟成员国通常由中高等收入水平国家与低收入水平国家组成。如泰国与柬埔寨，泰国与老挝。值得注意的是，东盟国家之间的优先互认领域集中在建筑、家政、旅游等相关行

---

① European Union，ASEAN. ASEAN Qualifications Reference Framework and National Qualifications Frameworks：State of Play Report[R]. Jakarta：SHARE Project Management Office，2015：22-49.

② European Union，ASEAN. ASEAN Qualifications Reference Framework and National Qualifications Frameworks：State of Play Report [R]. Jakarta：SHARE Project Management Office，2015：8.

③ ASEAN-Australia-New Zealand Free Trade Agreement. Two Pioneering Referencing Reports Completed for Comparison Of Education Qualification Under AQRF [EB/OL]. (2019-05-30)[2021-12-18]. https：// aanzfta. asean. org/two-pioneering-referencing-reports-completed-for-comparison-of-education-qualification-under-aqrf/.

业,对应东盟资格参照框架中的第一级到第四级技能领域。由此可见,东盟成员国之间的资格互认机制尚未完善,实现东盟资格参照框架中更高层级的技能资格互认尚需时间。

表 5.6　东盟国家技能互认领域行动计划①

国家	职业技能互认优先领域	拟合作东盟国家
柬埔寨	建筑/石造建筑、电气布线	泰国
印尼	建筑、酒店与旅游	新加坡、马来西亚、文莱
老挝	砌砖工程	泰国
马来西亚	酒店与旅游、家政	印尼
缅甸	焊接、缝纫	新加坡、泰国
菲律宾	旅游、家政	缅甸、柬埔寨
泰国	建筑、缝纫	柬埔寨、缅甸、老挝
越南	酒店与旅游、家政、汽车技术	泰国、马来西亚

综上所述,东盟资格参照框架的全面实施面临诸多挑战,这些挑战体现在以下几个方面:第一,东盟成员国国家资格框架处在不同实施阶段,发展极不均衡。处在筹备阶段的成员国无法将本国的认证体系引用到区域资格框架中,这直接影响了东盟资格参照框架参照作用的发挥。第二,部分成员国(柬埔寨、老挝)还未设立明确的国家资格框架管理与监督部门,这阻碍了国家层面与地区层面资格框架委员会的对接。第三,已建立国家资格框架的成员国在其资格框架的结构、等级及描述方式上存在诸多差异。由于东盟成员国对学习结果的认定可能会基于本国的传统与经验,不同国家对学习成果的认定可能存在较大差异,因此东盟各国提供与东盟资格参照框架对应等级的证据较为困难。此外,大多数东盟国家的国家资格框架相关文件都集中由同一个管理部门发布,而个别东盟成员国的相关文件却分散在不同部门,这为其他国家获取该国的资格认证信息造成了不便。第四,多数东盟成员国还未撰写东盟资格参照框架参照报告,各国的资格认证体系缺乏解释,相互资格认证还停留在有限的几个职业技能领域,彼此之间的互信还需加强。第五,随着东盟资

---

① International Labour Organization. AEC, AQRF and Developments; Commitments of ASEAN Member States on MRS and RMCS[EB/OL]. (2014-02-24)[2021-12-18]. https://www.ilo.org/wcmsp5/groups/public/-asia/-ro-bangkok/-ilo-yangon/documents/presentation/wcms_355751.pdf.

格参照框架实施的推进,东盟成员国还需共同努力对其进行不断调试与修正,以克服不合理的结构设计。因此,区域资格参照框架在未来能够发挥多大作用,这取决于它本身的价值。

四、案例分析:马来西亚资格框架与东盟资格参照框架的对接

作为东盟的初创国与东盟地区的中等收入国家,马来西亚一直在为建立知识型社会而更新调整国内各方面政策。在教育方面,马来西亚采取积极开放的教育政策,努力推动本土教育国际化,并以打造东南亚区域性优质教育中心为追求目标。[①]《马来西亚教育蓝图(2015—2025)》(The Malaysian Education Blueprint 2015—2025)强调将国家教育系统与区域教育系统联系起来的必要性[②],与东盟资格参照框架对接能够使马来西亚有效地实现其高等教育及职业技术教育的区域连通性,因此,马来西亚十分重视东盟资格参照框架在加强区域合作过程中的作用。

马来西亚是除新加坡以外最早建立国家资格框架的东盟成员国,取得了十年以上的运行经验,并得到国内相关法律的保障。另外,马来西亚建立了互为补充的资格认证管理体系,在东盟质量保障网络(ASEAN Quality Assurance Network,AQAN)的形成过程中起到了至关重要的作用。可以说,马来西亚在与地区资格参照框架的对接方面已具备了较好的基础,在其他东盟成员国还处在国家资格参照框架的筹备与建设阶段之时,马来西亚已开始着手准备与东盟资格参照框架对接的各项事务,确立了一系列政策措施,对地区政策做出积极回应。这些措施主要包括以下四方面:一是提交对接报告;二是明确对接管理机构与质量保障机构;三是细化对接过程;四是公开对接信息。

(一)提交对接报告

向东盟提交对接报告(参照报告)是东盟资格参照框架参照流程的一部分,参与对接的东盟成员国需要根据东盟要求的十一项参照标准撰写参照报告,并提供参照流程的结果。为响应地区政策,促进地区人员流动,马来西亚于2017年6月就启动了东盟资格参照框架参照报告的准备工作。在马来西亚东盟资格参照框架委员会(Malaysian AQRF Working Committee)的统筹

---

① 蔡昌卓.东盟教育[M].桂林:广西师范大学出版社,2009:78.

② Ministry of Education Malaysia. The Malaysian Education Blueprint 2015—2025 [R]. Putrajaya:Ministry of Education Malaysia,2015:221.

协调下,各利益相关方进行了广泛的磋商与论证,同时国际专家也被邀请参与其中。经过一年多努力,马来西亚教育部及资格认证局（Malaysian Qualifications Agency，MQA）最后签署了参照报告,于 2019 年 5 月递交到东盟资格框架委员会并获得了认可。

马来西亚东盟资格参照框架参照报告（AQRF Referencing Report of Malaysia）是目前最早得到东盟资格框架委员会认可的参照报告之一。参照报告最终稿是地区层面与国家层面通力合作的结果,地区层面东盟资格参照框架委员会的认可意味着对东盟成员国参照过程可信度的承诺。① 参考过程的稳定性将提高东盟资格参照框架的透明度及国际社会的信任度,并促进东盟地区毕业生学习和工作的跨国流动。

（二）明确对接管理机构与质量保障机构

东盟部长级会议在 2016 年确立了东盟资格参照框架治理结构,并建议每个东盟成员国也设立相应的对接部门。应东盟要求,马来西亚政府随即在 2016 年设立了国家层面的东盟资格参照框架委员会,以此作为地区层面资格框架与国家层面资格框架的对接部门。另外,马来西亚政府授权资格认证局与教育部监督、协调所有与东盟资格参照框架相关的事宜。② 马来西亚还建立了专门的网站,对公众提供地区资格参照框架实用指南。

马来西亚东盟资格参照框架委员会的设立标志着国家内部跨部门委员会的成立,同时也是响应地区层面政策建议的重要体现。委员会主席及秘书处现由马来西亚资格认证局担任,马来西亚资格认证局、教育部、外交部、人力资源部、国际贸易与工业部、旅游文化部等政府部门派出的代表不仅是该委员会的重要成员,马来西亚雇主联合会、工会、制造商联合会代表也成为重要补充,同时,马来西亚政府还邀请了私立学院与大学协会、认证中心联合会、私立教育协会加入该委员会,共同参与东盟资格参照框架对接事务的讨论。③ 由此可见,马来西亚在区域资格框架的对接事务上调动了全国多个部门及利益相

① ASEAN-Australia-New Zealand Free Trade Agreement. Two Pioneering Referencing Reports Completed for Comparison of Education Qualification Under AQRF[EB/OL]. (2014-02-24)[2021-12-18]. https：// aanzfta. asean. org/two-pioneering-referencing-reports-completed-for-comparison-of-education-qualification-under-aqrf/.

② Malaysian National AQRF. National Mandate[EB/OL]. (2019-06-22)[2021-12-18]. http：//www2. mqa. gov. my/myaqrf/ref_to_aqrf. cfm.

③ Malaysian Qualifications Agency. AQRF Referencing Report of Malaysia［R］. Kuala Lumpur：MQA, 2018：23-26.

关者的参与。

委员会代表的选择的标准主要基于不同利益相关方在实施参照过程中的作用和相关性。委员会的主要职责是在实施东盟资格参照框架过程中确定各方责任与义务、讨论配套政策、模拟参照程序、解决委员会提出的问题、传达地区层面相关政策等。①同时，委员会还设立了外籍观察员及本国观察员，从而保障参照程序的规范性。观察员的职责是参与资格认证局组织的参照会议，并在会议开始前组成观察员小组，对参照报告进行简要回顾。

东盟认为建立完善的质量保障体系是确保东盟资格参照框架得以有效运作的重要条件，因此东盟要求其成员国在参照过程中对本国的教育与培训质量保障机构做出明确的说明，保障参照结果的有效性。对此，马来西亚表示加强质量保障体系的建设能够促进职业技术教育部门的协调发展，且有利于与东盟资格参照框架保持一致。②经过多年探索，马来西亚建立了较为完善的质量保障体系。

马来西亚教育与培训质量保障系统主要由监管部门、质量保障部门及资格认证部门三部分组成。教育部和人力资源部等政府机构为监管部门，负责规范及监管教育与培训机构的建立与运行，并审批各类教育项目的开展。马来西亚资格认证局、技能发展部（Department of Skills Development，DSD）及其他专业组织为质量保障专业机构，负责根据既定标准开展质量保障工作，如教育项目资格认证、机构评估、个人的资格认证等。其中，马来西亚资格认证局高度重视与地区及国际质量保障机构建立互联的网络系统，具有较强的开放性。③

值得注意的是，认证规范与技能标准也是教育与培训质量保障体系的重要组成部分，构建完善的认证规范是提高其他东盟成员国对参照结果信任度必不可少的环节，对此，马来西亚资格认证局及技能发展部发布了一系列质量保障文件，并在其参照报告中系统说明了这些文件的功能及使用范围，见表5.7。

---

① Malaysian Qualifications Agency. AQRF Referencing Report of Malaysia［R］. Kuala Lumpur：MQA，2018：25.

② Ministry of Education Malaysia. The Malaysian Education Blueprint 2015-2025［R］. Putrajaya：Ministry of Education Malaysia，2015：221.

③ Malaysian Qualifications Agency. AQRF Referencing Report of Malaysia［R］. Kuala Lumpur：MQA，2018：57.

表 5.7　马来西亚教育与培训质量保障相关文件①

资格认证局	技能发展部
《项目认证规范》（Code of Practice for Program Accreditation）	《技能认证项目规范》（Code of Practice for Skills Program Accreditation）
《机构审计规范》（Code of Practice for Institutional Audit）	《马来西亚职业技能资格框架》（Malaysian Occupation and Skills Qualification Framework）
《项目标准》（Programme Standards）	《国家技能标准》（National Occupational Skills Standard）
《特定等级资格认证标准》（Standards for Specific Levels of Qualification）	《操作程序标准》（Standard Operating Procedures）

　　马来西亚根据就业、继续教育、教育基金等不同领域的目的设置了多样化的资格认证机构，如公共服务部（Public Service Department）、技能发展基金公司（Skills Development Funding Corporation）及高等教育基金公司（Higher Education Funding Corporation）。质量保障部门做出的评估结果是监管部门与资格认证部门进行决策的关键因素，然而在马来西亚，这三个部门的职能划分并不独立，而是互联互补，如技能发展部负责技能培训机构的注册与管理，并为学生提供资格认证，因此技能发展部同时兼具监管部门与资格认证的双重功能。

　　（三）细化对接过程

　　第一，要求学校提供证书或文凭在东盟资格参照框架中对应的等级。为提高本国资格认证体系的国际透明度，马来西亚于 2014 年发布了《马来西亚资格认证声明》（Malaysian Qualification Statement，MQS）②，这份文件要求学校系统以约定的标准格式详细描述毕业生的资格证书或文凭的等级，特别是某种资格证书或文凭在国家资格框架以及东盟资格参照框架中所对应的等级，旨在便于理解，帮助国内外利益相关方做出准确的判断。这项举措将促进

---

　　①　Malaysian Qualifications Agency. AQRF Referencing Report of Malaysia［R］. Kuala Lumpur：MQA，2018：25

　　②　Malaysian Qualifications Agency. Guidelines：The Malaysian Qualification Statement［EB/OL］. (2019-06-22)［2021-12-18］. http：// www2. mqa. gov. my/QAD/garispanduan/GGP-Malaysia％20Qualification ％20Statement. pdf.

马来西亚资格认证系统的国际认可度,提高学校毕业生以及在校学生的跨国流动。

第二,邀请本国以外相关领域专家参与参照过程。东盟资格参照框架参照标准之一是参照过程需由本国以外资格认证专家参与并提出建议。对此,马来西亚邀请了两位在资格框架运行以及质量保障方面的专家参与了参照过程,如现任爱尔兰国家质量和资格保障署(Quality Assurance at Quality and Qualifications Ireland,QQI)总监布莱恩·马奎尔博士(Dr Bryan Maguire),他曾担任过爱尔兰国家资格框架筹备成员,并参与过多国的资格框架咨询工作。另外一位专家为多特·克里斯托弗森(Dorte Kristoffersen),曾在澳大利亚、丹麦等多国的质量保障机构担任过高级管理职务。通过与其他国家的优秀案例进行对比,两位专家对参照报告提出的反馈意见成为最终参照报告的附录内容。[①]

第三,提供马来西亚国家资格框架等级说明。在东盟资格参照框架参照标准中,其中一项要求是参照对象国应对本国的国家资格框架有准确、清晰的描述。对此,马来西亚在其参照报告中对本国的国家资格框架做出了详细说明。马来西亚国家资格框架(Malaysian Qualifications Framework)是一种根据国际规范及一系列标准开发的资格证书分类工具,该框架共有八个级别及三种类型,该框架的前三级为资格证书,第四级到第五级为文凭及高级文凭,第六级到第八级为学士、硕士及博士,详见表5.8。第一级到第七级明确规定了学分要求,学习量是每个级别的关键决定因素。其中,职业技术教育与技能培训主要集中在第一级到第五级。一直以来,马来西亚的职业教育由多个部门管理,职业技术教育机构多样、证书多元、标准多元的现状影响了职业教育机构资格证书的社会认可度。[②] 如今,马来西亚国家资格框架将各种资格证书纳入统一框架统一管理,打通了职业技术教育与学术教育之间的通道,为马来西亚创建知识型社会奠定了基础,同时也为马来西亚与地区乃至世界资格认证体系的对接提供了技术工具。因此,马来西亚将国家资格框架与地区资格框架的对接作为未来的重要战略方向,并以此为契机提高其国家资格体系的国际认可度,可谓是马来西亚教育的一场革命。

---

① Malaysian Qualifications Agency. AQRF Referencing Report of Malaysia [R]. Kuala Lumpur:MQA,2018:128-129.

② 李俊.马来西亚职业技术教育的现状与挑战[J].职教论坛,2017(7):51-52.

表 5.8　马来西亚国家资格框架①

等级	学分	分类			终身学习
八级	—	技能	职业技术	学术	
七级	—			博士	
	40			硕士	
	30			研究生证书/文凭	
	20				
六级	120			学士	
	60			本科证书/文凭	对先前学习
	30				经验的认证
五级	40	高级文凭	高级文凭	高级文凭	
四级	90	文凭	文凭	文凭	
二级	60	技能证书3	证书	证书	
一级		技能证书2			
		技能证书1			

第四,提供教育系统结构说明。马来西亚在参照报告中清晰描述了其教育体系,以便其他国家在参照过程中能够对马来西亚教育体系现状有清晰的判断。马来西亚拥有从学前教育到高等教育完整的教育体系,其教育体系可分为五个阶段,即学前教育,小学教育,中等教育,中学后教育及高等教育。其中,在中等教育阶段,主要由职业学校、中学及技术学校提供职业技术教育与培训,在中学后教育阶段,主要由理工学院、社区学院及培训中心提供职业技术教育与培训。

（四）公开对接信息

第一,公布马来西亚东盟资格参照框架参照报告。公布参照报告是东盟资格参照框架参照要求之一,在马来西亚各利益相关方的共同努力下,东盟资

---

① JACK K. The Malaysian Qualifications Framework. An Institutional Response to Intrinsic Weaknesses[J]. Journal of Education and Work,2011,24(3-4):393-407.

格框架参照报告按照东盟所要求的十一项参照标准,分别提供了恰当充分的证据。马来西亚国家资格认证局理事会对参照报告进行了验证,教育部也对其进行了核实。马来西亚撰写的参照报告现已取得东盟资格参照框架委员会的认可,待该报告获得东盟秘书处的认可后,将在马来西亚及东盟主要官方网站上予以公布。

第二,证明马来西亚国家资格框架与东盟资格参照框架之间契合度。公开国家资格框架与东盟资格参照框架之间的异同是两者进行对接的关键。马来西亚东盟资格参照框架委员会工作组认为,国家资格框架与东盟资格参照框架的相似性体现在两者具有较为相似的目标,都涵盖了各类学习形式,都使用了相似的学习成果描述方式,在各个等级之间建立了较为紧密的联系,并促进了不同部门之间的一体化。总的来说,这两个框架都适用于学习与工作环境。两者的区别体现在于:马来西亚国家资格框架只适用于中学后教育的资格认证,使用学分作为相应等级的资格要求,且具备对个人道德的明确要求,而东盟资格参照框架则是综合性的,不使用学分累积作为资格要求,对个人道德领域没有明确的规定。东盟资格参照框架设定了明确的学习成果水平要求,给出了每个级别对应的适用场景,而马来西亚国家资格框架却没有这类要求与说明。基于两者在资格框架目标、范围、级别、学习成果描述等方面的比较结果,尽管马来西亚国家资格框架与东盟资格参照框架具有一定的差异性,但比较结果能够证明两者之间具有较好的契合度,换句话说,东盟资格参照框架中八个级别的水平描述较好地匹配了马来西亚国家资格框架中八个级别的水平描述。[①]

第三,公开主要利益相关方参与讨论对接程序的相关信息。前文提到,马来西亚东盟资格参照框架委员会由马来西亚相关政府部门、工业部门、雇主组织、教育机构等多个利益团体组成,多方代表采用面对面、在线讨论等多种方式对对接流程进行了多次意见征询。委员会成员的广泛性保障了对接流程能够最大限度地获得马来西亚各利益相关方的充分论证。此外,对接程序还得到了马来西亚资格认证局以及技能发展部质量保障官员的专业指导。上述关于论证方、论证时间以及论证内容都将公之于众。

从马来西亚政府对东盟资格参照框架政策倡议的回应措施看,体现了以下几个特征:一是计划的周密性。在东盟发布区域资格参照框架指导性文件

---

① Malaysian Qualifications Agency. AQRF Referencing Report of Malaysia [R]. Kuala Lumpur:MQA,2018:128-42.

之后，马来西亚便做出了积极回应，及时建立了国家层面东盟参照资格框架委员会，召集国内外相关领域专家为对接报告的撰写做准备，成为最早向东盟递交参照报告的国家之一，行动高效，步骤清晰。与东盟资格参照框架的对接能够加速马来西亚与区域内其他国家的互联，这与马来西亚外向型教育战略是高度契合的。二是参与部门的广泛性。马来西亚十分注重调动各利益团体的积极性，为参照过程的顺利实施提供了多方讨论平台，政府部门、高等教育与培训机构、工业界、雇主组织等利益相关方共同组成了参照委员会，在公开透明的条件下共商对接事务。三是参照细节的严谨性。马来西亚要求教育与培训机构提供其颁发资格证书或文凭在东盟资格参照框架中的等级，并在参照报告中详细描述了马来西亚国家资格框架与地区参照资格框架的对应关系、国家教育系统结构及质量保障体系，这为实施参照过程提供了关键信息。

虽然马来西亚运用东盟资格参照框架与其他东盟成员国实施对接的程序还未真正展开，其参照经验也还未成熟，但前期筹备工作已取得较大进展。马来西亚在参照报告的撰写、参照管理机构的设置、参照细节的构思方面无疑为其他东盟成员国提供了间接经验。马来西亚拥有完整的教育体系，在其他区域性教育政策的制定方面也表现得尤为积极，马来西亚成功促成了东盟质量保障网络的形成，这与其在东盟地区处于"政策发送国"的地位具有一定联系。成为率先完成对接报告的国家可能意味着马来西亚今后在地区的对接事务中具有话语主导权，这也将有利于其区域优质教育中心目标的实现。从马来西亚实施东盟资格参照框架的整体情况看，区域教育政策是否有效得到积极回应与实施，这取决于区域政策在多大程度上与东盟国家内部战略需求相匹配，同时也取决于国家内部教育发展水平及质量保障体系的完善程度。

第二节　保障东盟资格认证体系的质量

应对学生与劳动力自由流动的关键是技能与能力认证。技能与能力认证指导原则的缺失会导致人力资源发展问题的混乱，如人才招聘、资格证书、技能标准等。因此，东盟在 2017 年发布了东盟资格参照框架的配套文件《东盟资格认证与质量保障指南》①。该指南充分考虑了与东盟资格参照框架的协同作用,其作用是配合东盟资格参照框架的实施。"质量保障指在有关管理部门或机构的职权范围内,增强民众对培训机构所提供教育服务信任感的过程,它是有关管理部门或机构为确保教育服务系统满足民众要求而设立的一系列有系统的活动。"②东盟资格参照框架的主要目标之一是促进东盟成员国对彼此资格认证体系的信任,它的基础是一套质量保障原则以及一系列标准,如审批机构职能标准、学习评估标准、资格证书颁发标准、证书颁发监管部门标准等。可以说,资格认证体系的质量保障系统也是资格认证体系的重要组成部分,一套运行良好的资格框架体系与其质量保障系统密不可分。

目前,十个东盟成员国分别制定了具有本国特点的职业资格认证体系,在东盟统一市场的背景下,这些职业资格认证体系将被视作东盟经济一体化进程中的基础工具。《东盟资格认证与质量保障指南》的目的就在于为强化东盟成员国对于本地区不同国家不同职业资格认证体系的互信,并为东盟成员国的资格认证体系的发展提供指导原则与规范。该指南适用于通过立法手段(如法律、法令或规章)、政府机构、非政府组织、专业组织、私营企业开发的资格认证体系,用于指导实践。东盟成员国在进行职业技能标准互认时将自愿使用《东盟资格认证与质量保障指南》的指导原则,但东盟资格框架委员会要求各成员国将国际上已有的质量保证框架作为各国质量保障原则与标准的基础,这些框架可用作评估教育与培训体系质量保障系统的基准。另外,东盟成员国还需要对其教育和培训质量保障系统做出说明。③

建立东盟区域性资格认证体系质量保证框架,将有助于推动东盟成员国职业技术教育的持续改进,增进成员国之间的相互了解与合作,这将最终促进东盟地区教育、劳动力等要素的互联互通。尤为重要的是,《东盟资格认证与质量保障指南》将成为东盟成员国自我评估或认证的有效工具。④ 因此,东盟近年来十分重视其成员国保障资格认证体系的质量,其努力成果体现在其发

① ASEAN. ASEAN Guiding Principles for Quality Assurance and Recognition of Competency Certification Systems[R]. Jakarta: ASEAN, 2017.

② Department of Education, Employment and Workplace Relations of Australian. Comparisons of International Quality Assurance Systems for Vocational Education and Training[R]. Canberra: DEEWR, 2009: 9.

③ ASEAN. ASEAN Qualification Reference Framework: Briefing Paper No. 1-Qualifications Frameworks and Quality Assurance Systems[R]. Jakarta: ASEAN, 2017: 15-17.

④ PARYONO. Mapping National and Regional TVET Initiatives in Southeast Asia and Beyond in Response to Students and Labour Mobility[J]. SEAMEO VOCTECH Journal, 2013-1(12):1-8.

布的《东盟资格认证与质量保障指南》之中,这份指南梳理了东盟成员国国家资格框架的基本内容、资格认证体系的基本情况、资格认证质量保障体系的关键要素,最后为东盟成员国提供了一系列资格认证体系及其评估体系的质量保障原则。

一、东盟成员国资格认证体系现状

认证(certification)是指"资格认证主管机构根据预先制定的标准对学习者进行评估,并验证其学习成果,并为学习者颁发学习成果证书、文凭或头衔的过程"。认证系统的最常见的类型之一与人力资源开发相关,这种认证能够证明学习者能够从事与某种职业有关的特定工作任务。

《东盟资格认证与质量保障指南》指出,东盟成员国的资格认证体系主要集中在能力开发(development)和能力获取(acquisition)两方面。从东盟成员国资格认证系统的整体现状来看,东盟地区能力认证体系一般集中在中低技能水平,只有少数东盟成员国的国家资格认证系统与高技能水平的职业有关,如泰国的能力认证系统就属于专业资格认证系统。

从资格认证体系的主管部门来看,各东盟成员国资格认证系统一般都由与劳动力发展相关的政府部门负责,如图 5.6。

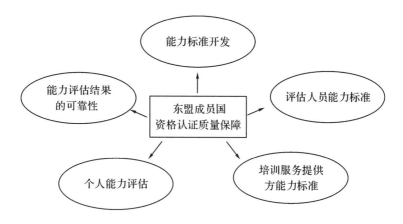

图 5.6　东盟成员国资格认证质量保障关键要素①

---

①　ASEAN. ASEAN Guiding Principles for Quality Assurance and Recognition of Competency Certification Systems[R]. Jakarta：ASEAN，2017.

概括来说,东盟各国资格认证体系质量保障的关键过程主要关注以下五个方面,即能力标准开发(development of competency standards)、评估人员能力标准(assessor competence)、培训服务提供方能力标准(provider capability)、个人能力评估(assessment)、能力评估结果的可靠性(confidence in assessment decisions)。

(一)能力标准开发

大部分东盟国家在开发本国职业标准时,通常把"能力标准"(competency standards)和"职业标准"(occupational standards)两个术语互换使用。《东盟资格认证与质量保障指南》指出,大部分东盟国家能力标准的制订过程较为相似,大都以正式的原则及指南为指导,并由政府部门相关实体机构负责能力标准的开发。同时,所有东盟成员国均以某种形式聘用私营机构来协助职业标准的制定,如技术工作组、工业认证会议、雇主团体组织、劳工团体组织等,另外,政府部门也会与培训机构展开合作。[①]

东盟国家一般使用混合 DACUM 分析法(Developing A Curriculum)[②]、功能分析法(Functional Analysis)、工作任务分析法(Job Task Analysis),依托国际培训研究项目进行标准开发,最后由政府委托机构审批。在某些情况下,工业部门代表将参与标准签署过程,如老挝。在职业技术教育领域能力标准的内容方面,多数东盟国家以国际劳工组织的职业(或能力)标准模型为参照,该模型由职业背景信息、名称、能力单元及对应的能力描述四个部分组成。标准中关于能力的种类一般被分为核心能力、技术能力及一般能力等。[①]

所有学习成果不一定能够在东盟国家制定的国家资格框架中找到对应的级别,部分学习成果的认定可能被划入职业能力或职业资格证书的范畴。《东盟资格认证与质量保障指南》建议东盟成员国对这类学习成果引起重视,并及时补充额外的信息,以便其他成员国知晓。如文莱的能力框架(Competency Framework)、菲律宾的培训指南(Training Regulations)以及新加坡的劳动力技能框架(Workforce Skills Qualifications Frameworks,WSQ)就属于不能在国家资格框架找到对应级别的学习成果。

---

① BATEMAN A. ASEAN Guiding Principles for Quality Assurance and Recognition of Competency Certification Systems[R]. Canberra:Bateman & Giles Pty Ltd,2017:21.

② DACUM 分析法是指教学计划开发(Developing A Curriculum),它是一种分析与确定某一职业所需能力的方法。

（二）评估人员能力标准

虽然能力认证系统同时包括培训和评估两个部分，但有的东盟成员国却只有评估系统。在东盟成员国的质量标准、政策或指南中，一般都对质量评估人员的要求进行了描述，如新加坡、印尼、菲律宾。虽然各国要求不同，但对培训者与评估者的最低要求较为相似，即培训者与评估人员除了满足职业技能相应的等级要求之外，还需获得教学证书，在特殊情况下，还需要工作经验。除此之外，评估者需要具备与评估工作有关的综合能力。泰国及菲律宾设置了国家注册培训师，印尼的能力资格系统设置了评估人员监测系统。然而在一些东盟国家，对培训师及评估员的要求还处在探索阶段，出台的相关文件还相对较新，因此对这类专业人群的要求并没有得到充分执行。

（三）培训服务提供方能力标准

在东盟国家，培训服务提供方能力标准一般取决于东盟成员国的一到两个部委，如教育部、劳工部。培训服务提供方质量保障要求及审批流程可能会因为东盟国家职业技术教育提供者的差异而有所不同。大体上，东盟国家对培训提供方的要求如下：

第一，对于特定的培训服务提供方而言，质量保障标准的执行并非强制性的，但对于拥有特定目标群体的特定培训服务提供方而言，执行设定标准却是必要的。政府也是培训服务提供方之一，多数国家强制所有培训提供方按国家资格框架规定的级别标准设置资格证书。

第二，在东盟国家的立法文件、政府法规或质量标准规定中，大都对国家批准的培训服务提供方标准进行了说明。

第三，在东盟地区，监测培训服务提供方及评价培训提供方的绩效表现的评价方法大都还未确立，并非所有东盟成员国的相关负责机构都能为提供培训服务或将要进入培训服务领域的机构颁发资质证明。

（四）个人能力评估

个人能力可以通过培训、工作经验以及生活经验获得，能力评估是判断个人整合上述经验的能力的手段。评估的作用是确定个体在不同情境下获得何种能力的方法，评估既可以在培训过程中进行，也可以在专门的评估活动中进行。

高效能力认证系统的前提条件是培训服务提供方与评估方的分而治之，东盟国家认证机构现普遍遵守了 ISO/EC17024：2012 评定程序的一般要求，该标准强调认证活动的公正性。

东盟国家认为能力评估仅仅是一种服务。无论学习是通过正式、非正式还是非正规的方式实现，上述学习成果的评估均在评估员不参与被评估者学习的情况下对个人能力进行评估。虽然从评估方式与技术上看，对先前学习的评估与能力评估是相同的，但二者的作用却不能等同。

（五）能力评估结果的可靠性

由国家认证机构做出的评估结果普遍被认为是有效和可靠的。有效性是指相关机构根据被评估者的表现证据对被评估者做出的评估结果（合格或不合格、等级或分数）在多大程度上是合理的。通常可靠性指的是相关机构所使用的测量方式准确度或精确度的估计，可靠性关注的是被评估者的表现证据中包含了多少错误。一般来说，评估结果的有效性、公正性与其评估的影响力、公信力有关。在执行能力认证计划过程中，评估结果的质量保障是东盟成员国共同面临的挑战之一。

东盟成员国在确保评估结果的可信度方面所使用方法和实施水平各不相同。但其主要策略包括以下四个方面：（1）由相关部门确定评估手段或工具，如马来西亚的能力评估工具由技能发展部确定；（2）使用审计及外部验证机构，如印尼的国家专业认证机构（National Professional Certification Agency in Indonesia）；（3）由相关部门批准评估员的资质并对其监督，如菲律宾技术教育和技能发展局；（4）在评估过程中或评估后的审查阶段中邀请行业或企业代表参与其中。

二、东盟资格证书质量保障指南

基于东盟成员国资格认证体系的现状，为保障成员国之间在资格认证体系方面的协调发展，各成员国在资格认证体系质量保障的原则方法上达成了协议，质量保障的原则由两方面构成，一是针对资格认证系统责任机构（competent body）的指导原则，二是针对资格认证系统评估机构（providers of assessment services）的指导原则。资格认证系统责任机构是指对整个资格认证系统所有资格证书或某些资格证书负责的机构，如负责制定职业标准的资格认证机构、资格证书的颁发机构等。评估机构是提供评估服务的机构或培训服务机构，也可能是资格证书颁发机构。

（一）资格认证系统责任机构指导原则

《东盟资格认证与质量保障指南》从九个方面陈述了资格认证系统责任机构的指导原则，这九个指导原则对东盟成员国资格认证系统责任机构的治理方式、问责制度、透明度、独立性、信任度、持续改进手段、均衡性、服务灵活性及协作性都做出了具体的规定，并对这九个原则的具体的含义给出了详细的解释，详见表5.9。

表5.9　资格认证系统责任机构指导原则①

指导原则	要求
治理方式	资格认证责任机构应有明确的管理文件，包括机构执行人员的职责、机构的政策和程序；资格认证责任机构主要功能为制定资格认证机构战略方向，确保目标的实现；执行风险管理，合理使用资源
问责制度	责任机构应具备对其工作业绩进行评价的法律文件或规定，并保证每年对资格认证质量保障的效果与质量评估的结果进行公开报告
透明度	责任机构应就其主要职能提供准确的资料及信息，包括资格认证的流程、标准和绩效管理手段
独立性	责任机构应确保资格认证系统质量保障体系不同部门保持独立性，在指令、准则、程序及做法方面避免利益冲突，保证决策的独立性
信任度	责任机构需规范流程，增强利益相关者信任度；向利益相关者提供已达到相关规定及标准的证明；开展增加信任度的实践活动
持续改进手段	责任机构应保持战略方向与灵活性，确保资格认证质量保障手段行之有效；加强服务监管，满足未来不同利益相关群体不断变化的需求
均衡性	责任机构应具备能够反映东盟成员国文化背景多样性的资格认证体系质量保障以及质量评估方法
服务灵活性	责任机构应确保相关规定在全国实施的可行性，保障评估服务或认证程序符合国内及国际要求
协作性	确保资格认证系统责任机构与国内外其他相关机构开展持续合作

在资格认证体系责任机构的运行方面，《东盟资格认证与质量保障指南》指出，东盟国家资格认证机构在从事质量管理与质量审查活动时应遵守以下原则：(1)资格认证系统责任机构需制定并实施质量保障管理办法，以发挥质量保障体系的功能，其中包括审批和监督工业部门参与制定的业绩标准，并根

---

① ASEAN. ASEAN Guiding Principles for Quality Assurance and Recognition of Competency Certification Systems[R]. Jakarta：ASEAN，2017：36-37.

据相关标准审批、监督及评估培训项目或评估服务。另外,监控评估结果、颁发资格证书、保障数据安全、开展评估业务、解决投诉、持续改进管理及开展内部评审也是发挥质量保障体系功能的重要举措。(2)资格认证系统责任机构应用英语或本国语言公开其质量保障过程。(3)资格认证系统责任机构应通过明确的奖励与制裁管理机制来衡量评估方的表现。(4)资格认证系统责任机构需对获批的培训机构、评估服务提供方以及能力资格证书标准进行公开备案。(5)资格认证系统责任机构应制定国际交流合作协议,信守承诺,保持本国与国际机构的信息沟通,参与国际论坛,并参加能力建设等相关活动。(6)资格认证系统责任机构应承诺定期对其工作表现进行外部审查,并将审查结果公示。

(二)评估服务提供方指导原则

对于负责资格认证体系外部评估服务的提供者,《东盟资格认证与质量保障指南》从八个方面对其提供了指导性原则,详细见表 5.10。

表 5.10　评估服务机构指导原则①

指导原则	要求
治理方式	评估机构有明确的目标、治理安排和方法,符合有关主管机构的要求及法律规定,并有支持其运作所必需的财政资源
问责制度	评估服务提供方根据主管机构的要求及反馈来开展绩效评估,并确保公开质量评估结果报告和质量评审活动的过程
透明度	评估机构应确保其在评估过程中掌握评估对象的准确信息
独立性	评估机构应确保评估过程的公正性,避免利益冲突,确保能够独立决策,尤其是涉及评估结果的决策
信任度与标准	评估机构应确保其评估过程及实践符合其自身设定的标准、规范及期望,并向本国资格认证机构担保其在评估过程中达到了相关标准要求
持续改进手段	评估机构提供者需持续改进,确保其服务满足利益相关者及客户的需求
均衡性	针对特定目的而设置质量保障和质量评审方法,确保评估结果质量
服务灵活性	评估机构需将评估服务申请方的障碍降低到最小

---

① ASEAN. ASEAN Guiding Principles for Quality Assurance and Recognition of Competency Certification Systems[R]. Jakarta:ASEAN,2017:38.

在评估机构的运行方面，《东盟资格认证与质量保障指南》同样对评估机构做出了以下要求：(1)评估机构需详细记录并实施质量管理体系细则，确保提供高质量的评估服务，如为资格证书的开发项目选择与其匹配的评估资源，安排具有一定水平的工作人员提供评估服务，恰当使用支持评估服务的物资；以委托方及利益相关方的反馈信息为依据，监测评估过程，提供有效和可靠的评估结果；记录管理过程，保障数据安全，安排外包业务，解决客户投诉；向公众报告评估结果，持续改进，并开展内部审查。(2)评估机构对其所开展的所有评估服务负责，公开校园、评估中心地点的注册信息。(3)评估机构在提供其评估服务时，保障其公平性，其中包括包容性入学要求、为残疾学生提供支持、对先前学习进行资格认定等。(4)评估机构需确保其评估过程及实践流程的公正性，确保其所作出的决策不会引起利益冲突或产生不当的影响。(5)评估机构的实施程序将开展评估服务的障碍降到最低，如定期开展评估、保证评估费用合理透明、对评估服务的内容不设限等。(6)评估机构需与资格证书责任机构建立沟通机制，保持双方沟通无碍。(7)评估机构需保证其评估活动符合相关质量标准，并持续改进其评估方法，定期接受外部审查，将审查结果公之于众。

三、东盟资格认证指南

东盟成员国资格认证机构在保障本国职业技术教育质量方面所使用的方法各有不同。随着东盟地区劳动力和学生流动数量不断上升，东盟自由贸易区对签订学生及技能劳动力资格互认协议的诉求也在不断增强。上述变化促使东盟成员国急需了解本地区其他国家在保障职业技术教育认证体系质量方面的经验，其目的是提高本国资格认证体系的透明性，并逐渐加强与其他成员国资格认证机构的联系。

东盟国家致力于建立一个描述资格体系的共同机构，但这并非意味着在东盟任意一个国家所取得的资格证书能自动地在其他东盟成员国获得承认，实现资格互认首先需要接受其他东盟成员国资格认证机构的评估。因此，东盟成员国在资格互认过程的原则方面达成了以下五个方面的共识：一是相互尊重资格认证过程；二是促进资格认证体系的可比性；三是提高资格认证体系的透明性；四是建立资格认证体系的问责制；五是使用持续改善资格认证体系的手段。详细内容见表5.11。

表 5.11　东盟成员国资格认证指导原则①

指导原则	要求
尊重主权	东盟成员国应尊重东盟各国与国家优先事项相匹配的质量保障结构与过程
可比性	东盟成员国应使用质量保障基准来确定质量保障系统的可比性。质量保障系统应能灵活适应国内变化与全球发展,同时也应该保持其稳定性,便于国际比较,提升其可信度
透明性	东盟各成员国应致力于促进其资格认证体系的透明度,如公开质量评估标准与措施、参照基准以及参照过程等
问责制	东盟成员国应根据国际基准对资格认证责任机构进行评估,评估内容应与其合作伙伴及利益相关方进行协商,最终形成公开报告
持续改进手段	东盟国家应使用持续改进手段对其资格认证系统不断进行更新,各东盟成员国应尊重其他国家资格认证质量保障体系的实施水平

为使资格认证过程透明高效,并让东盟成员国的资格认证体系协调一致,东盟成员国在资格认证方面达成了以下共识:(1)每个东盟成员国应支持评估东盟确立的资格认证体系基准;(2)各东盟成员国应根据约定的基准来描述本国资格认证体系的结构;(3)东盟成员国需公开资格认证责任机构的职责及法律条款,如某个东盟成员国内拥有一个以上的资格认证责任机构,该国需对两者之间的关系作详细说明;(4)东盟成员国资格认证体系中的各个级别应有详细描述,国家资格框架与东盟资格参照框架的级别对应关系也应有详细说明;(5)东盟成员国资格认证责任机构需根据约定的标准来使用质量保障的方法;(6)东盟成员国资格认证过程需公开进行,并确保其独立性;(7)资格认证过程应以报告的形式公开,具体包括时间表、通知、协议、共识等;(8)东盟成员国需公开资格认证报告,并及时更新。

第三节　构建东盟职业技术教育标准体系

"建立职业技术教育标准的目的是在内容与方法指导课程发展、确定教师

① ASEAN. ASEAN Guiding Principles for Quality Assurance and Recognition of Competency Certification Systems[R]. Jakarta: ASEAN, 2017: 39.

培训计划的质量以及衡量教育计划的完成度。"[①]东盟地区职教标准体系的完善度是反映东盟地区职业技术教育区域化发展程度的重要指标之一,同时也是提高东盟地区职业技术教育质量的重要保障。为提高东盟地区职业技术教育的整体实力,东盟国家近年来从职业技术教育标准、课程标准、校长标准方面展开合作,构建了一系列区域性职业技术教育标准,为深化东盟职业技术教育区域化发展、提高职业技术教育质量以及促进师生流动创造了有利条件。

一、东盟职业技术教育教师标准

统一的区域职教标准能够使区域内职业技术教育质量得到保障并具有可比性,对此,东盟从三个方面加强区域职业教育教师的标准化建设:第一,开发可适用于东盟地多个教育层次的教师能力框架,即《21世纪东南亚教师能力框架》;第二,开发一套适用于东盟地区的职业技术教育教师标准,即《东盟职业技术教育教师标准》;第三,确立东盟国家企业内培训师标准,即《东盟国家企业培训师标准》。

在上述三套标准中,《21世纪东南亚教师能力框架》与《东盟职业技术教育教师标准》这两个标准构成了东盟地区职业学校教师标准。《东盟国家企业培训师标准》构成了企业界培训教师的规范标准,东盟地区职业技术教育教师标准体系见图5.7。

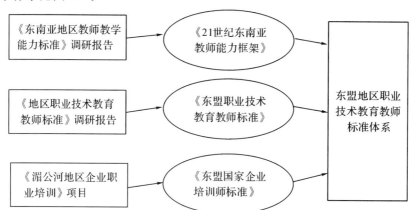

图 5.7　东盟地区职业技术教育教师标准体系

资料来源:笔者根据东南亚教育部长组织下设区域中心资料绘制。

---

①　SPÖTTL G，BECKER M. Standards—An Instrument to Enhance the Quality of TVET Teacher Training [J]. SEAMEO VOCTECH Journal，2016，08(1):1-16.

（一）制定职业学校教师标准

《21 世纪东南亚教师能力框架》是职业院校教师标准之一。东南亚教育部长组织地区教育创新与技术中心（SEAMEO INNOTECH）开发适用于整个东盟地区多个教育层次的教师能力框架的过程中起到主导作用。在该机构的推动下，东盟国家对本地区教育标准体系协调发展的关注度逐年上升，并逐渐意识到完善的教育标准体系能够促进区域教育发展目标的实现以及教育系统的改进。[①] 11 个东南亚国家加入了区域中心教师教学能力评估研究，在总结了东南亚国家教师教学能力标准、教师标准开发过程、实施办法、评估办法、激励措施及能力框架相关政策的基础上，于 2010 年形成了《东南亚地区教师教学能力标准》（Teaching Competency Standards in Southeast Asia Countries）调研报告。

报告指出，东南亚教师能力标准普遍包括专业知识、专业技能、个人特质、道德标准与价值观、专业发展与终身学习五个方面。在教育标准开发与实施过程中，东南亚 11 个国家普遍依次经历了设立国家基准阶段、成立技术工作组或专家组阶段、实施标准试验阶段、全面实施国家教学能力标准阶段、监督与评估阶段。该报告认为东南亚国家普遍面临以下问题：第一，东南亚地区多数国家缺乏国家认可的教学标准，近一半的国家处在开发阶段，其余处于实施阶段；第二，在实施国家教学标准对教育质量的总体影响方面，东南亚国家对此知之甚少，特别是国家教学标准实施对学生成绩的影响；第三，如何有效地制定教学标准一直是东南亚国家内部的棘手问题。部分东南亚国家希望通过与国际基准进行比较，制定并采用以国家能力为基础的教学标准，以实现互补。

《东南亚地区教师教学能力标准》调研报告为东南亚教育部长组织区域教育创新与技术中心主导的地区教师能力建设项目提供支持，最终促成了《21 世纪东南亚教师能力框架》[②]的产生。该框架确定了东南亚教师能力框架的 11 个维度，这 11 个维度分别是"促进学习者生活与职业技能的发展""促进学习者学习能力的提升""根据学校愿景和使命设置课程计划""创造有利的学习环境""开发和利用教学资源和学习资源""培养高阶思维""增强伦理和道德价

① SEAMEO INNOTECH. Teaching Competency Standards in Southeast Asia Countries[R]. Quezon City：SEAMEO INNOTECH，2010：12.

② SEAMEO INNOTECH. Competency Framework for Southeast Asian Teachers of the 21st Century[EB/OL]. （2016-08）[2021-12-14]. https：//www.seameo-innotech.org/wp-content/uploads/2016/08/CompetencyFWork_GURO21.pdf.

值""评价与评估学习者表现""制定职业发展规划""与利益相关者建立联系"
"学生福利管理及其他任务"，每个维度的能力描述见表 5.12。

表 5.12　21 世纪东南亚教师能力框架①

序号	能力项	能力描述
1	促进学习者生活与职业技能的发展	传授及促进学生 21 世纪所需的技能、知识、态度及价值观；促进学生发展与他人共同生活的态度、技能、态度及价值观，如情商；基于教育四个支柱评价学生的表现等
2	促进学习者学习能力的提升	帮助学生掌握学科知识；采用学生接受度高的学习方式，引导其主动学习；与学习者沟通；鼓励学生在课程中参与协作；应用提问与回应技巧；培养学生的高级思维；根据当地情境创造教学情境；开展课堂管理
3	根据学校愿景和使命设置课程计划	评估学习需求；制定具体的学习目标，包括知识、技能、态度和价值观；根据教学大纲和时间进度准备课程计划；在准备课程计划时考虑学习者的多样性；根据科目和学习者的水平选择合适的教学方法；利用合适的教学方法和学习资源；制定评估手段；利用学习者评估结果和教师自我反思制定课程计划
4	创造有利的学习环境	营造安全、整洁、有序、友好、协作的学习环境；激励学生主动学习；保持高水平的学习表现；尊重学习者的多样性
5	开发与利用教学资源和学习资源	获取有效使用教学资源的知识和技能；开发课程教学资源；利用恰当的教学资源进行教学；综合运用信息技术；监测与评估教学资源的使用效率
6	培养高阶思维	培育与开发学生高阶思维概念与策略；培养学生创造性、批判思维、逻辑推理、问题解决能力以及独立决策能力；评估学生的高阶思维
7	增强伦理和道德价值	提高教师职业道德修养；对学生进行道德价值观教育

---

①　SEAMEO INNOTECH. Competency Framework for Southeast Asian Teachers of the 21st Century[R]. Quezon City：SEAMEO INNOTECH，2010.

续表

序号	能力项	能力描述
8	评价与评估学习者表现	获取有关测试、评价与评估的知识与技能；开发形成性和总结性评估工具；使用适当的方法及评估工具评估学生的学习表现；科学合理地使用评估结果
9	制定职业发展规划	开展职业发展需求分析；反思职业发展的相关性；应用、分享及传播职业发展活动的知识与技能；指导新手；评估职业规划活动的影响
10	与利益相关者建立联系	掌握公关技巧；与家长或其他利益者建立合作伙伴关系；与社区共同承担教育责任；参与社区社会活动
11	管理学生的福利及其他任务	为学生提供指导与支持；发展咨询技能；组织社会活动和课外活动；危机处理；开展行政工作

《21世纪东南亚教师能力框架》目前已得到11个东南亚国家教育部的认证，该框架将作为东南亚教育创新与技术中心（SEAMEO INNOTECH）与东南亚各国教育部合作时的工作指导，如能力框架可作为设计与开发教师培训机构能力建设项目的指导[①]，该标准将持续对地区教师能力建设、教师交流、终身学习起到促进作用，实现区域优势互补。

东盟第二个职业学校教师标准是《东盟职业技术教育教师标准》（Regional Standards for TVET Personnel）。改善职业教育教师质量与促进地区人员流动的迫切性催生了地区职业教育教师标准的形成。一方面，许多东盟国家现都面临劳动力短缺问题，这严重影响了地区未来的经济发展，解决这个问题的关键在于改善职业技术教育体系，尤其是职业技术教育教师的质量。[②] 另一方面，东盟国家职业技术教育人员素质参差不齐，但该地区已在积极应对东盟经济共同体建设带来的新变化。因此，制定区域层面职业教育教师标准显得尤为重要。

东盟和东南亚教育部长组织都将职业技术教育作为优先发展领域，德国国际合作机构也一直在致力于协助东盟国家开展区域职业技术教育教师标准

① SEAMEO INNOTECH. Teaching Competency Standards in Southeast Asia Countries[R]. Quezon City：SEAMEO INNOTECH，2010：79.

② GROSCH M. Developing A Competency Standard for TVET Teacher Education in ASEAN Countries[J]. Jurnal Pendidikan Teknologi dan Kejuruan，2017，05(3)：279-287.

的开发。为区域职业技术教育教师标准的制定提供参考方案,地区合作平台在德国国际合作机构的资助下于 2016 年开展了一项关于改善东南亚地区职业技术教育教师质量的调研,最后形成了《地区职业技术教育教师标准调研报告:以东盟成员国及中国教师标准的实施作为参考》。该报告旨在充分调查东盟国家职业技术教育教师标准的开发与实施过程,为区域职教教师标准开发提供重要参照,使之更适用于各国国情。

该报告综合运用了访谈、问卷、文档分析等多种研究方法对东盟国家的职业技术教育教师、管理人员及校长等进行了深入研究,重点描述了东盟成员国及中国教师标准的制定,传播手段及实施过程,并收集了东盟各国对区域职业技术教育教师标准的预期。其主要内容体现在以下几个方面:东盟各国职业技术教育虽然在标准内容及实施方面各有不同,但在传播手段上具有共通之处,最常见的方法是通过政府网站公告、印刷材料、研讨会、工作坊、大众媒体及杂志等手段宣传教师标准的内容,同时与学校管理层合作,发布通告,制定指南。东盟成员国在教师标准实施过程中也运用了相同的策略,如由中央政府指导各部门实施教师标准、由国家机构或委员会制定评估指南和分类标准、由教师使用教师标准进行自我评估等。

该报告也指出,东盟成员国在职教教师标准的传播阶段也面临以下问题:指导方针不明确、缺少教师支持、教师普及率未达预期、行业参与少等。针对上述问题,该报告提出职业技术教育标准的成功实施在于提高行业参与、监测评估有效性以及改进传播过程。在教师标准的实施阶段,东盟成员国普遍面临筹备时间有限、宣传能力不足、标准不详细、缺乏明确指示、缺少教师考核部门等。对此,报告建议可在几个领域启动试点项目、培训核心讲师以及监控与评估过程各个阶段。

东盟国家普遍认为制定区域职业技术教育教师标准能为地区职教发展带来益处:(1)提高东盟各国职业技术教育教师的质量,从而提高整个地区的职业技术教育教师的质量;(2)为东盟地区提供国家职业技术教育教师的基准,增加教师流动性;(3)通过职业技术教育的协同发展加强东盟一体化,促进地区基准测试平台建设。区域职业技术教育教师标准可用于审查与更新现有国家标准,并为国家标准提供参考。同时,各成员国认为区域职业技术教育教师标准的实施存在下列问题:(1)东盟各国存在语言和文化障碍;(2)区域标准的政治影响力有限;(3)欠发达东盟国家职业技术教育人员的能力有限;(4)标准弱化了技术能力;(5)标准缺乏行业参与与支持;(6)东盟成员国职业技术教育现状迥异。对此,部分成员国提出以下建议:区域标准应足够灵活以供成员国采用;标准应整合对先前学习的认可;在全面实施区域标准之前,先进行试点和能力建设,处理职业技术教育机构与各部委的关系,为所有教师提供完整而明确的指导;确保区域标准具有可操作性,并适用于所有教师。①

结合上述调研成果,东南亚教育部长组织区域职教中心(SEAMEO - VOCTECH)于2017年在第三届东南亚职业教育高层会议上呈现了关于区域职业技术教育教师标准的建议,构建了"个人责任与社会环境""教学法与教学法方法论""技术水平"为主要部分的区域职教教师标准,为东盟地区提供了标准化的职业技术教育教师能力要求,其目的是增加东盟地区职业技术教育教师的可比性以及职业技术教育质量的可比性。该标准的主要任务是为东南亚地区职业技术教育教师提供岗位描述基准以及具有可比性的资格指南,并为东盟各国的国家政策制定者提供政策制定的参考。该标准的主要特点体现在其职教教师资格要求及方法上,如图5.8。

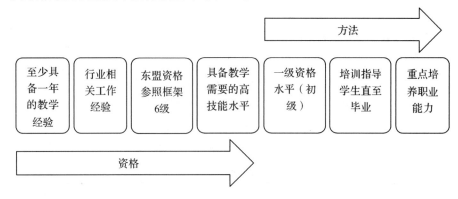

图5.8　东盟职业技术教育教师标准特点①

区域职业技术教育教师标准要求职教教师至少具备一年的教学经验、行业相关工作经验以及达到超过教学所需的更高技能水平,并且符合东盟资格参照框架中的6级水平及以上要求。在方法上,职教教师需具备一级资格水平,从培训时长看,能够培训指导学生直至毕业,并侧重其职业能力的培养。

目前东盟地区职业技术教育教师标准由三个构成要素及14个能力描述

① SEAMEO. Regional Standards for TVET Personnel[EB/OL]. (2017-05-23)[2021-12-18]. http: // files. seameo. org/18 _ 3rd％ 20HOM％ 20on％ 20SEA-TVET％ 2C％ 2023-25 ％ 20May％ 202017％ 2C％ 20Kuala％ 20Lumpur％ 2C％ 20Malaysia/12 _ Session％ 202 _ Regional％ 20Initiatives％ 20％ 2823％ 20May％ 29/3 _ GIZ-RECOTVET _ PPT _ Regional％ 20Standards％ 20for％ 20TVET％ 20Personnel％ 20％ 28Rev％ 29. pdf.

组成，"个人责任与社会环境""教学法与教学方法论"和"技术水平"的具体能力描述如表 5.13 所示。

表 5.13　东盟职业技术教育教师标准结构①

构成要素	能力描述
个人责任与社会环境	促进东盟地区个人及团体权利的维护、促进文化发展、促进价值观与信念的构建
	实施专业发展计划，提高技能知识，培育终身学习态度
	在学习环境中应用软技能及创新技能
	遵守法律及教育机构规章制度，根据未成年人及青年人法律行事
	善于团队合作，提高职业技术教育，促进学校发展
教学法与教学法方法论	规划学习任务
	传授及演示学习过程
	开展学习结果的评价与评估
	基于教育心理学研究发现，设计教学及互动过程
	以学生发展水平及生活环境作为教学活动中心
	塑造学校学习文化，营造学校良好环境，促进终身学习
技术水平	根据专业要求开展工作业务，管理工作场所
	开展技术培训，发展专业技能，取得学习成果
	评估学习者的专业技能水平

区域职业技术教育教师标准可用于审查及更新现有东盟国家标准，并为国家新标准的制定提供参考。该标准是东盟成员国代表、德国国际合作机构、东盟秘书处、区域职教中心以及不同工作小组在 2015—2017 年期间共同合作的结果，现已被提交到第四届东南亚职业技术教育高级官员会议上讨论，并获得了

---

① SEAMEO. Regional Standards for TVET Personnel[EB/OL]. (2017-05-23)[2021-12-18]. http：// files. seameo. org/18 _ 3rd％ 20HOM％ 20on％ 20SEA-TVET％ 2C％ 2023-25％ 20May％ 202017％ 2C％ 20Kuala％ 20Lumpur％ 2C％ 20Malaysia/12 _ Session％ 202 _ Regional％ 20Initiatives％ 20％ 2823％ 20May％ 29/3 _ GIZ-RECOTVET _ PPT _ Regional％ 20Standards％ 20for％ 20TVET％ 20Personnel％ 20％ 28Rev％ 29. pdf.

支持与认可。① 但东南亚教育部长组织在该标准的实施办法上并未作详细说明。

(二)制定企业培训师标准

工商业参与职业教育体系建设在东盟劳动力市场的良性发展方面发挥重要作用。企业通过提供实践性极强的培训,利用工商业的最新技术,为职业学校的教育提供补充。因此,利益相关者都将从企业培训中受益,职业院校的毕业生能够顺利就业,公司能够雇用到符合其能力要求的工人,区域经济可实现可持续发展。企业内部培训是全球公认的最佳实践,旨在为学生和学徒提供技术知识和实践技能。企业内部培训的顺利开展依赖于有能力的企业内部培训师,因而教育与劳动政策支持尤为重要。②

东盟企业培训师标准的形成源于全球趋势与地区发展需要。一方面,工业在全球化的环境下变化速度不断加快,技术周期在不断缩短,高技能水平劳动力需求不断增加;另一方面,在东盟共同体建设的大背景下,不断增多的高技能人才跨国流动急需区域具备与企业同步的培训教师标准。德国国际合作机构指出,东盟国家现阶段缺乏技术工人,地区教育系统重学术教育而轻技能教育,职业技术教育系统倾向于学校本位。另外,东盟地区职业学校毕业生普遍缺乏工作经验,其接受的职业训练与产业劳动力需求并不匹配。

从整体上看,东盟国家缺少教育系统与企业的合作平台,企业投资学校培训的积极性也不高。③ 上述情况严重影响了东盟地区的经济发展。在东盟国家高级技能人才短缺以及共同体建设的大背景下,东盟六国代表(柬埔寨、老挝、缅甸、菲律宾、泰国、越南)于 2015 年 11 月在企业培训教师标准方面达成了协议,联合发布了《东盟国家企业培训师标准》(Standard for In-Company Trainers in ASEAN Countries)。该标准由六国派出的政府代表、商业界人士、大学教师及其他教育机构的 60 多位专家共同参与制定,整个过程由德国联邦职

---

① SEAMEO. Regional Standards for TVET Personnel[EB/OL]. (2017-05-23)[2021-12-18]. http://files. seameo. org/18 _ 3rd％20HOM％20on％20SEA-TVET％2C％2023-25％20May％202017％2C％20Kuala％20Lumpur％2C％20Malaysia/12 _ Session％202 _ Regional％20Initiatives％20％2823％20May％2029/3 _ GIZ-RECOTVET _ PPT _ Regional％20Standards％20for％20TVET％20Personnel％20％28Rev％29. pdf.

② SEA-VET. Net. In-Company Trainer Standard in ASEAN Countries:Strengthening the Competencies of In-Company Trainers[EB/OL]. (2018-06)[2021-12-18]. https://www. sea-vet. net/images/seb/initiatives/document/180/recotvetin-company-training-factsheet62018. pdf.

③ GiZ, BIBB. Standard for In-Company Trainers in ASEAN Countries[R]. Bangkok:GIZ, 2016:1.

业教育与培训学会（BIBB）、德国国际合作机构、卡尔斯鲁厄理工学院（KIT）派出的专家全程指导。东盟成员国代表还成立了一个区域指导委员会，其目的是监督该标准在区域和国家层面的推广和实施。该委员会由东盟各国派出的代表组成，这些代表主要来自东盟各国的公共管理部门与私营部门。

《东盟国家企业培训师标准》适用于所有经济领域的培训系统、企业培训系统以及职业院校系统。东盟国家期望通过统一的企业培训教师标准，为东盟国家教育系统与企业培训系统之间的协调发展提供支持，增强教育系统、培训系统与劳动力市场之间的凝聚力。东盟各国可通过特定的合作方式将企业培训师标准纳入到国家职业技术教育系统之中，并由私营部门提供系统培训，从而补充以学校为基础的教育培训。公司内部培训是人力资源开发的一部分，东盟企业培训师标准的实施既是企业内部培训质量的保障，又是增加东盟劳动力市场中熟练劳动力数量的重要途径。①

实际上，《东盟国家企业培训师标准》所指的培训师涉及所有与培训、教学或指导相关工作有关的职业教师。因而企业内部培训不限于公司内部培训，而是作为教育系统的一部分，涵盖了公司进行的所有形式的培训，包括现有员工培训、新员工培训、在职培训、学徒培训、实习生培训等。

该标准遵循了东盟地区共同标准规范的一般要求，具体包括一般要求、能力及课程任务描述。其开发过程采用了自下而上的方式，首先根据工作环境的真实状况判断培训需求，再由专家组确定培训师的主要行动领域。这些领域被分为四个模块，每个模块又包含了三到五项能力描述。这四个模块是逻辑明确且内部相互联系的四个过程，即分析工作任务及明确学习要求、准备培训计划、执行培训、评估培训质量。

每个培训模块的任务相互联系，东盟国家可根据不同技能、知识、话题分别做安排。在使用该标准框架过程中，东盟国家也可根据本国的实际情况、不同行业及职业的需求而加以运用，四个模块具体内容详见表 5.14。

---

① Federal Institute for Vocational Education and Training, et al. Standard for In-Company Trainers in ASEAN Countries[R]. Bangkok：BIBB, 2016：3.

表 5.14　东盟企业培训师标准 ①

序号	模块	能力描述	具体指标		时长
			技能/知识	内容/话题	
1	分析工作任务、明确学习要求	工作地点分析	了解本地区的就业及职业教育框架；了解工作系统及结构；能对职业与就业岗位做出判断；能对新技能进行识别与评估	国家及地区相关劳动法、职业教育法规及其他相关法律；产业法规及程序；就业框架和组织结构；职业系统及结构分类；工作描述及职业描述；作业场所分析；方法及工具；相关标准程序；工作场所技术更新	8 小时
		明确工作任务、分析工作环境	培训项工作经验；工作任务分析	职业资格框架及培训项相关工作建议、工作任务流程工具、理论知识	
		明确学习要求	了解培训项职业理论、明确个人发展目标及动机	技术工作流程描述及互动；工作活动描述、学习领域及学习要求定义、激励及个人发展方法；学习心理	

---

① GIZ，BIBB. Standard for In-Company Trainers in ASEAN Countries［R］. Bangkok：GIZ，2016.

续表

序号	模块	能力描述	具体指标		时长
			技能/知识	内容/话题	
2	准备培训计划	分析培训目标群体	识别公司里需要培训的群体；分析培训目标背景	学员分析、情境环境方法	16小时
		确定针对特定培训工作和学习任务	识别培训需求；将培训内容与培训目标群体相匹配	能力差距分析；培训需求分析	
		为培训选择适当的内容、方法和材料	开发公司和学员需要的相关课程；识别不同培训方法，选择合适的材料、方法、过程；制作培训课程计划、确定培训时长	课程开发；学习顺序；培训方法；培训方法评估	
		选择并安排培训设施	选择最佳地点，实现学习成果最大化；准备培训设备，安排学习场所	学习环境；培训设备、工具选择因素及过程；健康与安全	
		描述与安排学习情景、反思教学和培训经验	学习环境安排；模拟训练；教学自评；培训绩效	开展练习；改善培训方法；模拟训练；自评方法	

续表

序号	模块	能力描述	具体指标		时长
			技能/知识	内容/话题	
3	执行培训	介绍、解释学习任务和工作要求	工作及学习任务的知识;演示教学技能;协调技能	工作条例;工作要求;培训课程;职业道德;培训相关技能;交流沟通技能;演示方法及多媒体应用	40小时
		运用适合的培训方法	培训方法及知识;计算机操作;应用型培训;风险管理知识	培训方法;方法及内容选择;培训软件选择;培训机构风险管理	
		监督和支持学习过程	培训指导学员、团队建设;成人学习心理	训练方法、团队建设技巧、学习心理、发展心理	
		评估培训实施	反馈收集;个人评估、分析评估数据	反馈分析工具及技巧;自评工具及技巧	
4	评估培训质量	面向任务的评估方法	了解评估过程;开发评估工具	评估原则;明确评估目标及标准;评估方法;口试、笔试、实践能力测试;工作及行为观察;实践评估工具;检查表、评定量表过程评估、产品评估;开发的评估工具;创建问题或任务;文档评估	16小时

为了适应不同参与国家的经济和教育制度,并确保行业的接受度与认可度,该标准只提供了简明、简短的要求与建议,其目的在于保证其灵活性与适应性。因此,该标准只设定了一般概念,这意味着东盟各国可根据自身需要来

扩展某些模块的持续时间或内容。企业培训师的工作范围由工作任务分析以及培训人员的能力评估两项活动组成，工作任务分析是指企业培训师根据不断变化的工作要求调整培训内容，培训人员的能力评估的目的在于确保开展高质量的培训。企业培训师的工作核心是有计划地、高效地开展职教培训。

德国政府对东盟地区建立以劳动力市场导向的职业技术教育体系表示支持，这种职教体系的核心目标是与工商业进行合作。在与德国国际合作机构双边职教合作项目框架下，地区合作平台（RECOTVET）鼓励东盟国家公共部门和私营机构对企业培训师的培养进行投资，目的在于支持、扩大及改善区域和国家层面的公司内部培训，并推动《东盟企业培训师标准》的实施。另一方面，该平台建议各东盟成员国主管部门在国家层面对该标准进行调整，对企业培训师的资质进行认证，并为东盟国家企业培训师提供服务。比如与相关区域组织或其他合作伙伴开展合作，为企业培训师定制培训课程提供帮助，为制定培训师手册和材料提供支持。同时，东盟成员国可通过支持区域指导委员会的方式促进该标准在实践层面的知识共享。

在后续使用方面，企业培训师标准委员会建议东盟各国可在咨询委员会及专业评估机构的监督下建立东盟企业内部培训师网络系统，并在不同领域开展培训试点项目，验证该标准的可行性。如果东盟企业培训师网络系统能够为东盟国家克服培训分散的状况，并有助于提高培训项目的质量，那么有必要将该标准与使用国的法律法规进行详细比较，并制定实施战略。区域指导委员会还建议尚未参与实施该标准的东盟国家尽快将其纳入国家发展规划，使其顺利与其他国家的战略实现对接。

《东盟国家企业培训师标准》在区域层面及东盟成员国层面获得了较为广泛的支持与实施，这体现在：第一，东盟高级官员教育会议已于 2017 年 12 月批准《东盟国家企业培训师标准》，并表示将支持其作为区域基准引入东盟国家。第二，泰国和菲律宾职业教育相关负责部门已将《东盟国家企业培训师标准》引入了本国企业培训师的国家法规。第三，来自东盟地区的职业教育专家共同开发了与企业培训师有关的培训课程内容。第四，接受企业培训师培训的人数不断增加，截止到 2018 年，共有 127 名主培训师（master trainers）接受了四次区域培训师培训和两次国家培训师培训。随后，这些主培训师分别在各自的国家为近 450 名技术人员开展了培训，在此过程中，主培训师使用了各自翻译的培训资料，并根据本国情况做出调整。第五，在 2015 年至 2018 年期间，六个东盟发起国开展了多次指导委员会会议及学习交流研讨会，对企业培训师的培训、评估与认证、融资业务模式等问题进行了讨论。①

二、东盟职业技术教师教育课程标准

（一）制定东盟职业技术教师教育课程标准的背景

受德国国际合作机构、德国经济合作与发展部、地区合作平台、东南亚教育部长组织以及联合国教科文组织亚太教育局的联合资助与指导，《东盟一体化进程中的职业教育教师课程开发》②（Curriculum Development of Vocational Teacher Education within the Context of ASEAN Integration Process）报告在 2013 年得以完成。该报告是反映东盟职业技术教育教育课程标准内容的重要参考资料，其研究目的在于了解东盟国家的发展需求，明确培养东盟国家职业技术教师教育的优势、劣势及影响因素，为东盟地区设计出一套适应东盟一体化发展的职业教育教师培养课程（ASEAN Vocational Teacher Curriculum，AVTC），为地区合作发展平台成员提出一套东盟职教教师课程的管理计划及协作活动方案，帮助职教教师掌握东盟一体化进程中必备的技能，为进一步实施具有东盟共同体特点的职教教师课程奠定基础。

《东盟一体化进程中的职业教育教师课程开发》报告研究团队认为，在东盟一体化大背景下，东盟国家职业技术教育教师应具备东盟经济与社会的相关背景知识，尤其是东盟共同体建设的背景知识。建立学术网络与合作是共同体建设的途径之一，因此，区域合作平台一直将东盟一体化背景下的职业教师教育质量问题作为合作平台的主要讨论议题。③

当前东盟国家最需要在提高劳动生产力、培养合格的职业教育学生、训练学生掌握区域发展所需技能方面的努力。同时，调研报告也总结了东盟国家职业技术教育发展的五个要素：(1)政府对职业技术教育重视程度；(2)国民对职业技术教育的接受度；(3)职业技术教育课程建设能力水平；(4)职业技术教

---

① SEA-VET. Net. In-Company Trainer Standard in ASEAN Countries：Strengthening the Competencies of In-company Trainers［EB/OL］. (2018-06)［2021-12-18］. https：//www. sea-vet. net/ images/seb/initiatives/document/180/recotvetin-company-training-factsheet62018. pdf.

② SEAMEO, UNESCO Bangkok, Regional Cooperation platform, et al. Curriculum Development of Vocational Teacher Education within the Context of ASEAN Integration Process［R］. Shanghai：RCP, 2013.

③ SEAMEO, UNESCO Bangkok, Regional Cooperation platform, et al. Curriculum Development of Vocational Teacher Education within the Context of ASEAN Integration Process［R］. Shanghai：RCP, 2013：9.

育学生就业率；(5)职业技术教育学习项目的成本。分析结果表明，马来西亚和越南占据较多优势，其次是老挝、菲律宾及新加坡，文莱、印度尼西亚及泰国的优势排在第三位，缅甸的职业技术教育与培训实力最弱。

（二）东盟职业技术教师教育课程标准的主要内容

在东盟职业技术教育教师课程内容设计方面，《东盟一体化进程中的职业教育教师课程开发》报告结合"十步课程开发模型"(Ten-Step Curriculum Planning Model)与联合国教科文组织提出的课程开发五步法，确定了以分析、设计、发展、实施及评估五个阶段作为东盟职业技术教育教师课程开发的方法路径。基于东盟职业技术教育教师的六项能力，即理解东盟政治、经济、环境、多样性、技术、学习理论的能力，课题组设计出东盟职业技术教育教师文凭课程标准，见表 5.15。

表 5.15   东盟职业技术教育教师课程信息①

1. 课程名称：东盟职业技术教育教师教育文凭课程	
2. 文凭及课程名称：东盟职业技术教育教师文凭	
3. 专业	4. 课程单元：25 单元
5. 课程特色 　　5.1 课程时长：一年 　　5.2 语言：英语 　　5.3 学习者：所有东盟职业技术教育 　　教师	6. 课程结构 　　6.1 必修课：18 学分 　　6.2 选修课：3 学分 　　6.3 专题：4 学分
7. 依据：区域合作平台项目调研结果	
8. 课程目标 　　8.1 为迎接东盟一体化提升东盟职业技术教育教师能力 　　8.2 为东盟职业技术教育教师培养东盟教育的必要技能	

---

① SEAMEO，UNESCO Bangkok，Regional Cooperation Platform，etc. Curriculum Development of Vocational Teacher Education within the Context of ASEAN Integration Process [R]. Shanghai：RCP，2013：9.

续表

9. 课程结构

　9.1 必修课 18 学分

　　东盟职业教育(1 学分);面向东盟的学习管理(1 学分);东盟国家关系(2 学分);
　　东盟经济共同体市场产品生产(3 学分);东盟国际法(3 学分);东盟职业技术教育
　　教师课程设计与研究(3 学分);东盟国家语言(3 学分);面向东盟共同体的职业规
　　划(1 学分);东盟融合发展(1 学分)

　9.2 选修课 3 学分

　　东盟国家多元文化(2 学分);东盟环境与资源管理(3 学分);东盟职业技术教育教
　　师技术与教材制作(1 学分);东盟质量保障体系(2 学分)

　9.3 专题 4 学分

　　职业技术教师教育专题课程

　　东盟职业技术教育教师教育文凭课程为期一年,共 25 学分。学习对象是
所有东盟地区的职业技术教育教师,英语为教学媒介和沟通语言。课程结构
由 18 个学分的必修课程、3 个学分的选修课程以及 4 个学分的专题课程
组成。

　　从表 5.15 可看出,无论是必修课还是选修课,这份课程设计充分体现了
较强的东盟元素,并创新了地区职教教师培养方式。必修课程由 9 个科目组
成,覆盖了东盟经济、国际关系、社会文化等方面的内容,这些课程分别是:面
向东盟的学习管理、东盟国家关系、东盟经济共同体市场产品生产、东盟国际
法、东盟国家语言、职业技术教育教师职业道德教育、面向东盟共同体的职业
规划、东盟融合发展、东盟职业技术教育教师课程设计与研究。另外,学生可
以根据自己的兴趣选择 3 个学分的选修课程,这些选修课程包括东盟国家多
元文化、东盟环境与资源管理、东盟职业技术教育教师技术与教材制作、东盟
质量保障体系。剩下 4 个学分内容属于职业技术教师教育专题课程。[①] 除课
程基本信息外,该报告还提供了该课程的学习计划、课程模块及学习成果描述
的范本,便于供东盟成员国参考。

---

① SEAMEO, UNESCO Bangkok, Regional Cooperation platform, et al. Curriculum Development of
Vocational Teacher Education within the Context of ASEAN Integration Process[R]. Shanghai: RCP,
2013: 46-48.

（三）东盟职业技术教师教育课程的实施

《东盟一体化进程中的职业教育教师课程开发》报告最后一部分内容与东盟职业技术教师教育课程的管理有关。报告认为，东盟职业技术教师教育课程应该是一个共享课程，所有东盟国家的教育机构都应该向各自国家的教育部提出将该课程作为共享课程的建议。因此，东盟职业教育教师课程委员会应由各个东盟教育机构组成，共同管理课程。参与该课程标准的教育机构需提名至少一名讲师作为课程委员会成员。另外，报告还建议课程委员会的成员应具有职业教育方向或同等学力的硕士学位，并能够使用英语进行教学和交流。

为方便课程管理，报告建议东盟各国可在以下六方面制定指导原则：一是课程实施；二是教学地点；三是教学管理；四是财务管理；五是学位授予；六是课程实施。在课程实施方面，报告认为实施该课程的教育机构需满足以下要求：（1）拥有职业教育类教科书、书籍、研究期刊的图书馆，并建立了完善的数据库，可供互联网访问；（2）具备一定规模的师资条件，拥有合格教师及学术团队，以便为一定数量的学生提供教学服务。关于教学地点，报告建议指导地点可以是能够提供共享课程的东盟教育机构或是能够提供专业课程的教育机构。指导过程不仅可通过传统的班级教学中进行，也可以通过在线学习方式进行。在教学管理方面，东盟各国可以通过传统的课堂管理、在线指导、合作指导等方法完成课堂指导。考虑到东盟国家基本不存在时间上的差异，不同国家的教育机构可以制定同步的教学计划，通过同步在线指令共享教学资源，学生可以在能够提供这类课程的教育机构报名参加该课程的学习。在财务管理方面，每个东盟国家的学费应具有可比性，以便能够顺利进行学分转换，学生可以向任何能够提供共享课程的教育机构支付从其他教育机构转移的学分。在学位授予方面，只要是已获得所需学分的学生，都可以向任何能够共享课程的教育机构申请毕业文凭，但学生需要向毕业的教育机构支付费用。①

《东盟一体化进程中的职业教育教师课程开发》报告认为，东盟成员国对职业技术教育的总体要求是提高劳动生产率。因此，各国需要为职业学生进入就业市场做好准备。在东盟一体化背景下，各国的劳动力市场不仅需要满足国内需求，还要满足区域内 10 个国家的需求。因此，东盟各国在设计职业

---

① SEAMEO, UNESCO Bangkok, Regional Cooperation platform, et al. Curriculum Development of Vocational Teacher Education within the Context of ASEAN Integration Process[R]. Shanghai: RCP, 2013: 59-60.

技术教育计划时需要考虑开展与提高学生区域竞争力及技能相关的学习活动，东盟职业技术教师教育文凭课程计划也应在东盟国家教育机构之间进行协作管理，以便顺利推行。

三、东盟职业技术学校校长标准

为适应区域教育协调发展，东南亚教育部长组织教育创新与技术中心（SEAMEO INNOTECH）开发了东南亚地区学校校长能力框架，并计划将该框架作为设计与实施东南亚学校校长学习计划的基础。早在 2003 年，教育创新与技术中心就已经开发了旧版东南亚校长能力框架。十年后，该中心认为有必要对其进行更新，以便该框架能够继续为东南亚地区的校长培训项目提供指导。为实现这一目标，在东南亚各国政府的支持下，该中心对东盟 10 个成员国的 225 名学校负责人以及利益相关者群体进行了焦点小组讨论和咨询研讨会，最终确定了东南亚学校领导人及管理人员能力框架的参考方案，于 2014 年发布了《东南亚校长能力框架》[①]（Competency Framework for Southeast Asia School Heads 2014 Edition）。

《东南亚校长能力框架》由五个能力领域构成，其中包括 16 项一般能力（general competencies）、42 项软技能（enabling competencies）以及 170 个指标描述。调研结果显示，以下能力领域在重要性、应用频率以及学校负责人最需要的培训方向上排在前五位：（1）战略思维与创新，（2）管理与领导力，（3）教学领导力，（4）个人卓越品质，（5）利益相关者参与。其详细内容见图 5.9。

虽然《东南亚校长能力框架》（2014 年版）所指的能力一般适用于东南亚地区所有教育层次的学校校长，但在使用该框架时，东南亚各国需要根据不同类型学校校长的背景、培训要求、学校具体条件以及能力的优先级加以应用，其使用频率可能会有所不同。虽然在调研过程中，受访者认为他们需要对框架中所列出的所有能力领域进行培训，但开展东南亚校长能力建设项目的重点可能需要放在"战略思维与创新"和"管理与领导力"两个方面。

下一步，东南亚教育部长组织教育创新与技术中心将为《东南亚校长能力框架》（2014 年版）制定英语使用指南，该框架还将被翻译成柬埔寨、老挝、越南、缅甸、泰国五国语言。该指南包含的内容不仅可作为定义东南亚学校校长

① SEAMEO INNOTECH. Competency Framework for Southeast Asia School Heads [R]. Quezon City：SEAMEO INNOTECH, 2010.

能力与技能的指南，而且还可作为学校校长自我评估的工具以及东南亚各国教育部评估学校校长的补充工具，用于招聘或晋升。[①] 如图5.9所示。

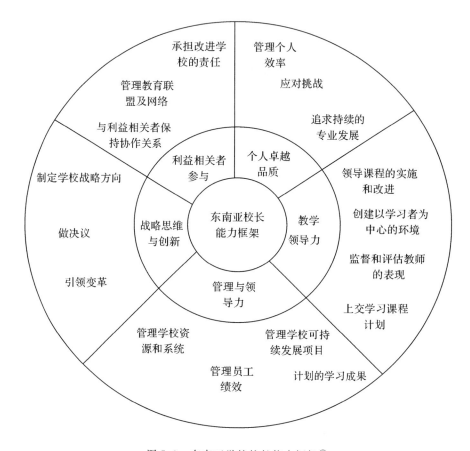

图5.9　东南亚学校校长能力框架[②]

　　① Chao S J. Development of the Competency Framework for Southeast Asian School Heads (2014 Edition)：A Journey into Excellent School Leadership[J]. ABAC ODI JOURNAL. 2015，6(2)：7-38.

　　② SEAMEO INNOTECH. Competency Framework for Southeast Asia School Heads［R］. Quezon City：SEAMEO INNOTECH，2010.

第四节　建立东盟学分转化系统

东盟学分转换系统产生的驱动力源于东盟一体化建设的需要,东盟学分转化系统秘书处主席表示"随着世界变得更加全球化,人们从一个国家到另一个国家以及从一个地区到另一个地区的流动性不断增加。在教育领域,学生从一所大学到另一所大学的流动也越来越普遍,这种移动性将学生带向世界,东盟希望东盟各国未来的领导人能够更好地了解他们所在的地区共同体,结交朋友,培养友谊,交流知识与想法"[①]。东盟学分转换系统具备了清晰的运行流程,在促进学生互换方面取得了较大成效,成为东盟地区教育区域化发展的重要技术手段之一。

一、东盟学分转换系统的缘起

"东盟学分转换系统(ASEAN Credit Transfer System,ACTS)是东盟一体化进程中高等教育融合发展的产物"[②]。为适应区域一体化事业的发展,促进教育领域的协调发展,东盟大学联盟(ASEAN University Network, AUN)在 2008 年提出开发东盟学分转换系统的建议,并于 2009 年成立了东盟学分转换系统指导委员会,东盟学分转换系统秘书处(ASEAN Credit Transfer System Secretariat)为运行该系统的主要依托机构及服务机构。秘书处的主要职责包括下五方面:一是根据东盟学分转换系统计划推广东盟大学联盟成员大学的学生交流计划;二是开发和维护东盟学分转换系统网站;三是管理在线申请系统及课程数据库;四是监测学分转换系统的实施情况,并向东盟学分转换系统指导委员汇报工作;五是为参与学分转换系统的学生颁发成绩单和证书。

东盟学分转换系统秘书处现由印度尼西亚大学国际办公室管理,并与来自 26 所东盟大学联盟成员的秘书处和指导委员会密切合作。东盟学分转换系统的开发经历了十余年的时间,在此期间,其指导委员会及秘书处为不断完善该系统举办了多次会议,并将该系统的参与高校扩大到了日本。欧盟-东盟

---

① AUN-ACTS Secretariat. Welcome Remarks[EB/OL]. (2019-01-04)[2021-12-18]. http://apps. acts. ui. ac. id/index. php/home.

② 刘强,荆晓丽. 东盟学分转换系统的发展历程、运行现状与前景展望[J]. 比较教育研究,2017(09):74-80.

高等教育援助项目（European Union Support to Higher Education in ASEAN Region，SHARE)在该系统的制定与推广过程中发挥了重要的指导作用。虽然东盟转换系统的开发与运行的是东盟高等教育领域区域化发展的表现形式,但其理念与实践为东盟职业技术教育领域职的学生互换提供了借鉴,并为东盟职业技术教育联盟的学生互换提供了范本。

二、东盟学分转换系统的运行原理

东盟学分转换系统是一个以学生为中心的跨国学分转化系统,同时也是一个基于网络的应用程序。[①] 其设计目的主要是为了促进东盟大学网络成员大学的学生流动,适应东盟大学联盟内成员大学学分系统的差异性,而无需修改现有机构或国家的学分体系。东盟学分转换系统的主要功能在于促进东盟国家人与人之间的联系,提高学生的软技能,了解国际经验,促进知识交流及建立"东盟朋友圈"网络。

交换学生在为期1～2个学期交换项目中所取得学习量是评估其学习成果的主要评价指标。学习完成后,学生将在交换期间东道主大学获得的课程学分,通过在东盟学分转化系统上提交申请,交换期间获得的学分在结束时将会自动转换到本地大学。[②] 东盟学分转换系统的运行以建立网络申请系统、提供指导手册、制定成绩评定等级表为主要手段。

第一,建立网络申请系统。网络申请系统是东盟学分转换系统唯一的运行平台,在该系统的运行过程中,基本上所有的环节都需在该平台操作完成,如学生注册、派出学校选拔候选人、接收学校接收确认、学生成绩评价等。另外,该网络平台包含了所有参与学校的课程,学生可随意地根据国家、课程名称、课程类型、开设学校等关键字查询并进行选择。学生通过 ACTS 网站下载申请表格、学习指导手册、奖学金细则等文件。ACTS 的管理者通过该平台管理和监督学生注册、学业状况及学校学术交流情况。可以说,该网络系统承担了东盟学分转换系统所有的关键工作。

第二,提供指导手册。为给使用者明确 ACTS 的申请步骤,ACTS 秘书处分别制作了学生版和管理人员版本的《东盟学分转换系统指导手册》

---

① AUN-ACTS Secretariat. ASEAN Credit Transfer System Student Manual［R］. Depok：AUN，2009：1.

② AUN-ACTS Secretariat. University Administrator Manual［EB/OL］.［2021-12-18］. https：//apps. acts. ui. ac. id/document/ACTS％20User％20Manual％20for％20Univ％20Admin％20v％200. 3. pdf.

（*ACTS Manual*）。学生版的指导手册包含了注册须知、材料准备清单、申请流程、课程选择等详细信息，管理人员版本的指导手册包含了学校注册、奖学金信息管理、学期管理、学习计划管理、课程管理、学生提名、审查管理、学生成绩管理等操作流程。

第三，制定成绩评价等级。统一的课程学习成果评价标准是保障东盟国家学生交换学期期间学分顺利转换的关键技术支撑，东盟学分转换系统秘书处将统一的成绩评价量表（ACTS Grading Scale）作为学分可比性的工具，将学生学习成果分为 A、B、C、D、E/F 五个等级，A 等为优秀（Excellent），B 等为良好（Very Good），C 等为较好（Good），D 等为符合要求（Satisfactory），E/F 等为不及格（Fail），如表 5.16。ACTS 秘书处建议接收学校按此标准对学生的学习成果进行评价，并将上述等级的比例分别控制在 10%、25%、30%、25% 及 10%，同时规定一个学年的总学分为 60 学分，一学期总学分为 30 学分，三个月时长的总学分为 20 学分。如表 5.16 所示。

表 5.16　东盟学分转换系统成绩评定等级①

ACTS 等级	等级描述	建议比例
A	优秀	10%
B	良好	25%
C	较好	30%
D	符合要求	25%
E/F	不及格	10%

三、东盟学分转换系统的运行流程

在东盟学分转换系统的运行过程中，学生、派出学校、接收学校、东盟学分转换秘书处都需完成其特定的任务，以保证学分转换系统的功能得以发挥。运行流程主要依照以下六个步骤进行，具体流程见图 5.10。

---

① AUN-ACTS Secretariat. University Administrator Manual[EB/OL]. [2021-12-18]. https：//apps. acts. ui. ac. id/document/ACTS%20User%20Manual%20for%20Univ%20Admin%20v%200. 3. pdf.

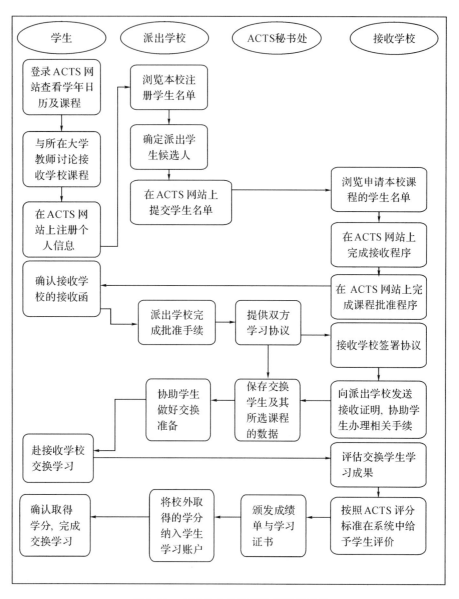

图 5.10 东盟学分转换系统运行流程①

① AUN-ACTS Secretariat. ASEAN Credit Transfer System Student Procedure Flowchart[EB/OL]. [2021-12-18]. http://apps.acts.ui.ac.id/home/procedure/88.

第一,学生选择学习学校。在东盟学分转换系统运行的起始阶段,有意向出境学习的学生需要登录 ACTS 网站查看东盟的学年日历以及可供选择的课程,与指导老师共同讨论交换学习的目标学校及其课程后,学生在 ACTS 网站完成注册和课程选择,并将申请书的纸质版交到派出学校的国际关系办公室。

第二,派出学校提名候选人。派出学校对申请出境的学生进行资格审查,并选出出境学习学生,并在 ACTS 网站对接收学校进行认证。

第三,接收学校完成接收程序。接收学校在浏览申请学生名单后,在 ACTS 网站上完成接收程序,并批准被选课程。学生需在网上确认所选课程,并将接收同意书交到所在学校国际关系办公室。

第四,签署协议。派出学校完成学校认证手续后,东盟学分转换系统秘书处将学习同意书发送给接收学校,接收学校向学生发送邀请函并协助学生办理入学等相关手续。东盟学分转换系统秘书处负责记录学生的相关信息及其所选课程的数据,同时派出学校也会协助学生做好交换准备。

第五,学生出境学习并接受评估。在学生完成出境学习之后,接收学校需对其学习成果进行评估,并按照 ACTS 的等级给予其评价。接收学校将学生获得的学习等级输入到 ACTS 网站平台中。

第六,派出学校对学生在校外取得的学分进行认证。东盟学分转换系统秘书处授予学生学习证明,派出学校将派出学生在校外取得的学分纳入该生的学习账户,学生对其取得的校外学分进行确认以完成交换学习流程。

第五节　发布东盟学术期刊数据库

为扩大东盟在学术领域的知名度与影响力,东盟发布了东盟学术期刊索引(ASEAN Citation Index,ACI)。该索引是东盟地区唯一的高质量学术期刊数据库。该数据库由东盟十国的国家期刊数据库组成,目前涵盖东盟国家407 种学术期刊。东盟学术期刊索引的产生与发展同提高地区学术竞争力的需求密不可分,该数据库确立了比较完善的筛选标准与机制,并对地区的学术共同体建设产生了显著影响。

一、东盟学术期刊索引的缘起

东盟高等院校及职业技术类院校长期以来在国际上的总体排名靠后,由其产生的学术成果引用率也较低,发布东盟学术期刊索引有助于提高整个地区学术成果的引用率,从而提高其国际排名。"在充满高度竞争的知识经济中,先进经济体的主要特征之一是能够开发和利用新知识,并以此为基础领先于全球竞争对手。因此,东盟高等教育机构通过学术研究生产新知识以及培养高技能工人的能力,这对于推动东盟经济体进一步向价值链上游发展至关重要。"①东盟高等教育机构在国际流通期刊上的研究出版物有28000多种,总数较2008年增加了三倍以上。然而,东盟只有少数大学跻身国际排名之中,如世界大学学术排名(Academic Ranking of World Universities,ARWU)、泰晤士高等教育世界大学排名(Times Higher Education World University Ranking,THE)、QS世界大学排名(QS World University Rankings)、U.S.News世界大学排名等。

东盟学术期刊索引委员会认为造成上述现象是因为东盟学术期刊被引用到如美国科学引文索引(Science Citation Index,SCI)、Scopus等国际数据库中文章过少,而这些数据库是上述排名机构进行排名的主要依据。是否被纳入国际数据库的主要推动因素是期刊的英语语言优势,除了新加坡、菲律宾、马来西亚之外,其他东盟国家只有少数精英使用英语。在当地期刊上发表的重要研究使用的也是当地的语言,这造成了外部引用的障碍。虽然此类研究在解决当地问题、满足当地社区需求方面具有较大贡献,但此类研究提供的研究结果和解决方案无法得到国际上更广泛的认可。东盟学术期刊索引委员会认为,东盟国家的学术期刊不乏优秀的科研成果,但由于英语占统治地位的现状、参差不齐的信息技术、资金短缺以及狭窄的研究领域限制了东盟期刊的国际化推广,导致世界其他地区的研究人员无法访问这些研究成果,因此主要利益相关方必须就提高东盟地区研究知名度和学术声誉的共同目标达成一致。①

东盟学术期刊索引的前身是泰国学术期刊索引(Thai-Journal Citation Index,TCI)。自2004年7月1日起,TCI就获得了泰国研究基金(Thailand Research Fund,TRF)和国王科技大学(King Mongkut's University of Technology Thonburi,KMUTT)的资助,这两项资金的资助促成了泰国期刊引文索引中心的建立。在东盟学术期刊索引形成以前,泰国学术期刊索引管

---

① SOMBATSOMPOP N,PREMKAMOLNETR N,MARKPIN T,et al. Viewpoints on Synergising ASEAN Academic Visibilities through Research Collaboration and the Establishment of an ASEAN Citation Index Database[J]. Asia Pacific Viewpoint,2011,52(2):207-218.

理机构就已经与 Scoups、ISI、Pub Med 等数据库建立了良好的合作关系,获得了学术成果出版经验以及国际期刊评估经验,使泰国的学术期刊质量得到提升。作为泰国国家引文数据库,TCI 数据库存储了国家期刊出版物的所有书目信息及可供外部访问及引用的文献数据库。

TCI 对泰国学术影响力产生了推动作用,成为泰国多领域的分析工具及政策制定的依据,如该数据库已应用于国家研究领域的生产率评估、资金分配、研究生毕业认定、国家学术出版物与期刊质量标准的制定等。泰国高等教育委员会(Thai Commission for Higher Education,CHE)和东盟大学网络(ASEAN University Network)认为,东盟地区应拥有类似 TCI 这样的区域性期刊文献数据库。[①] 受泰国期刊引文索引的启发,东盟国家开始吸取其国际推广的成功经验,并开始谋划建立地区性的期刊索引,期望通过引入影响期刊质量的共同框架、系统及程序来提高东盟国家期刊的质量,通过鼓励东盟研究人员与国际同行之间的研究合作增加东盟国家研究成果的曝光率。

随后,泰国高等教育委员会为 TCI 提供了财政支持,并支持每个东盟成员国建立国家引文索引(National Citation Index,NCI)。NCI 将是改善东盟成员国期刊质量以达到国际标准的一种机制,待 NCI 发展到一定阶段,就能够与 ACI 相互关联。作为可供国际学者访问东盟国家期刊的窗口,ACI 充当了区域中央引文数据库的角色,所有东盟国家的出版物、研究论文等文献及其引用都被编入该索引数据库中。此外,ACI 在内容、稳定性以及使用频率上一旦得到提升,它就可以很容易链接到如斯高帕斯数据库(Scopus)、汤姆森路透社数据库(Thomson Reuter)等国际数据库,从而促进东盟国家数据库与国际数据库的连接,并顺利建立东盟综合出版网络(ASEAN Integrated Publishing Network,IJPN),上述数据库之间的相互连接关系见图 5.11。通过采取以东盟学术期刊数据库作为中心的连接的方法,东盟国家可以展示本国研究的广度和深度,吸引潜在合作者。东盟学术期刊索引的另一个重要功能是为东盟国家与国际出版商的合作提供渠道,提高国际期刊对东盟期刊评估的有效性和准确性,并使更多的东盟国家学术期刊可以获得更大的可见度。

---

① ASEAN Citation Index. Why ACI[EB/OL]. [2021-12-18]. https：// asean-cites. org/about. html？ menu＝1&name＝Why％20ACI.

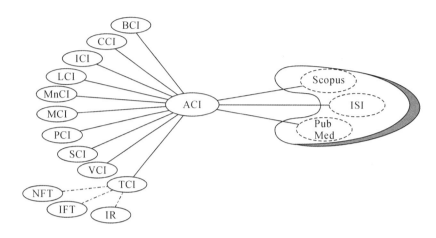

图 5.11　东盟成员国数据库与国际期刊数据库链接关系①

注：BCI 为文莱引文索引（Brunei Citation Index）；CCI 为柬埔寨引文索引（Cambodia Citation Index）；ICI 为印尼引文索引（Indonesia Citation Index）；LCI 为老挝引文索引（Laos Citation Index）；MnCI 为缅甸引文索引（Myanmar Citation Index）；MCI 为马来西亚引文索引（Malaysia Citation Index）；PCI 为菲律宾引文索引（Philippines Citation Index）；SCI 为新加坡引文索引（Singapore Citation Index）；VCI 为越南引文索引（Viet Nam Citation Index），所有数据库同时提供英文版本及本地语言版本。

二、东盟学术期刊索引的发展历程

　　泰国学术期刊索引管理机构从 2010 年起就倡导建立东盟一体化的期刊出版网络。经过三年的投入以及各国利益相关方的研讨，东盟学术期刊索引数据库最终在 2012 年得以建立。东盟学术期刊索引的发展主要经历了以下三个阶段：即建立基础引文数据库阶段、区域性引文索引准备与论证阶段以及正式运行阶段。这三个阶段的发展历程如下。

　　第一阶段（2001—2010 年）：建立基础引文数据库阶段。泰国学术期刊数据库是东盟学术期刊索引的基础性数据库，2001 年泰国国王科技大学资助了一项名为泰国学术期刊引文影响因子指数评估（Assessment of Citation Impact Factor Indexes for Thai Academic Journals）的项目，该项目收集了泰国期刊发表的文章、出版物及其引文数据，这促成了泰国学术期刊数据库的建立。建立该数据库的最初的目的是在泰国学术期刊中存储和搜索出版物及其

---

　　① ASEAN Citation Index. Why ACI[EB/OL]. [2021-12-18]. https：// asean-cites. org/about. html？menu＝1&name＝Why％20ACI.

引文,并在每年公开报告期刊的质量指数,但当时被关注的大多数期刊索引都集中在科学和技术领域。2008 年,泰国学术期刊索引中心与泰国国立政法大学(Thammasat University)图书馆进行合作,对人文社会科学期刊的出版物及引文进行了合并。随后,泰国学术期刊索引委员会开始将该数据的功能定位为以下几方面:一是收集泰国学术期刊文章和引文;二是开发搜索与检索工具;三是进行科学计量学研究并定期在国内外期刊上公开发表;四是开展学术研究和社会服务;五是提供提升期刊质量的培训与咨询;六是寻求与区域内外相关组织的合作。[①] 经不断探索,泰国学术期刊在国际上的曝光率及引用率不断增强,其成功经验引起了其他东盟国家如马来西亚的注意,泰国高等教育委员会因而提出开发东盟学术期刊数据库引文索引、加强东盟研究共同体的提议。

第二阶段(2011—2013 年):东盟期刊索引数据库的准备与论证阶段。泰国学术期刊数据库管理委员会于 2011 年 6 月组织印尼、马来西亚、泰国、菲律宾几国代表讨论了建立各国国家期刊引文索引的事宜,为下一步建立地区性学术期刊引文索引打下基础。欧美许多部门和研究人员正在进行亚洲和东盟研究,这需要从东盟获取信息和期刊文献,但国际数据库中没有此类信息,其他地区的研究人员在获取亚洲和东盟国家的信息方面也存在困难。上述的现状增加了建立东盟学术期刊数据库的需求,加速了区域合作的进程。同年,东盟国家代表与美国国会图书馆馆长(Director of Library of Congress of USA)会面,讨论国际合作事宜。自 2011 年起,泰国高等教育委员会开始对东盟学术期刊索引进行资助,并分两个阶段为 ACI 数据库系统的开发和实施提供初始资金支持。第一阶段于 2013 年结束,第二阶段从 2014 年持续至 2016 年。2012 年底以前,泰国高等教育委员会就已完成了该数据库的研究、设计及开发,取得了东盟国家的良好反响。随后成立了东盟学术期刊索引指导委员会,该委员会由东盟各成员国教育部提名的 2 名代表组成,负责制定政策并监督 ACI 的绩效和发展。东盟学术期刊索引理事会每年召开两次会议,其目的在于分享经验,开展绩效监督,并讨论 ACI 的下一步发展。

第三阶段(2013—2019 年):东盟期刊索引数据库正式运行阶段。东盟学术期刊数据库指导委员会组织了多次研讨会,ACI 期刊收录标准与过程及其财政保障政策在会议上得以确立,委员会同时还建立了 ACI 的质量评估标准

---

① ASEAN Citation Index. ACI Journey[EB/OL]. (2021-12-22)[2022-01-20]. https://asean-cites.org/about.html? menu=2&name=ACI%20Journey.

及网站,保障了 ACI 未来发展的可持续性。

三、东盟学术期刊索引的选择标准与收录流程

东盟学术期刊索引的选择标准主要分为预选标准及入选标准。预选标准反映了东盟学术期刊索引数据库选择的基本要求,入选标准保障了入选东盟学术期刊数据库的期刊质量。

东盟学术期刊索引数据库期刊筛选的预选标准内容为:发表在该期刊上的文章必须经过同行评审,期刊需定期发布,并具有及时性;文献标题中应包含文章英文摘要、标题,作者姓名。在进行 ACI 期刊评估时,应参照下列条件进行筛选:(1)期刊办刊时间必须达到 3 年及以上(或已发行 6 期);(2)已被国家学术期刊数据库或国际期刊数据库引用;(3)文章作者来源具有多样性;(4)编辑委员会来源成员具有多样性;(5)具备明确的创刊理念与政策。(6)具备统一的期刊格式(参考文献、插图、表、作者姓名、作者单位、摘要等)。(7)拥有期刊网站、线上出版物及在线论文提交系统;(8)能够提供高质量的英文摘要。①

同时,东盟学术期刊索引指导委员会还对期刊的提交条件做出了说明:首先,东盟成员国出版的学术期刊编辑有权力将其主编的期刊提交至东盟学术期刊索引指导委员会进行评估,并被纳入东盟学术期刊引文索引中;其次,有意加入的学术期刊编辑可以在 ACI 网站上按照操作说明提交期刊,提交期全年开放,不受限制,期刊是否入选 ACI 的评估结果将会在每年 4 月和 10 月公布;最后,ACI 将会根据其制定的最低评估标准决定是否对某种期刊进行评估。①评估流程见图 5.12。引进共同的学术期刊索引是东盟地区学术期刊质量保障的重要环节,也是东盟地区职教区域化发展的重要外显形式之一。东盟学术期刊索引数据库的建立不仅推广了东盟研究成果,提高了期刊引用率,增加了东盟国家研究成果的可见度,而且提高了东盟地区的大学及职业院校的国际排名,为高等院校的学生,特别是研究生提供了可靠的科研信息与知识来源,促进了东盟国家研究人员之间的学术交流,使东盟国家大学及职业院校的师生受益。

---

① ASEAN Citation Index. Journal Selection Criteria[EB/OL]. [2021-12-18]. https://asean-cites.org/criteria.html? menu=1&name=Journal%20Selection%20Criteria.

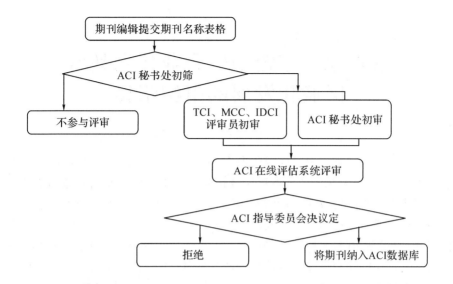

图 5.12　东盟学术期刊索引评选流程图①

　　更为重要的是,东盟学术期刊索引的成效还体现在以下两方面:一是为东盟国家的高技能水平劳动力提供持续不断的知识支撑;二是为提升劳动力的整体竞争力提供了动力。另外,从东盟共同体建设层面来看,东盟学术期刊索引的建立在区域内外部层面的知识整合过程中发挥了重要作用,拓宽了东盟国大学及职业院校之间进行进一步合作的领域,也加深了东盟地区职教研究网络的内部联系以及促进了职教研究成果的推广。

---

　　① ASEAN Citation Index. Journal Submission Work Flow[EB/OL]. [2021-12-18]. https://asean-cites. org/criteria. html? menu＝5&name＝Journal％20Submission％20Work％20Flow.

第六章　东盟地区职业技术教育区域化发展的组织路径

根据简·奈特高等教育区域化理论 FOPA 模型中组织路径的含义,在东盟语境下,东盟国家职业技术教育区域化发展的组织路径是指东盟国家建立一系列代表东盟政府或非政府的实体组织、专业组织以及网络组织,这些组织为明确东南亚职业技术教育各利益相关方的权利与义务、资金来源、研究课题内容、能力建设、管理手段以及倡议行动提供了持续保障。全球竞争及其对社会的影响正在推动全球建立区域性的政治实体,世界各国不仅正在努力建立区域政治框架,区域实践社区也在正在建设之中。在职业技术教育领域,这些社区包括区域网络、协会及政府间组织。根据不同社区的特定目标,区域性网络组织一般由专家、培训机构、研究机构、政府机构或大学组成。这些区域网络的建立不仅为地区不同成员国提供了解决公共问题的新观点,还能通过传播先进实践经验与知识加强区域职业技术教育系统的发展。[①]除了东盟的强力推动以外,东南亚教育部长组织区域职业技术教育与培训中心、东南亚职业技术教育与培训联盟、东亚及东南亚区域职业技术教师教育协会等区域性组织在东盟地区职教区域化发展进程中起到了组织保障作用。

第一节　成立东南亚教育部长组织职业技术教育与培训中心

组织机构对于化解及协调与集体行动有关的问题十分重要,因为其能够为决策者提供更多信息,降低交易成本,促进众多国家之间的合作。[②] 东盟国

---

① RAVTE. TVET Networks-How International and Regional Networks Can Contribute to the Development of National TVET Systems[EB/OL]. (2015-08-04)[2021-12-18]. https://www.norrag.org/fileadmin/Events/ACET_TVET_Networks_RAVTE_Outline.pdf.

② KEOHANE R O, MARTIN L L. The Promise of Institutionalist Theory[J]. International Security,1995,20(1):39-51.

家职业技术教育区域化发展离不开相关组织机构对东盟国家职教实践的专业指导、对区域职教政策与实践的研究以及对合作机制的协调。东南亚教育部长组织职业技术教育与培训中心（SEAMEO Regional Centre for Vocational and Technical Education and Training，SEAMEO VOCTECH）在上述领域为东盟地区职业技术教育区域化发展提供了有力的组织保障。

一、成立背景：集体行动的初始逻辑

东南亚教育部长组织职业技术教育与培训中心是东南亚教育部长组织下设的区域机构，该中心于1990年组建成立，其办公地点设在文莱。区域职教中心的成立是东盟各国实现更为紧密合作的产物。作为东盟地区成立最早的区域职业技术教育中心，东南亚教育部长组织职业技术教育中心实际上被视作东盟在职业技术教育方面的运营和补充部门。① 换言之，该中心也是东盟实现地区职业教育治理的组织依托。

东南亚教育部长组织区域职教中心的长期目标是通过对东南亚职业技术教育机构开展培训，在专业发展、能力建设、课程开发、职教研究以及信息通信技术几方面中引入可行、实用、有效的方法，以帮助改善东南亚职业技术教育机构的质量。该中心在东盟地区职业教育改革领域发挥着重要的引领作用，在地区拥有研究、咨询、培训等多重功能，定期分析地区及世界范围的职业教育发展趋势，并提出应对项目。该中心目前已对"信息通信技术在职业技术教育的应用""管理与质量保障""课程相关性"等区域课题进行了广泛研究。

作为以"培训"为主要业务的区域职教机构组织，东南亚教育部长组织职教中心在职教培训领域主要目的是通过一系列培训项目促进东南亚地区教育、科学及文化发展，在课程与发展、科研与创新、信息技术、领导与管理、教师教育五个方面向整个东南亚地区提供定制的或特殊的培训项目，协助东南亚教育部长组织成员国解决职业技术教育的公共问题。该中心以"团结以实现超越（Together We Excel）"为指导思想，致力于通过创新能力建设、研究以及信息服务来加强东南亚教育部长组织成员国的职业技术教育体系建设，确保职业技术教育在可持续发展方面发挥作用，建立全球公认的卓越职业技术教

---

① SCHRÖDER T. Regional Cooperation in Vocational Teacher Education：Building a Platform for Common Research and Development，Consultancy and Reform in East and Southeast Asia[J]. TVET@Asia. 2014(2)：1-21.

育区域中心。① 这体现了东盟各国期望通过职教合作改进区域职教机构教学质量与整体竞争力的集体逻辑。

东南亚教育部长组织职教中心的董事会由东盟十国派出的代表组成，这些代表多为东盟各国教育部的职业技术教育部门的官员。董事会下设专业人员办公室及行政办公室，其组织架构如图6.1所示。

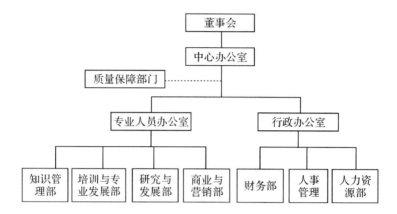

图6.1　东南亚教育部长组织职业技术教育中心组织架构②

从东南亚教育部长组织职教中心的组织架构来看，该组织不仅是执行区域培训项目的区域行政机构，还是职教研究的专业研究机构，因其拥有职教专家队伍作为该组织机构的重要补充。该中心认为东盟地区职业技术教育的协调发展是东盟共同体建设尤其是东盟经济一体化及社会文化共同体建设重要的领域。经济一体化及社会文化共同体建设同时也是区域职教合作的重要推动力。区域职教中心将职业技术教育质量保障、资格框架、融合课程、东盟国家职业教育系统的协调发展、教师教学与评估、信息技术应用（ICT in TVET）、教育机会与平等、终身教育、毕业生就业问题作为东盟地区未来职业技术教育研究的趋势与方向，并围绕这几个方面开展学术研究、发布相关报告与指南、促进区域职业技术教育协调发展。③

---

① SEAMEO VOCTECH. VOCTECH Introduction［EB/OL］.［2021-12-18］. http：// voctech. org/index. php/aboutus/about-voctech/introduction-voctech.

② SEAMEO VOCTECH. Organization Structure［EB/OL］.［2021-12-18］. http：// voctech. org/index. php/aboutus/about-voctech/organisation-structure.

③ PARYONO. Anticipating ASEAN Economic Community 2015：Regional Initiatives on Human Resources Development and Recognition of Professional Qualifications［J］. SEAMEO VOCTECH Journal，2013，12(30)：1-8.

二、历史发展：单一功能的拓展

东南亚教育部长组织职业技术教育中心从成立至今已有 30 多年时间，在此过程中，中心围绕"培训与专业发展""研究与发展""知识管理与信息共享""网络与合作伙伴建设""组织能力""社会责任"等几大领域，为东盟国家职业技术教育水平的整体提升做出了贡献，奠定了该中心在东南亚地区职业技术教育发展与合作领域至关重要的地位。同时，该中心成为与东南亚以外国家开展职教合作的"代言人"。其发展主要经历了以下四个发展阶段，其具体情况详见表 6.1。

表 6.1　东南亚教育部长组织职教中心发展大事记

阶段	时间	主要事件
第一阶段：筹备论证阶段	1989	东南亚教育部长组织职业技术教育中心的可行性研究于 1989 年在马六甲举行的第 24 届东南亚教育部长组织理事会会议提交并获批准
	1990.8	东南亚教育部长组织职业技术教育中心正式成立
第二阶段：业务发展与构建国际合作伙伴关系阶段	1992.6	首次为期 3 个月的培训计划启动
	1996.2	在日本国际协力机构（JICA）资助下推出东南亚职教网络 1.0 版数据库应用系统
	1997.2	时任中心主任 Haji Abdul Ghani bin Haji Omar 为地区 17 位东盟国家职业技术教育管理者开设了为期一个月的管理信息系统课程
	1997.5	首次举办了面向东南亚教育部长为期两周的产教合作研讨会
	1997.5	与德国质量协会（SAQ）签署谅解备忘录
	1997.10	举办了为期一个月的职业技术教育研究管理课程
	2000.3	与澳大利亚国家职业教育研究中心（NCVER）联合编写并出版《东南亚培训系统》(Training Systems in Southeast Asia)
	2003.6	获得国际计算机证书测试中心（International Computer Driving License，ICDL）认证，巩固了职教中心作为信息技术证书培训机构的地位
	2005.3	获 ISO 9001:2001 质量体系认证
	2005.5	与文莱教育部签署培训备忘录，对文莱的上千名教师及工作人员进行培训
	2007.1	成立资讯及通信科技创新中心（ICT Creativity and Innovation Centre，也称 ICI 实验室）

续表

阶段	时间	主要事件
第三阶段：关注东南亚国家职业技术教育的协同发展阶段	2008.7	举办首届东南亚职业技术教育研究网络会议
	2009.1	成立教学设计实验室（SEAMEO VOCTECH's Instructional Design Lab）
	2010.6	与荷兰外交部及教育部、文莱政府共同举办了第二届职业技术教育国际会议（2nd International Conference on TVET）
	2012.10	与英国高级专员公署、英国教师中心及教育部人力资源发展部合作，联合举办"基于英语及技术有效应用的职业技术教育创新教学"（Enhancing Innovative Teaching in TVET Through the Effective Use of English and Technology）研讨会
	2014.3	在英国文化协会英国与东南亚合作基金（UK-SEA Fund）的资助下，与联合国教科文组织合作共同开展"东南亚六国可迁移技能在职业技术教育课程中的整合、传授及评估"研究
	2014.6	与新加坡 TEMASEK 基金会以及技术教育—教育服务研究所合作，开展"东南亚职业技术教育教师技术与教学技能提升计划"相关培训
第四阶段：引导东南亚地区职业技术教育变革阶段	2016	与德国国际合作机构联合发起区域职业技术教育教师标准研制项目
	2017	在联合国教科文组织的支持下，开展东南亚国家职业技术教育教师培训政策数据库建设项目
	2018	牵头开展文莱高等院校毕业生雇主满意度调查
	2019—2020	开展东盟地区流动劳动力政策对比项目

资料来源：根据东南亚教育部长组织职业技术教育中心官方网站相关信息整理。

第一阶段：筹备论证阶段（1989—1990 年）。为回应东南亚教育部长组织成员国的需求，东南亚教育部长组织职业技术教育中心的可行性论证方案于 1989 年在马六甲举行的第 24 届东南亚教育部长组织理事会会议（Southeast Asian Ministers of Education Organization Council Conference）上提交并获批准，随后，东南亚教育部长与文莱政府签署协议备忘录，文莱政府接受了该中心的主办权及管理权。① 东南亚教育部长组织职业技术教育中心于1990年8月正式成立。

第二阶段:业务发展与构建国际合作伙伴关系阶段(1992—2007年)。职教中心成立后,在文莱政府的支持下,利用与德国、日本、澳大利亚、英国、联合国教科文组织曼谷办事处以及东盟国家建立的合作伙伴关系,开展针对不同国家、不同领域的培训项目,不断完善职教培训内容,保障培训项目质量。同时,职教中心还通过了 ISO 9001:2001 质量体系的认证,并成为国际计算机证书测试认证中心,巩固了其在东南亚地区信息技术领域培训机构的重要地位。

第三阶段:关注东南亚国家职业技术教育的协同发展阶段。2008年《东盟宪章》正式生效,正如前文所述,《东盟宪章》指出东盟国家未来以建设经济共同体、安全共同体以及社会文化共同体为努力方向,东盟国家将具有共同的目标与共同的身份,这必然需要不同领域进行协作得以实现。因此,2008年职教中心开始着力于打造东南亚国家职业技术教育的共同社区,举办了首届东南亚职业技术教育研究网络会议,开启了职教培训业务之外的功能,逐渐将促进东南亚职业技术教育的协同发展作为关注点。在此之后,职教中心拓展了关于东南亚职业技术教育的研究领域,为协调区域级别的职教对话与合作、制定区域级别的职教标准以及提高地区职业技术教育整体质量做出了贡献。

第四阶段:引导东南亚地区职教变革阶段(2016—2020年)。2016年以后,职教中心陆续与各类国际组织开展深度合作,主导了多个区域级职教标准的研制工作,同时致力于地区职教基本情况的摸底调查,为区域职教政策的制定提供基本数据。推动东南亚国家职教变革、搭建区域教育公共事务高级别对话议事渠道、开展高水平跨国科研项目合作开始成为职教中心的主要业务。

三、角色:多重身份的建构

东南亚教育部长组织职业技术教育中心在东盟国家职业技术教育区域化发展的过程中扮演了区域职教实践指导者、学术中心、平台建设者等多重角色。

(一)东盟地区职业技术教育的实践指导者

作为东南亚教育部长组织下设的唯一专门服务地区职业技术教育发展的区域组织,东南亚教育部长组织职教中心在指导东盟国家职业技术教育实践

---

① Ministry of Education Brunei Darussalam. SEAMEO VOCTECH Centre Description[EB/OL]. [2021-12-18]. http://www.moe.gov.bn/SitePages/Seameo%20Voctech%20Centre.aspx.

方面起到了不可或缺的作用。

东南亚教育部长组织职教中心提供的培训项目可分为区域性培训项目、国内培训项目、定制培训项目以及特殊培训项目。区域性培训项目即提供满足东南亚教育部长组织成员国共同培训需求的区域性培训服务；国内培训项目即满足每个东南亚国家特定需求的培训项目，其培训目标群体主要由教育部职教部门职员、职业院校教职人员等组成；定制培训项目则侧重于满足组织工作人员的能力建设需求；特殊培训项目即由社区服务计划免费提供或受外部组织资助的特定项目，以满足目标受益者的需求。从 2013 年到 2020 年，东南亚教育部长组织职业技术教育中心开展的培训及举办论坛次数达 143 次，东盟各成员国参与总人数达 4422 人，各类培训项目开展的具体情况见图 6.2。从东盟各国参与培训的数量可发现，职教中心在区域培训领域具有较大的影响力。

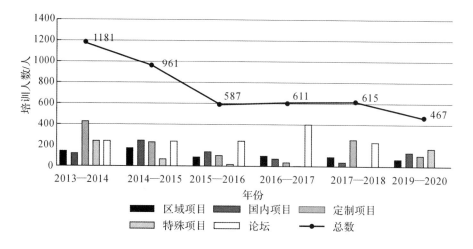

图 6.2　东南亚教育部长组织职业技术教育中心 2013—2020 年培训数量
资料来源：笔者根据东南亚教育部长组织职教中心年度报告整理。

另外，职教中心开展的培训项目内容覆盖较广，总的来说，上述四种不同类型的培训项目内容大致涵盖了课程设计与开发、教学、学习与评估、信息技术、研究与管理以及专业技能培训七个方面，其具体内容见表 6.2。

表 6.2　东南亚教育部长组织职教中心培训内容概况

1	课程设计与开发	课程实施与领导力提升、基于21世纪核心素养的职教课程、以学生为中心的学习套餐开发、可迁移技能课程融合、在线教学资源开发
2	教学	教职人员技能提升、以学习者为中心的教学法应用、混合教学法、教师专业发展
3	学习与评估	职业技术教育能力评估,学习、教学与评估,职教课程评价
4	信息技术	信息技术工具应用、工业电子技术技能升级、学习管理系统应用、数字图书馆建设
5	管理	教育机构市场营销战略、教育机构形象提升、ISO9001体系内部审核员培训、教师能力标准开发、职教系统可持续发展
6	研究	创新政策制定者的基本研究能力、项目影响研究
7	专业技能培训	摄影技术、工作报告撰写技巧、视频编辑、政府公共关系、办公软件应用、酒店服务与管理

资料来源:笔者根据东南亚教育部长组织职教中心年度报告整理。

在合作伙伴的共同努力下,职教中心还为东盟国家提供职业技术教育领域的培训课程,如电子、机电一体化、基础设施管理、酒店和汽车工程等技能类培训。

(二)东盟地区职业技术教育的学术中心

东南亚教育部长组织职教中心在东南亚地区职业技术教育区域化发展过程中充当了职教改革领域学术中心的角色,其作为区域职教学术中心主要体现在以下三个方面。

一是发起了"东南亚职业技术教育研究网络(Southeast Asian Vocational Education Research Network,SEAVERN)"项目。与研究相关的举措与信息共享对于教育改革至关重要,然而,东盟国家职业技术教育机构的研究能力与资金支持普遍欠缺。在质量方面,不同机构的研究方向缺乏一致性,或者进展不大。另外,每个机构独立工作,多数研究活动存在分散、脱节的情况。因此,由于缺乏研究信息的共享,东盟国家进行了不必要的重复研究,东盟各国不同职教机构的研究人员之间缺乏联系,且缺乏连续性的研究,这对建立职教理论及提供政策建议造成了阻碍。东盟国家的研究结果普遍被保存在书架上或研究人员手中,外部无法轻易访问。在国际网络数据库中搜索职教研究成果时,其搜索结果主要是关于欧美及澳大利亚的研究成果,目前在国际数据库中还无法找到有关东南亚各国研究进展的系统整理成果。

　　基于上述现状，协调和同步研究工作以及实现研究成果的访问需要建立地区数据库加以解决。因此，东南亚教育部长组织职教中心于 2007 年发起了"东南亚职业技术教育研究网络"项目。该项目旨在建立一个区域级研究网络，为东南亚职业技术教育领域研究人员之间的合作与交流搭建桥梁。该研究项目的研究人员主要来自东南亚地区长期开展职业技术教育相关项目研究的大学及技术学院，通过该研究网络，研究人员可共同开发、管理、分享或传播研究成果，这使政策制定者、教育从业者和其他研究人员可轻松获取地区职教信息，以此作为各国政策决策的基础，改善教育实践水平，萌发研究新思想。该项目的具体目标是：通过编辑并收集现有研究信息，开展合作与研究活动，促进研究网络的建立；通过创建适合成员国的在线数据库开展研究网络的能力建设，管理研究成果；通过电子邮件、在线讨论及各类研讨会议的形式促进研究网络的在线交流与信息共享；利用研究网络中产生的合作研究成果为东南亚教育部长组织成员国提供技术援助；根据现有研究制作出版物，发布政策简报。①

　　为促进研究网络的长久发展，东南亚教育部长组织职教中心对参与研究网络建设的东盟国家研究代表进行了培训。为实现信息共享，该中心创立了在线期刊系统（Online Journal Systems，OJS）。为丰富在线期刊系统数据库，中心鼓励每个成员收集其所在机构及其他机构的研究成果摘要和全文，以便轻松实现其他研究机构及人员的访问。地区职业技术教育研究网络对于东南亚国家成员积极开展高质量的研究，撰写高质量的研究论文起到了强有力的推动作用，最大限度地减少了该地区研究计划的重复性。在线期刊系统成为东南亚教育从业者、政策制定者和研究人员获取地区各国职业教育研究资源的重要通道，也成为东南亚职教信息的交换所。东南亚职业技术教育研究网络项目成为东南亚教育部长组织的示范项目之一，由其产生的研究成果可持续为东盟地区的职业技术教育利益相关方提供重要信息。

　　二是主导了区域多项大型职业技术项目的开展。东南亚职业技术教育中心在英国文化协会、联合国教科文组织曼谷办事处、亚洲开发银行、IBTE 研究与统计司、区域合作平台、德国国际合作平台等合作伙伴的资助下，完成了多项研究，其中包括"职业技术教育可迁移技能"、"劳动力流动与资格互认协议的实施"、"未来技能需求"、"东盟国家教师标准的制定与实施"、"亚太地区职业技术教育教师培训计划与职教机构数据库开发"。中心还与文莱技术教

---

① SEAMEO. Project Exemplar in Southeast Asia[R]. Bangkok：SEAMEO，2012：40.

育学院(Institute of Brunei Technical Education,IBTE)联合开展了"毕业生就业及雇主满意度调查研究",完成了《可迁移技能与职业技术教育课程、教学及评估的融合》(Integration of Transferable Skills in TVET Curriculum,Teaching-Learning,and Assessment)、《地区职业技术教育教师标准:以东盟成员国及中国教师标准的实施作为参考》等多份区域性研究报告。

三是创办了多个区域性职业技术教育类学术期刊。由职教中心创办的《东南亚教育部长组织职业技术教育中心网络学术期刊》和《亚洲职业技术教育》是地区分享东盟各国职业教育改革实践经验、讨论职业技术教育质量保障政策以及促进东盟国家职业技术教育融合发展相关措施的又一研究平台。其中,《东南亚教育部长组织职业技术教育中心网络学术期刊》是该区域中心的官方国际期刊,其文章的选择依据是质量及相关性,并接受两次同行盲审。该期刊的编辑委员会成员、审稿人和作者由东南亚地区的研究人员组成,其他国家的研究人员也参与其中。《亚洲职业技术教育》也是一个区域性在线开放期刊,面向东亚和东南亚地区的职业技术教育领域的研究者和从业者。该期刊的办刊宗旨是为经过同行评审的学术论文提供便捷访问,从而强化相关内容的传播,为东南亚职教社区内的公开讨论创造条件。从2013年5月创刊至2021年,该期刊以每年集中讨论2个问题的进度,针对区域面临的11个问题公开出版了上百位学者撰写的系列期刊论文。这些问题包括区域职业技术教育合作、东亚及东南亚职业教师教育、职业技术教育中的可迁移技能政策与实施、面向区域协调发展的职教质量标准、职教人员专业发展的路径、绿色职教、面向劳动力市场的职业技术教育质量保障、东盟经济一体化浪潮下的职业技术教育质量提升、校企合作视野下的职教改革、职业核心能力与非正式技能培训、职业技术教育课程发展。可以说,上述两份期刊目前不仅是东南亚地区及其他地区分享和传播东南亚地区职教信息与经验的媒介,而且是区域外相关研究者了解东盟国家职业技术教育现状的重要窗口。

(三)东盟地区职业技术教育平台建设者

东南亚教育部长组织职业技术教育与培训中心是构建区域知识平台的倡导者、建设者以及管理者,其角色定位主要体现在由其推动成立了"东南亚职业技术教育网络平台"(SEA-TVE. NET)及"区域知识平台"(Regional Knowledge Platform)两大官方平台,其中,建设"区域知识平台"是东南亚教育部长组织2015—2035年职业技术教育战略的一部分,本书已在前文的政治路径中加以论述,因而此部分主要对东南亚职业技术教育网络平台作论述。

作为社会经济发展的推动力量,职业技术教育是所有东盟国家发展战略的重中之重。然而，虽然东盟各国已经将重点放在职业技术教育质量的提升上，但各国很少有机会分享经验并确定合作领域。与此同时，尽管东盟成员国面临着共同的挑战，东盟地区各国的教育政策制定者及劳工政策制定者也正在制定相似的职教政策目标，但"孤岛"式的思维模式仍然存在，并导致了解决方案的分散化，东盟成员国之间的政策协调也有限。在这种情况下，东南亚各国需要相互协作，支持区域整合，找到职业技术教育领域常见问题的有效解决方法。因此，东南亚教育部长组织职教中心提议建立区域性职教平台，并开发"东南亚职业技术教育网络平台"，打破沟通障碍，并以此作为解决各国政策协调不畅的途径之一。

"东南亚职业技术教育网络平台"是一个网络社区平台，该平台的注册用户为 11 个东南亚教育部长组织成员国，其服务对象主要为东南亚国家。该平台逐渐发展成东盟地区职业技术教育共同社区，东盟国家可在该平台上获取最新的区域职教资讯，并参与互动讨论。该平台工作原理为：各国注册用户根据统一的在线模板上传本国的职业技术教育改革进展以及其他职教资讯，实现信息共享。该平台还与 11 个东南亚国家职业技术教育相关职能部委、学术机构、区域职教组织以及国际职教组织建立了合作伙伴关系。高质量的合作伙伴关系为地区职教平台提供了公信力较高的内容，进而保障了平台内容的质量。东南亚教育部长组织职教中心在网络平台内容质量的把控上起到了关键的作用，该中心一般会审查所有用户提交的信息，确保平台上所发布的内容水准。为了使"东南亚职业技术教育平台"能够正常运行，实现可持续发展，东南亚教育部长组织职教中心规定各国的职教决策者、职教从业者、学术界以及工业界的专家必须定期在平台上发布内容，以此推动该平台不断向前发展。[①]

作为东南亚职业技术教育信息的"一站式"服务平台，"东南亚职业技术教育网络平台"具有以下独特功能：第一，分享东南亚最全面的职业技术教育活动日历，该日历包括即将举办及已举办过的活动信息；第二，提供东南亚 11 个国家的职业技术教育系统的概况，这有助于建立东南亚各国对彼此之间职教系统的相互理解；第三，展示经过专家论证的先进实践经验，为东南亚国家提供可操作与可复制的公共问题解决方案；第四，创立实践社区，为职业技术教

---

① SEA-TVE. NET. How SEA-VET. NET Works[EB/OL]. [2021-12-18]. https：// sea-vet. net/about-us.

育从业人员和决策者打造职教相关问题讨论平台,形成在线"专业团队"①。
"东南亚职业技术教育网络平台"的投入使用为东南亚各国职教人员、政策制
定者及相关学者提供了交流、合作与共事的空间,成为该地区独一无二的职教
信息与知识共享平台与协作平台,为实现东南亚地区不同国家与群体间跨国
界的区域对话提供了机遇。

综上所述,东南亚教育部长组织职教中心不仅是东盟国家职教合作领域
的协调者、职教实践的指导者、职教研究的学术中心及职教平台的建设者,同
时也是多项区域职教合作项目的重要合作伙伴。在促进东盟各国职教相关部
委、组织机构、大学以及各利益相关方的非正式对话方面,该中心起到了不可
或缺的协调作用。职教中心与外部建立了合作伙伴关系,这为其在东南亚地
区及其他地区推进职教合作提供了有利条件,实现了高质量、高水平的知识共
享。为提高东南亚地区的职业技术教育质量,区域职教中心还在国家、区域与
全球范围内与外部开展合作,与合作伙伴共同支持与推广职业技术教育,并在
东盟各国的职业技术教育部门内开展能力建设项目。随着东盟共同体建设的
不断推进,东盟地区职业技术教育区域化发展势不可挡,也是东盟国家推进其
本国职教改革发展时无法回避的问题,这也促使职教中心逐渐以"东盟国家职
业技术教育协调发展"政策作为重点议题。

第二节　建立东南亚职业技术教育与培训联盟

职业技术教育在东盟国家经济社会发展中的作用不言而喻,职业技术教
育联盟是东盟国家协调创新、共享资源的重要组织形式,是整合区域内各个职
业技术教育机构优势的重要策略,是加深区域职教机构互联互通的重要体现。
东南亚职业技术教育联盟在推动校校合作与校企合作的过程中发挥了强有力
的联动作用。

一、成立背景:共享机制的初探

虽然东盟国家在政治、经济、文化方面存在着显著的多样性,但在东盟经
济共同体建设的倡议下,东盟各国在劳动力、产品、服务和投资方面将会自由

---

① SEA-TVE. NET. What Makes SEA-VET. NET Unique[EB/OL]. [2021-12-18]. https://
sea-vet.net/about-us.

流通,东盟国家必须更加注重教育发展尤其是提高毕业生质量,使其面对竞争不断加剧的世界带来的各种挑战。职业技术教育是东盟各国合作的最佳领域,因其能够为职业院校毕业生提供应对挑战的技能。在技术整合时代,技能对于发展中国家的政治经济至关重要,因此,东南亚教育部长组织将职业技术教育作为东南亚国家的优先发展领域,这不仅源于应对技术工人跨国流动性不断增加的需要,也源于东盟各国提升本国毕业生质量以满足行业不断变化的需要。作为促进减贫、经济复苏以及社会可持续发展的教育形式之一,职业技术教育得到东盟各国政策制定者更多的关注。同时,东盟国家逐渐意识到东南亚是一个统一的社区,东盟各国应该通力合作,共同致力于职业技术教育的质量保障、协调发展以及国际化,确保更大的流动性,提高竞争力,实现经济增长与社会发展。

为实现更为紧密的职教合作,东盟成员国 2015 年在清迈召开了东南亚第一届职业技术教育高级官员会议,并在会议上签署了《清迈联合声明》[①]。作为第一届东南亚地区职教高层会议的成果,该声明确定了东南亚职业技术教育发展与合作的政策方向、战略框架及优先发展领域,特别是东南亚职业技术教育的协调和国际化,成立"东南亚职业技术教育联盟"的倡议就是该声明的重要内容之一。

建立"东南亚职业技术教育联盟"及网站是东南亚国家相关部门高级官员推动职业技术教育领域学生与教职人员交流的策略之一,其中包括跨国工业实习和实习计划。职业技术教育机构和行业部门通过职教联盟网络确定正式合作伙伴关系,并在东南亚教育部长组织的指导下实施东南亚职业技术教育相关活动。联盟期望在以下几方面取得运行成效:第一,通过东南亚职业技术教育国际化与协调发展推动东南亚职业技术教育的标准建设与能力建设;第二,通过师生交流、联合研究计划以及与产业建立联系,促进课程的协调发展以及学习项目的国际化;第三,在东南亚职业技术教育领导者、职教机构、产业部门以及相关发展机构之间建立可持续发展的网络平台。[②] 作为东南亚职业

---

① British Council. High Official Meeting for TVET in Southeast Asia: Working Together Towards Harmonisation and Internationalisation[R]. Edinburgh: British Council, 2015: 2.

② SEAMEO. SEAMEO Secretariat Concept Note on SEA-TVET [EB/OL]. (2019-02-22) [2021-12-18] http://files. seameo. org/18_3rd%20HOM%20on%20SEA-TVET%2C%2023-25%20May%202017%2C%20Kuala%20Lumpur%2C%20Malaysia/12_Session%202_Regional%20Initiatives%20%2823%20May%2029/Concept%20Notes%20of%20Regional%20Initiatives/10_SEAMEO%20Secretariat_Concept%20Note_SEA-TVET%20Consortium%20Web. pdf.

技术教育联盟的成员,东南亚职业技术教育机构(职业院校、大学、理工学院、技术大学)同意通过课程整合、师生交流、产业互动以及资源共享的方式实现东南亚职业技术教育的协调发展与国际化。此外,职业技术教育发展机构以及产业合作伙伴也是该联盟的成员。

为了在东盟国家职业技术教育的机构之间建立联系,首个东南亚职业技术教育联盟网站于 2015 年 9 月投入使用,其主要功能体现在以下几方面:一是搜索功能。职教联盟的主要作用是为不同职业技术教育机构建立联系,注册会员可根据其研究领域,在网站上收集师生交流合作计划,寻找合作伙伴,促进师生交流,实现地区产业融合。二是信息供给功能。职教联盟网站为其成员提供了各职教机构开展的合作活动概况及统计数据,联盟成员可有针对性地选择合作伙伴,通过合作研究分享最佳实践。三是政策文件分享功能。联盟网站为其会员提供 2015 年以来东南亚地区职教机构签署的所有协议、谅解备忘录、会议文件、报告、新闻报道及图片,同时还提供东南亚教育部长组织与其他合作伙伴的活动安排等大量一手信息。

二、合作范围:人员流动与信息共享

东南亚职业技术教育与培训联盟是东南亚地区职业技术教育机构网络系统,为地区内各类职教机构教职人员及学生互换提供通道,通过交流合作与资源共享,在各产业界与职业技术教育机构之间建立可持续发展平台。其主要合作活动包括学生互换、教职人员交流、产教合作、专业知识与资源分享以及合作研究。

第一,学生交流。学生交流计划由职业技术教育机构自主进行,数量和持续时间由参与的学校、学院及理工学院决定。理想情况下,学生交换的最短持续时间为 6 个月或一年,但考虑到各种学校的实际情况及接收能力,各学校的学生交换时间可能较短。东南亚职教联盟网站为学生交流活动提供指南,其中包括学生交流活动的实施细节,例如课程协调方案、学生旅行活动安排、出发前准备项目等。东南亚职教联盟将对在学生交流活动中起到示范性作用的职教机构提供奖励,并划分了相应的等级。[①]

第二,教职人员交流。为保证教职交流及短期课程培训的顺利进行,参与交流项目的学校或学院需事先讨论具体的安排,如学科选择、赴国外交流的教

---

① SEAMEO. SEA-TVET Consortium Guidebook[EB/OL]. [2021-12-18]. http://seatvet.seameo.org/docs/GuideBook.pdf.

师人选、交流持续时间、交流期间的任务分配、成本分摊等。

第三,产教合作与科研合作。产教合作是学生与教职人员交流的一部分,主办机构需根据学生及教职人员交流的人数及交流项目的要求选择合作行业,并与行业相关机构进行沟通,事先了解其可容纳的人数,制定相关项目、计划及认证手续,编制财务预算等,确保产教合作的顺利开展。东南亚职教机构之间开展的科研合作将会助力地区职业技术教育质量的提升,因此东南亚职教联盟将在科研合作的内容选择上为职教机构提供有益指导。

第四,专业知识与资源分享。东南亚教育部长组织职业技术教育与培训中心将筛选出具备优质资源的职教机构名册,并根据名单确定潜在研究课题,开展协作研究。职教中心将通过在线数据库或能力建设项目的形式分享这些优质资源。各类优质资源指实验室配置、管理经验、专家库、政策实施经验、实践经验或其他资源。同时,东南亚职教联盟鼓励其注册会员分享学习资源,并选取其部分成员的实践案例及研究成果进行出版,使其作用最大化。

第一届职业技术教育高级官员会议签订的《清迈联合声明》确定了东南亚职教机构合作与交流的四个优先领域:(1)酒店和旅游业;(2)电子、机电一体化及制造业;(3)农业和渔业;(4)建筑业。这些优先领域也是职教联盟注册会员机构合作的优先领域,但这并不意味着各机构不能在其他领域开展合作,而是根据其合作伙伴的意愿及优势在相关领域展开学生与教职人员的交流与合作。

东南亚职教联盟的成员主要由职业技术教育机构(中等职业学校、职业技术学院或理工学院)及产业部门组成。一旦职业技术教育机构加入东南亚职教联盟,就具备了注册会员资格,即可与其他成员建立联系并与之确定合作伙伴关系,开展职教合作活动。成为正式会员后,职业技术教育机构必须致力于学生及教职人员的交流,包括产教合作。为提高正式会员开展跨国交流活动的积极性,职教联盟推出了两种会员制度,即注册会员与活跃会员。注册会员是指通过在线填写表格进行注册并将其提交给网站系统的会员。活跃会员是指积极开展学生及工作人员交流的会员。成为活跃会员必须满足以下条件:职业技术教育机构必须积极参加职教联盟举行的各类会议及研讨会,支持职教联盟完成各项机构目标,每年至少与其他东盟国家的职业技术教育机构开展一次学术交流活动,并协助海外学生参与本国产业部门的实践活动。

目前,东南亚教育部长组织秘书处、东南亚教育部长组织职业技术教育与培训中心、东南亚教育部长组织区域公开学习中心、东南亚教育部长组织下设的其他中心及合作伙伴将共同协助、监督及协调东南亚职教联盟举办的各项活动。

三、运行成效:跨国交流机制的基本确立

为保障职教联盟的顺利运行,东南亚教育部长组织秘书处与东南亚教育部长组织职教中心共同合作编写了《东南亚职业技术教育与培训联盟指导手册》(SEA-TVET Consortium Guidebook),这份手册在研究合作、产业合作、人员交流、专家、学习资源共享等方面为职教联盟成员提供了明晰的指导步骤。自东南亚职教联盟成立以来,东盟各国之间逐渐形成了较为稳定的跨国交流机制,这体现在职教联盟在人员交流、会员拓展、科研合作及产教融合方面取得了较大进展。

第一,在人员交流方面,学生交流活动的频率不断提高。学生、学者和学术流动计划的扩展是区域化和国际化的标志。[①] 为保障学生交流项目的实施,东南亚教育部长组织在职教联盟的基础上又相继成立了理工学院网络(SEAMEO Polytechnic Network),这成为东南亚职教联盟成立后的一大运行成果。多年来,理工学院在输送专业技术人才以及配合经济发展需要方面扮演了重要角色,逐渐成为东南亚职教联盟的一部分。理工学院网络预期通过学生跨国实习计划,提升该地区理工学院和职业技术教育机构的国际化水平,加强彼此之间的合作伙伴关系。东南亚学生跨国实习计划不仅增强了职业技术教育学生的竞争力、知识水平以及技能,提高学生的英语交流及跨文化交际能力,并为学生提供就业机会。[②] 理工学院网络的大多数成员从柬埔寨、印度尼西亚、马来西亚及泰国教育部或相关部委中提名,东南亚教育部长组织负责协调理工学院网络主导的学生流动计划,并协助其寻求机构支持、发布指导手册以及颁发证书。作为地区职教合作平台之一,理工学院网络从 2017 年起每年举办两次会议,集中讨论东南亚职教学生交换项目的具体实施细节,并寻求东南亚各国的支持。[③] 从 2017 年 7 月至 2019 年 11 月,已有 1143 名学生通过职教联盟学生实习交流计划被派出交流,具体情况见表 6.3。

---

① KNIGHT J, WOLDEGIORGIS E T. Regionalization of African Higher Education[M]. Rotterdam: Sense Publishers, 2017: 12.

② SEAMEO. SEAMEO Polytechnic Network[EB/OL]. (2017-10-06)(2020-02-16)[2021-12-18]. https://seatvet.seameo.org/docs/news/2ndseameopolytechnic/Booklet_PolyNW.pdf.

③ SEAMEO. Agreement and Implementation for the 3rd Batch of SEA-TVET Student Internship Exchange Concept Note and Programme[EB/OL]. (2020-02-16)[2021-12-18]. https://sea-vet.net/images/seb/events/appendix_file/318/1concept-note-and-programme-4th-seameo-poly-meeting.pdf.

表 6.3　东南亚职业技术教育联盟成员互派学生数量[①]

学生赴外交流批次	达成协议时间	参与机构数量	学生人数	交流时间
第一批	2017 年第二届理工学院网络会议（清迈）	印尼、菲律宾、泰国、越南四国的 12 所职教机构	55 人	2018 年 1 月—2 月（30 天）
第二批	2018 年第三届理工学院网络会议（泗水）	印尼、菲律宾、泰国、马来西亚、越南五国的 49 所职教机构	233 人	2018 年 8 月—10 月（30 天）
第三批	2018 年第四届理工学院网络会议（邦阿西楠）	印尼、菲律宾、泰国、马来西亚、越南五国 55 所职教机构	313 人	2018 年 3 月—5 月（60—90 天）
第四批	2019 年第五届理工学院网络会议（怡保）	印尼、泰国、菲律宾、马来西亚四国的 90％所职教机构	542 人	2019 年 8 月—11 月（30—90 天）

目前，东南亚教育部长组织理工学院联盟采取了三种不同模式的学生跨国实习交流项目。第一种为授予文凭的学生实习交流项目，持续时间为 1～3 个月；第二种为授予高级文凭的学生交流项目，持续时间为 3～6 个月；第三种为职业技术教育本科文凭学生交流项目，持续时间为 1～6 个月。职教联盟会议建议由接收机构负责安排学生与国际行业合作伙伴的实习，并为学生提供课堂观察的机会，并协助学生做好准备工作。

第二，在会员拓展方面，东南亚职教联盟的注册会员数量不断增加。东南亚职业技术教育机构在东南亚职教联盟的注册机构数量达到 372 个，其中活跃会员为 12 个，这 12 个机构主要来自泰国、印尼、越南及菲律宾四个东盟国家的大学及学院，机构名称见表 6.4。

---

① SEAMEO. Agreement and Implementation for the 3rd Batch of SEA-TVET Student Internship Excahnge Concept Note and Programme[EB/OL]. （2020-02-16）［2021-12-28］. https：//sea-vet. net/40－initiatives/678-sea-tvet-student-exchange-programme-2020-5th-batch.

表 6.4　东南亚职业技术教育联盟活跃机构会员

序号	职业技术教育机构名称	国家
1	武里南皇家大学(Buriram Rajabhat University,BRU)	泰国
2	东方科技学院(Eastern Technological College)	泰国
3	计算机与信息学院（College of Informatics & Computer Indonesia,STIKI Malang)	印度尼西亚
4	加里曼丹伊斯兰大学(Islamic University of Kalimantan)	印度尼西亚
5	巴东州立大学(Padang State University)	印度尼西亚
6	泗水电子科技学院(Politeknik Electronika Negeri Surabaya)	印度尼西亚
7	普禾格多穆罕默迪亚大学（Universitas Muhammadiyah Purwokerto)	印度尼西亚
8	比拉学院(STMIK Bina Insani)	印度尼西亚
9	塞贝拉斯马叻大学(Universitas Sebelas Maret)	印度尼西亚
10	莲花大学(Hoa Sen University)	越南
11	邦阿西楠省州立大学(Pangasinan State University)	菲律宾
12	打拉农业大学(Tarlac Agricultural University)	菲律宾

资料来源:根据东南亚职业技术教育与培训联盟数据中心相关数据整理。

从 12 个活跃会员机构的交流领域看,主要覆盖了酒店旅游、信息技术、会计、畜牧业、食品技术、电子工程、农业、市政工程、机械工程、经济教育、厨艺、办公管理、商业管理、工业技术、家用电器、商务英语、英语 17 个领域,这 17 个领域的派出机构与接收机构数量见图 6.3。其中,信息技术与酒店旅游专业的交流合作较为频繁。

第三,在科研合作方面,东盟国家在职业技术教育领域的合作内容不断拓展。由表 6.5 可看出,自 2015 年成立以来,东南亚职教联盟陆续举办了 12 次不同内容的国际研讨会,研讨会内容主要聚焦东南亚职业技术教育国际化、中国-东盟职教合作筹备、日本工程教育等,为 320 个职教联盟会员机构搭建了沟通桥梁,签署了 23 个合作框架。① 另外,不同职教组织间的交流合作也在

① SEAMEO. SEAMEO Report:The SEA TVET Programme and Its Implementation (2015—2016)[EB/OL]. (2016-05-30)[2021-12-18]. https://slideplayer.com/slide/10579536/.

211

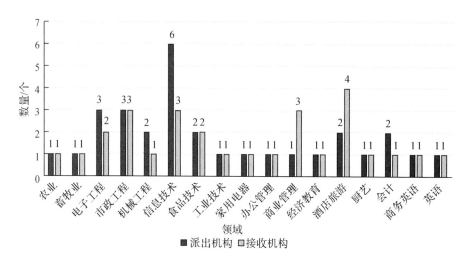

图 6.3　东南亚职教联盟活跃会员主要合作领域

资料来源：根据东南亚职业技术教育联盟数据中心相关数据整理。

不断加深，在东南亚教育部长组织学院（SEAMEO College）的资助下，职教联盟与东南亚教育部长组织职教中心（SEAMEO VOCTECH）联合发布了《东南亚未来十年技能需求报告》(Future Skills Demand in Southeast Asia)。除此之外，为支持东南亚地区移民政策的相关研究，东南亚职教联盟在世界银行的资助下开展了相关调研活动，与其联合发布了《东南亚专业人才流动》研究报告。

表 6.5　东南亚职业技术教育联盟开展研讨会一览表

序号	时间	名称（主题）	地点
1	2015.8	东南亚职业技术教育第一届高级官员会议	泰国
2	2015.10	东南亚职业技术教育协调发展及流动性	柬埔寨
3	2015.10	东南亚职业技术教育协调发展及东盟七国的流动性	柬埔寨、泰国、缅甸、老挝、马来西亚、菲律宾、文莱
4	2015.11	东南亚职业技术教育协调发展与流动性负责人会议	泰国
5	2016.5	东南亚职业技术教育第二届高级官员会议	印度尼西亚
6	2016.7	东南亚-日本工程教育研讨会	日本

续表

序号	时间	名称（主题）	地点
7	2016.8	日本 KOSEN 模式在印尼的实施研讨会	印尼
8	2016.10	东南亚酒店、医疗及创意产业职业技术教育研讨会	印尼
9	2017.5	东南亚第三届职业技术教育高级官员会议	马来西亚
10	2017.7	东南亚教育部长组织-中国职业技术教育合作项目筹备会	中国
11	2017.10	第二届东南亚教育部长组织理工学院网络会议	泰国
12	2018.10	东南亚第四届职业技术教育高级官员会议	菲律宾

资料来源：根据东南亚职业技术教育与培训联盟网站整理。

第四，在地区产教融合方面，东南亚职教联盟制定了 2016—2018 年产教融合发展路线图（SEA-TVET Consortium 3-Year Roadmap）。彼时确立的总体目标是：在 2016 年争取 4 个产业加入东南亚职教联盟，发展 50 名会员，完成 500 名学生的交换规模；在 2017 年争取 8 个产业领域的加入，发展 100 名会员，完成 1000 名学生的交换规模；预计在 2018 年，该联盟将覆盖东南亚地区 12 个行业，拥有 750 个行业合作伙伴，并在东南亚教育部长组织秘书处、东南亚职业技术教育与培训中心、东南亚区域开放学习中心等机构的协助下开展各项跨国交流活动。[①]

作为职业院校与产业界的联动网络，东南亚职业技术教育联盟的创立对于提高东盟各国职业技术教育机构、师生、产业各要素的联合度起到了决定性作用。从国家层面看，东盟成员国通过学生、教职人员以及产业从业人员之间跨国的交流，其本国的学生以及职业教育教师能力水平将不断得到提高。从各类职业教育机构层面看，职教联盟成员获得了最佳实践案例经验，这将有利于联盟成员建立长期合作伙伴关系。从学生的角度看，通过跨国交流与海外实习经历，学生不仅掌握了相关职业技能，而且提高了外语能力以及理解异国文化的能力。对于东盟各国职教教师而言，他们将受益于与区域内同行共事的经历。对地区各产业而言，师生互换活动增加了师生的跨文化工作经验，这

① SEAMEO. SEAMEO Report：The SEA TVET Programme and Its Implementation（2015—2016）[EB/OL].（2016-05-30）[2021-12-18]. https://slideplayer.com/slide/10579536/.

将反哺地区各类产业的良性发展。总之，东南亚职教联盟为东盟地区职业技术教育的持续合作提供了重要平台，在地区职业技术教育区域化发展过程中起到了联动的作用。

第三节　创立东亚与东南亚职业技术教师教育区域协会

新的社会和经济发展需要与之高度匹配的职业技术教育系统和职业教师教育制度，只有将高度发达的职业技术教育系统与社会经济发展需求相结合，并将职业技术教育作为独立的学科，才能为职业技术教育的可持续发展做出贡献。在东盟国家，职业技术教育一直以来不被认为是一门独立的学科。而在东盟经济一体化的背景下，职业技术教育面临的各项挑战需要东盟国家重申与审视职教发展思路，在职教领域尤其是在职业教师教育领域加大研究力度，建立职业教师教育研究制度，为推动东盟各国职业教师教育的改革提供强大的智力支持。如前所述，东盟认可介于学术机构和智库之间的非正式会议，并且东盟将这些"非正式"的会议具有在制度化环境中讨论的重要功能。[①] 东亚及东南亚职业技术教师教育协会的创立与发展过程正是东盟国家充分利用地区智库应对各项挑战的重要体现，该组织的建立标志着东盟国家职业教师教育研究智库的产生，由其产生的政策建议为东盟国家职业教育的改革与发展，尤其是面向东盟一体化的职业教育改革与发展贡献了优质的研究成果和政策建议。

一、创立背景：跨国合作研究的诉求

随着东盟一体化进程的不断加快，特别是东盟经济共同体建设的持续深入，对职业技术教育部门的工作效率提出了更高的要求。人力资源的质量对所有国家的经济社会发展都是至关重要的，职业技术教育需要满足东南亚地区新兴社会的经济及社会需求，这些要求需要通过区域层面及国家层面高水平的职业教师教育制度来实现。由于职业教师教育对整个地区职业教育的进一步发展具有重要意义，东南亚国家不断在职业技术教育领域加大改革力度，改善职业教师教育质量。尽管东盟各国迫切需要职业教育研究成果作为支

---

① RULAND，SCHUBERT G，SCHUCHER G，et al. Asian-European Relations[M]. London：Routledge，2013：222.

撑,而大多数东盟国家都不把职业教育当作一门学科,无论是可持续发展职业教育系统相关研究,还是职业教师教育研究都十分欠缺。为顺应东南亚职业技术教育部门的协调发展趋势,满足东南亚地区的科研合作需求,东亚及东南亚职业教师教育区域协会在此背景下顺势而生。

东亚及东南亚职业教师教育区域协会(下文简称职教教师协会)的前身是亚洲职业教育区域合作平台(Regional Cooperation Platform for Vocational Teacher Education in Asia, RCP),该平台从 2009 年起一直受德国联邦经济合作与发展部(Federal Ministry for Economic Cooperation and Development, BMZ)的资助,并由德国国际合作机构运营。2011 年,该平台已成为中国-东盟地区职业教师教育领域交流的区域性论坛,该论坛旨在拓展职业教育机构的合作、创造跨国交流机会以及开展联合项目,并将以下四个问题作为其主要关注领域:一是"改善地区职业教师教育质量";二是"创建地区职业教师教育多元学习场所";三是"加强职业教师教育研究";四是"推动应对东盟一体化的职业教育改革"[①]。亚洲职业教育区域合作平台近年来快速发展,影响力不断增大,2014 年 3 月,来自东亚及东南亚 9 个国家的 14 所大学积极参与了亚洲职业教师教育区域合作平台(RCP)组织发起的联合活动,在泰国教育部的支持下,东亚及东南亚职业教育教师协会得以成立,被定位为区域性跨国职业教师教育协会,拥有来自柬埔寨、中国、印尼、老挝、马来西亚、菲律宾、泰国、新加坡及越南 26 所大学的协会成员。

二、战略目标:职业教育的协调发展与质量提升

职教教师协会在首届联合大会上确定了第一阶段(2015—2018 年)跨国互动与合作的八大战略支柱。由于其主要目标是成为亚洲职业教师教育领域具有影响力的区域协会,推动亚洲职业教师教育的合作与发展。因此,第一阶段的战略行动计划是推动自身转型,预期从以前基于项目的网络组织转变为职业教师教育研究领域的专业跨国机构,八大战略方向具体内容如下。

一是实现职业教师教育的良好治理。职教教师教育协会致力于提高该地区职业教师教育的政治地位,实现可持续与有效的职业教师教育。该协会十分强调国家层面与区域层面组织机构在加强职业技术教育学术能力发展方面

① SCHRÖDER T. Regional Cooperation in Vocational Teacher Education: Building a Platform for Common Research and Development, Consultancy and Reform in East and Southeast Asia[J]. TVET@Asia. 2014(2):1-21.

的重要性。因此,支持国家层面与区域层面职业教育的可持续发展是其战略领域之一。具体的思路是:在国家层面支持东盟各国职业教育相关法律框架的制定以及各相关机构协调,在区域层面支持东盟各国职业教育互认体系及职业教育的标准化建设,在国际层面支持东盟＋3的职教合作。职教教师协会计划与东盟国家、东南亚教育部长组织、联合国教科文组织、科伦坡计划技术教育学院(The Colombo Plan Staff College for Technicians Education, CPSC)①、东盟大学联盟、中国政府等地区政治组织密切合作,增强政治影响力,推动职业技术教育改革。同时,该协会将利用其科学研究潜力,协助东盟国家和地区机构组织进行循证决策,并支持东盟各国的决策者、国际发展机构及援助者在区域内开展活动和业务。

二是加强组织能力建设与发展。职教教师教育协会预期通过人员交流以及跨国科研合作项目加强其成员机构的能力建设,从而实现个人能力发展与机构组织的同步发展。这项战略目标的主要路径是通过与区域组织以及国际机构进行合作,举行具有行动导向的区域性研讨会,接受科学指导,举办国际会议。

三是促进职业教师教育研究的开展。职教教师教育协会将职业教育作为一个独立学科在推进,并以此作为跨区域和跨国研究活动的基础,传播相关知识。该协会认为,将职业教育作为一个独立学科能够促进区域职业技术教育体系的独立性与可持续发展。实现这一目标的主要路径是开展地区性跨国研究项目,为循证咨询、知识生产、学术共同体建设以及机构之间的跨国交流奠定基础。这一战略旨在建立区域研究网络,尤其是建立职业教师教育相关科目的数据库。职教教师协会将在线期刊《亚洲职业教育》作为在亚洲范围传播东南亚研究成果的工具,并将其作为开放性访问平台,为东盟国家职业技术教育与培训机构,特别是为职业教师教育研究者提供相关研究信息。

四是关注区域化与一体化。职教教师协会致力于实现地区职业教师教育框架的一致性和可比性,以支持东盟的整合和协调进程。此项战略目标计划通过支持东盟发布的统一规则,为东盟社区的区域稳定和一体化做出贡献。同时,该协会还致力于制定和实施全面的职业教育与培训标准以及职业教师教育区域资格框架。统一的标准与框架将提高职业教师教育学习成果的可比

---

① 科伦坡计划技术教育学院(CPSC)是科伦坡计划的自治专业机构,它于1973年12月5日在新西兰惠灵顿举行的科伦坡计划第23次协商委员会会议上成立,以协助科伦坡计划成员国发展及加强其技术教育系统。四十多年来,该学院在推动地区人力资源开发方面发挥了较大作用。

性,促进相互认证,这将为该地区学习者的流动提供可操作的技术手段。

五是参与区域内外的合作与交流。保持与区域内外的互动与合作是职教教师协会的战略领域之一,这包括参与东盟地区职业教育机构、区域组织及国际组织等机构的政策制定过程。该协会认为,协会成员应与联合国教科文组织、东南亚教育部长组织职教中心、科伦坡计划技术教育学院等其他国际组织开展密切的合作,这对于避免协会出现内部危机以及实现高效发展非常重要,与上述国际组织及其他地区机构的密切合作还将对职教教师协会的能力建设、影响力及研究成果产出方面产生不可估量的影响。此外,该协会还拟利用其现有资源开发跨区域研究计划,促进区域师生、研究人员及管理人员的交流。

六是改进职业教师教育质量。在与企业、商会以及职教机构合作过程中,提高职业教师教育质量与相关性(relevance)是职教教师协会的又一核心战略。其目标是通过改革和重新设计职业教育计划,提高职业技术教育教学专业的吸引力,提高职业技术教育教师的素质和就业能力。具体路径是引入工作融合学习(work integrated learning)方法,支持正在进行的双元制学习项目,与公营或私营公司、商会及其他专业会员组织共同合作,建立完整的职业技术教育质量保障体系。

七是保障融资与运营。职教教师教育协会是一个非营利组织,且处在起步阶段。因此,该协会将在未来增加预算,为正在进行的各类项目提供资金支持,扩大业务以完成现有的战略目标。该协会鼓励其管理层及其所有成员评估潜在资助者,从而获得财政支持,同时保障资金的透明度,顺利实施所有战略及行动计划。

八是推行绩效管理,保障可持续性发展。为确保协会现行的各类活动具有可持续性,逐步加强绩效管理是重要任务。协会将其发展阶段分为基础阶段与巩固阶段,2015 年至 2018 年设定为协会发展的第一阶段,即基础阶段,2018 年至 2020 年或 2020 年以后为巩固阶段。协会将计划对其每个阶段的可持续性和运行效率进行评估,并致力于组织功能结构的改善。高效的可持续沟通是保障跨区域合作取得成功的关键所在,协会预期通过活动信息的公开化实现信息共享。

职教教师教育协会是在东盟一体化进程尤其是东盟经济共同体建设不断推进的大背景下建立的,该协会的战略目标之一就是为应对东盟一体化挑战、深化区域职业技术教育领域的合作提供相关政策建议。因此,该协会一直以"为地区提供有效的职业技术教育协调政策"为愿景,以"促进东南亚国家职业技术教育质量提升与地区一体化活动的开展"为使命。长期以来,区域职教教师协会致力于东盟所有层面的整合,呼吁东盟各国在职业技术教育领域建立区域永久机构。

协会认为,东盟地区职业技术教育的人才培养质量与企业的实际需求存在较大鸿沟,改进职业技术教育政策以促进职业教育的协调发展应该是东盟共同体建设的努力方向。此外,加大职业技术教育对年轻人的吸引力以及提供与劳动力市场相匹配的高技能水平劳动力需要进行结构性改革。①因此,协会始终把职业教育教师的作用摆在核心位置,并提出东盟未来应在以下五个方面发展的政策建议:"加强东盟地区职业技术教育合作以促进其国际化;降低东盟各国职业教育体系的复杂性以提高其可比性;进行职业技术教育能力开发以促进其创新与研究能力发展;建立与劳动力市场驱动的职业技术教育政策以确保与市场保持良性合作关系;改善财务分配结构与机制以加大职业技术教育财政投入。"②

在"加强东盟地区职业技术教育合作以促进其国际化"方面,职教教师协会认为,东盟需要东盟意识以及清晰的职业技术教育政策规划,这将有助于巩固职业技术教育领域区域平台的建设。为实现职业技术教育国际化并取得显著成果和进展,该协会建议东盟各国应慎重考虑并实施以下几方面的政策建议:(1)举办首届东盟职业技术教育与培训峰会(ASEAN Summit on TVET),建立职业教育政策及其治理方面的地区认同与协调政策。首脑会议应围绕"东盟2015年后职业技术与培训议程"而展开后续配套政策的磋商。(2)建立关于职业技术教育政策对话和圆桌会议机制,以便在政府、区域组织(东盟教育部长会议、东盟劳工部长会议、东南亚教育部长组织)、国际组织(联合国教科文组织)以及所有利益相关方之间建立永久的区域伙伴关系。(3)推动建立区域网络,发起国际合作倡议,从而加强东盟地区职业技术教育的跨国对话和相关经验交流。(4)加快实施东盟资格参照框架(AQRF),确保东盟职业资格的互认在跨国框架的指导下顺利进行,推动东盟经济共同体的建设。③

在"降低东盟各国职业教育体系的复杂性以提高其可比性"方面,职业教师教育区域协会主张要从根本上改革和支持职业技术教育,从而适应东盟建

---

① RAVTE. Regional Development, Harmonisation and Internationalisation of TVET in the Wake of AESEAN Economic Community (AEC)[R]. Chiang Mai: RAVTE,2015: 1-5.

② RAVTE. RAVTE Five Point Plan on TVET Improvement for AEC[R]. Chiang Mai: RAVTE,2015: 1.

③ RAVTE. Regional Development, Harmonisation and Internationalisation of TVET in the Wake of AESEAN Economic Community (AEC)[R]. Chiang Mai: RAVTE,2015: 1-5.

立单一市场和生产基地的需求。可持续的解决方法是大力降低东盟各国职业技术教育体系的复杂性,并在国家和区域层面上加强职业技术教育的一致性及可理解性。为达到上述目标,东盟国家首先要进行结构性改革以减少政策重叠,消除职业技术教育在国家和地区层面的不一致性;其次是实施系统性的行政改革以减少官僚主义倾向,确保职业技术教育在地区内部达到最大限度的可比性、渗透性和流动性;再次是开发促进一体化与包容性的职业技术教育政策,并以此消除社会对弱势群体的排斥。

在"进行职业技术教育能力开发以促进其创新与研究能力发展"方面,东盟各国普遍意识到职业教师是职业技术教育质量和效率的基石,随着 2015 年后东盟经济共同体建设进程的加快,东盟各国职业技术教育的能力建设、创新能力和研究能力提升将成为挑战。因此,职业技术教师教育协会建议在以下四个方面加强地区职业技术教育质量与效率:一是提高职业教育人员发展的相关性和认识水平;二是提高职业教师教育研究与课程的质量与可靠性,特别是先进实践能力和技术知识;三是制定职业教师教育的区域标准,确保地区学习计划与资格认证系统的可比性;四是进一步开发跨区域研究项目与能力建设项目。

在"制定劳动力市场驱动的职业技术教育政策以确保与市场保持良性合作关系"方面,职业技术教师教育协会认为优质的培训应基于企业评估,在职业教育标准与课程设计的初始阶段,学校、企业需共同注资实施与工作过程相关的培训,并共同指导毕业生的评估、资格认证和就业。为贯彻上述原则,东盟国家应鼓励公私对话和伙伴关系,开展与来自政府、商界和民间社会代表的对话;支持在国家及地区范围内实施职业教育质量提升的相关举措;建立职业技术教育机构及其服务对象的激励机制,提高职业技术教育的声誉以及市场相关性,以寻求职教机构的适应性及应变能力。

在"改善财务分配结构与机制以加大职业技术教育财政投入"方面,职业技术教育的财务预算越来越受到东盟国家所有政府以及商业部门的关注。由于人口增长以及市场对熟练劳动力需求的不断增加,职业技术教育与培训体系也在不断扩大,这也导致政府和利益相关者财务需求的持续增长。因此,职教教师教育协会建议东盟各国政府及利益相关者增加职业技术教育的预算,为其提供具有法律保障的培训基金,提高公共和私人预算的相关性和透明度,并接受私营部门的财政支持。

长期以来,职业技术教育区域合作平台被视为东盟地区职业技术教育和继续教育的专家论坛。这体现在该平台在众多国际会议的组织筹备上做出了突出贡献,如上海第三届联合国教科文组织职业技术教育与培训世界大会、首尔全球人力资源论坛等，这些会议提高了东盟地区各类职业技术教育机构组织的知名度。职业技术教师教育区域合作平台的大学成员以及众多的区域组织在合作过程中形成了一种共同的身份以及共同的努力方向。为满足不断变化的职业技术教育与培训需求，最终实现地区协调发展的整体目标，这促使东盟国家之间跨机构与跨国合作的需求不断增加。

在职教教师协会的推动下，东盟地区职业技术教育高峰论坛已成功举办三届，由其提出的倡议也促成了东盟 2015 年后职业技术教育的发展愿景（Post-2015 Vision in TVET），这份愿景为东盟地区职业技术教育的区域化发展提供了诸多建设性政策建议，在此过程中，教师教育区域协会已逐渐成为东盟地区研究智库之一。

三、运行机制：地区内外部机构的协作

作为职业技术教师教育区域合作平台，东亚及东南亚职业技术教师教育协会发展出了一套内外部相互协作的协调机制，这对东盟国家职业教师教育改革与发展，尤其是东盟地区职业技术教育区域化进程产生了深远影响。

职业教师教育区域合作平台的组织结构由发挥不同作用的机构组成，各机构参与合作的基础是各方共同签署的谅解备忘录。根据谅解备忘录要求，该平台的指导委员会（The Steering Committee，SC）由各个合作机构及德国国际合作机构派出的代表组成，其中，合作机构是指对东盟国家职业技术教育教师发展发挥了重要作用并且具有丰富经验的职业教师教育机构。经过多国提名，指导委员会成为该平台的最高战略决策机构，其组织架构主要根据德国联邦经济合作与发展部（BMZ）的建议而设置。

为助推一体化目标的实现，指导委员会通过联合东盟各国发布跨国合作声明、宣言，从而来达到支持东盟一体化的目标，例如，指导委员会促成东盟各国成功签署了旨在促进地区职教合作的《巴吞他尼声明》（Thanyaburi Statement）[①]，并与联合国教科文组织、东南亚教育部长组织职教中心等机构组织签署了其他合作协议。为支持该地区职业教育机构的实际发展需求，职业教师教育区域合作平台开展了多项地区职业教育改革相关研究，随着区域合作平台及其指导委员会的发展，由五名专家组成的工作小组随之成立，其任

---

① RMUTT. "Thanyaburi Statement" to Support International Collaborations in Vocational and Technological Education[EB/OL]. (2013-02-17)[2021-12-18]. http://www.eng.rmutt.ac.th/thanyaburi-statement-to-support-international-collaborations-in-vocational-and-technological-education/.

务是向指导委员会提出地区合作平台未来发展的建议。

职业教师教育区域合作平台的运行依据是其制定的运行计划,运行计划由指导委员会确定,其活动主要包括能力建设、专家交流、区域性与国际性会议、研究工作、改革项目、政策咨询等,区域合作平台战略决策与运行机构如图 6.4 所示。

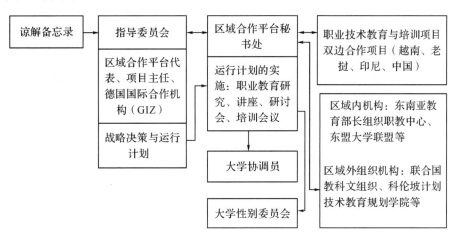

图 6.4　职业教育教师区域合作平台战略决策与运行结构图①

职业教师教育区域合作平台秘书处负责平台各项活动的开发、运作及监督,确保研究成果的质量及成果转换。秘书处负责向指导委员会报告重要新闻事件等日常工作,此外,秘书处还支持各项目的管理工作,在德国国际合作机构的支持下与中国、越南、印尼及老挝等国保持紧密的双边或多边合作关系。秘书处还设置了大学协调员的岗位,平台内的每所大学都提名了一名协调员,其主要职责是负责其所在大学与区域合作平台联合项目的沟通工作,保障信息畅通,同时协调员也是秘书处与其他合作大学的主要联系人。

在区域内外组织机构之间的合作方面,职业技术教师教育区域合作平台与东南亚教育部长组织职教中心、联合国教科文组织、东盟大学联盟、科伦坡计划技术教育规划学院建立了紧密的合作关系,联合研究项目以及职教政策建议是该平台与区域内外组织机构之间的重要合作事项。

①　SCHRÖDER T. Regional Cooperation in Vocational Teacher Education: Building a Platform for Common Research and Development, Consultancy and Reform in East and Southeast Asia[J]. TVET@Asia. 2014(2):1-21.

目前,职业教师教育区域合作平台的合作方式使得应用比较研究方法成为可能,由其产生的政策建议的传播方式可能是自下而上的,也可能是自上而下的,换言之,东盟各国的国家部委可通过大学或是通过区域组织获取由该平台产生的政策建议。为了实现既定目标,职业技术教师教育区域合作平台在地区开展了各类活动,旨在通过合作研究,传播研究成果,发起改革建议,促进知识交流与知识生成。在推进地区实现共同利益的过程中,平台活动多样化的实践活动增加了东盟各国达成共识的可能性,促进了不同思维方式的交流,最终促成了东盟国家职业技术教育政策变革。比如泰国职业教育教师核心课程的开发以及老挝职业教师教育标准的开发得益于区域合作平台的相关研究成果的推动。①

---

① SCHRÖDER T. Regional Cooperation in Vocational Teacher Education：Building a Platform for Common Research and Development，Consultancy and Reform in East and Southeast Asia[J]. TVET@Asia. 2014(2)：1-21.

第七章　对东盟地区职业技术教育区域化发展的评析

东盟地区职业技术教育区域化的主要特征表现为"三大路径三管齐下"、"多元主体协同推进"以及"非强制性东盟方式全面引领"。东盟地区职业技术教育区域化发展明确了东盟国家职业技术教育的合作领域与发展方向、打破了东盟国家职业技术教育合作的技术性壁垒以及形成了东盟国家职业技术教育合作的多层次联动网络。然而,东盟地区职业技术教育区域化发展也受到东盟成员国教育体系的不平衡性、职业技术教育合作的不全面性以及非强制性东盟决策方式的低效性等问题的制约。

第一节　东盟地区职业技术教育区域化发展的特征

简·奈特为各地区高等教育区域化发展特征分析提供了一个六维测度模型分析框架,即"正式"与"非正式"、"无意识的"与"有计划的"、"自下而上"与"自上而下"、"内部驱动"与外部驱动"、"渐进的"与"跃变的"、"回应性的""主动的"与"战略性的"六组变量。这六组变量实际上可归纳为三个方面:即主体性特征、方法手段特征及合作偏好特征。其中,以"正式"与"非正式"、"内部驱动"与"外部驱动"为主体性特征的分析维度,"自下而上"与"自上而下"、"无意识的"与"有计划的"为方法手段特征的分析维度,"渐进的"与"跃变的"、"回应性的"、"主动的"与"战略性的"为合作偏好特征的分析维度。教育区域化不是简单统一、线性与独立的过程,教育区域化取得的每一个进展都在特定的文化、政治背景中产生。在东盟地区的语境中,职业技术教育区域化的主体性特征表现为"多元主体协同推进",方法手段特征表现为"三大路径三管齐下",合作偏好特征表现为非强制性"东盟方式"全面引领。

一、多元主体协同推进

东盟地区职业技术教育区域化发展的主体性特征表现为"多元主体协同

推进"，其含义是职业技术教育区域化发展的推动主体是多元的，这是东盟地区教育治理的独特之处。在东盟语境下，区域层面、国家层面政策制定机构以及职业技术教育机构都各自提出了相关倡议与协议，并在地区职业技术教育区域化发展过程中同时发挥了作用。换言之，根据简·奈特提出的特征分析维度，上述现象均符合"正式"与"非正式"路径维度的特征描述。其中，"正式"路径是指东盟政策制定机构在职业技术教育区域化发展过程中发挥了作用，"非正式"路径则体现在东盟地区的职业技术教育机构发起了单边或多边职教合作活动。

从区域层面政策制定机构看，东盟与东南亚教育部长组织在推动东盟地区教育合作事务中处于核心地位。其中，东盟将其成员国之间在职业技术教育领域的紧密合作视为推进东盟共同体建设的支撑手段之一，由其发布的东盟五年教育规划明确将"促进跨境教育及教育国际化""加强区域协调以增加职业技术教育透明度"等作为目标。另外，东南亚教育部长组织开始涉足地区职业技术教育优先发展领域相关政策的制定，发起了多项行动计划，并授权其下设的 25 个中心分别处理及研究不同教育层次与教育领域的合作问题。上述事实表明东盟地区职教区域化发展具有较强的"正式"特征。

此外，东盟地区多个政策倡议实际上是由东盟成员国发起并推广，如建立地区性学术期刊索引的倡议首先由泰国发起，后在泰国的持续推动下得以成为现实。由此看来，东盟地区职业技术教育区域化发展不仅得到了区域层面决策机构的有力支持，同时也得到了东盟成员国的响应与参与，这也成为奈特关于"正式"特征维度的体现。这种"正式"特征还体现在东盟地区建立了多个专注于职教发展的其他专业组织，如东南亚教育部长组织职业技术教育与培训中心。作为地区职教领域的核心组织，东南亚教育部长组织职教中心扮演了地区实践指导中心与学术中心的角色，并在各类地区性职教组织之间构建了稳定的协调合作网络与桥梁。

"非正式"特征体现在东盟国家职业技术教育机构在东盟地区职业技术教育区域化发展中也发挥了主导作用。东盟成员国职教机构通过参与地区多个对话平台为地区职教政策献言献计，如东南亚职教高层会议、东南亚职教联盟等。这些平台汇集了东盟地区各国教育官员、企业界及职业院校代表，并在区域职教倡议与政策的提出与制定过程中，提供了集思广益的沟通渠道，也为东盟地区职业院校的发声提供了机遇。

值得注意的是，区域外的组织机构及国家也在不同领域参与、支持及指导了东盟地区职业技术教育区域化发展与质量提升。联合国、欧盟、澳大利亚-

新西兰自贸合作组织、亚洲开发银行、亚太经贸合作组织、德国国际合作机构等区域外组织成为东盟地区职业技术教育领域改革与发展的重要合作伙伴，这些机构组织在东盟地区区域资格参照框架的制定、职业教育教师标准的开发等方面提供了技术指导。比如，美国通过"湄公河下游行动计划"（Lower Mekong Initiative，LMI）支持该地区教育发展与《东盟一体化倡议》，利用英语语言能力提升计划、技术培训、教师培训等区域倡议来帮助东盟成员国建立教育合作纽带，推进更大规模的区域合作。[①]此外，东盟地区职教区域化发展具有包容性，而非排他性。东盟通过东盟＋N（如中国-东盟）的教育合作方式不断拓展区域外的合作伙伴，从而也间接强化了区域内部凝聚力。

东盟地区职业技术教育区域化发展兼有"外部驱动"与"内部驱动"的双重特征。其"外部驱动"性体现在东盟地区职教区域化发展过程受贸易、地缘政治等领域的推动，这个过程被视作区域政治、经济、社会文化共同体建设的工具。虽然东盟并未直接在文件中表示教育区域化发展是东盟共同体建设的路径支持，但实际上，东盟在其教育规划及相关文件中将教育作为共同体建设的支撑手段却是不争的事实。例如，东盟领导人在重要会议上多次强调，东盟地区的学校课程内容应为帮助学生更好地理解《东盟宪章》以及本地区不同文化习俗而设计，各成员国应尽快建立或完善国家资格框架以便实现更大规模的人员流动，并在教育培训领域展开更紧密的合作。另外，东盟两个五年教育规划实际上也是东盟社会文化共同体蓝图的一部分。由此看来，东盟职业技术教育区域化发展的直接动力来自东盟高层的需要，这显然符合简·奈特对于教育区域化"外部驱动"的特征描述。

东盟地区职业技术教育区域化发展也是为了改善区域内部职业技术教育与研究水平，此为东盟推进教育互联互通第二层目的。前文提到，东盟国家劳动力市场面临十分严峻的劳动力市场危机，其主要表现之一就是东盟地区多数国家的劳动力被自动化代替的风险不断增大，全面彻底的职教系统改革也亟待展开，东盟国家无力依靠自身力量处理一系列危机，因此东盟成员国之间须携手应对同一挑战，这引发了东盟国家职业技术教育国际化的需要，最终促成了职教区域化发展。东盟国家建立多个区域职教中心的根本目的在于改善职业技术教育水平，通过人员流动、信息共享、相互协作及联合活动提高整个地区的职业技术教育竞争力。从这个意义上讲，这个过程也具有内生性，因而东盟地区职教区域化具有"内部驱动"的特点。

---

① ASEAN. ASEAN State of Education Report[R]. Jakarta：ASEAN，2013：20.

二、三大路径三管齐下

东盟地区职业技术教育区域化发展的方法手段特征表现为"三大路径三管齐下"，其含义是政治路径、功能路径及组织路径在职教区域化发展过程中组合发力、相互依赖、相互补充，其互动关系见图7.1。根据奈特相关定义可知，区域层面或国家层面实体组织制定的具有法律约束力的文件或协议通常被认为是"自上而下"的路径，而职业技术教育机构发起的倡议则是"自下而上"的路径。三种路径的组合运用实际上也代表了"自上而下""自上而下"以及"计划性"三种路径的组合。

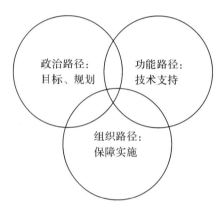

图 7.1 东盟地区职业技术教育区域化发展三大路径相互关系

首先，在东盟地区职业技术教育区域化发展过程中，东盟及东南亚教育部长组织等区域决策机构通过发布带有政治意愿的意向声明、制定计划和方案、开展政策对话等途径推动职业技术教育区域化发展，使其正式化。这种政治路径为地区职教发展方向设定了具体的战略目标，并从区域最高层次的教育合作政策决策层面发声，以"规划""宣言""声明"等形式加以强化，保障了东盟地区职业教育区域化发展的可持续性与方向性，这种由地区决策组织制定地区教育发展文件的行为符合奈特关于"自上而下"特征描述。在东盟地区职教区域化发展"自上而下"的推进方式中，最为突出的是东盟通过不同层级的政府间组织与决策链打通了协商通道，构建了多层级的协商网络，对地区教育合作事务协商内容产生了引导作用。此外，源于教育规划的时间限定性，东盟地区职教区域化发展的政治路径自身也带有较强的"计划性"特征。

其次,功能路径为东盟地区职教系统各要素的互联互通提供了技术支持,这些技术手段增强了东盟成员国职业技术教育体系的透明度及可比性。地区决策机构、东盟成员国以及职业技术教育机构共同参与了上述技术手段的开发,功能路径中的部分技术手段也并非全部由地区官方组织提出,而是出自成员国职教机构自身的实践探索,最后再上升到区域层面的政策建议。因此,东盟地区职业技术教育区域化发展也具有"自下而上"的特征。

最后,组织路径为政治路径确定的行动方向提供组织保障,构建了东盟地区不同层面的实体机构组织网络,这些机构网络既保障了各项职教发展战略的顺利开展与实施,也使功能路径的技术支撑作用得以发挥。这些组织机构不仅是地区教育政策实施者,且逐渐成为地区职业技术教育新政策的培育地,并为政治路径中的政策新方向提供了智力支持。在上述组织中,既有由地区组织推动建立的正式组织,也有由职业技术教育机构推动形成的非正式区域性论坛,如东亚与东南亚职业技术教育教师协会。因此,上述事实也是东盟地区职业技术教育区域化发展"自下而上"特征的又一体现。

在东盟地区职业技术教育区域化发展的不同阶段,三种路径运用的侧重点有所不同,因此在不同的阶段,其外显特征也会有所不同。东盟地区职业教育区域化发展现今处于起始阶段,从总体上看,政治路径的运用先于组织路径与功能路径。换句话说,东盟地区职业技术教育区域化初期阶段的特征多表现为"自上而下"。在东盟成立之初,东盟领导人就提出支持区域教育合作的意愿。在东盟三大共同体建设倡议被提出之后,缩小东盟成员国之间的差距,提高东盟成员国教育系统透明度等目标被赋予新的高度,因此,东盟成员国之间教育政策协调变得尤为重要。实际上,多数地区职教中心的建立是对地区层面机构组织职教政策的回应,如东南亚职教联盟的产生就是对东南亚职教高层会议倡议的回应。随着东盟共同体建设的不断推进,一部分职业技术教育机构及地区自治机构组织也将积极参与地区层面职教政策的制定过程,如东亚与东南亚职业教师教育协会的战略目标之一就是为地区提供职业教育协调政策,这使得教育区域化过程逐渐具备了"自下而上"的特征,组织路径也逐渐开始占据优势。

三、非强制性"东盟方式"全面引领

东盟一直是东亚地区为数不多的可持续发展的区域组织之一[①]，东盟在地区合作机制上的成功与该地区的特色合作方式有着密不可分的联系，这种特色的区域合作方式被称为"东盟方式"。学界在描述"东盟方式"的内涵、特征时，不免会将其与欧盟的合作方式进行比较，欧盟是东盟经常参照的对象。[②] 欧盟与东盟常常被并置比较的原因在于这两者都是典型区域主义的代表，且东盟效仿了欧盟的一体化进程[③]，在教育区域化领域亦然。通过将东盟与欧盟的教育区域化进程进行比较，"东盟方式"在教育合作领域全面引领的特征属性将更容易理解与把握。

欧盟一直被视为区域一体化最成功的例子，其合作模式是一种基于"制度"的区域主义，通过赋予特定机构决策权力来实现整合，而包括东盟在内的东亚则是一种开放式的网络化区域主义。[④] 东盟前秘书长鲁道夫·C.塞韦里诺形象地把"东盟方式"与西欧方式进行了比较："东南亚不是西欧，东南亚采取了一条非正式的、回避法律形式和法律约束的承诺，避免详细规划的地区性超国家机制路线。"[⑤]根据相关学者对"东盟方式"做出的定义可知，"东盟方式"是一种不同于欧盟的区域合作决策方式，具有鲜明的亚洲特色，其主要的特点就是规避法律约束，强调国家主权，避免高于国家主权的超国家机制。

在教育领域，由于"东盟方式"对于东盟地区教育合作模式存在不可忽视的影响，因此在东盟地区职业技术教育区域化发展过程中，逐渐形成了以非强制性"东盟方式"全面引领的特点。跟欧盟"基于制度"的特点相比较，东盟在决策机构、决策方式、教育共同体的理念、教育区域化的保障手段、连接工具以及教育区域化程度上均与其存在显著差异，但在教育区域化发展动力及介入教育领域的方式上却具有共性，详见表7.1。

[①] SÖDERBAUM F. Comparative Regional Integration and Regionalism[M] // TODD L，NEIL R. The Sage Handbook of Comparative Politics. London：SAGE Publications Ltd，2009：484.

[②] 塞韦里诺.东南亚共同体建设探源：来自东盟前任秘书长的洞见[M].王玉主，译.北京：社会科学文献出版社，2012：5.

[③] JETSCHKE A. Institutionalizing ASEAN：Celebrating Europe through Network Governance [J]. Cambridge Review of International Affairs，2009，22(3)：407-426.

[④] HWEE L Y. Institutional Regionalism Versus Networked Regionalism：Europe and Asia Compared[J]. International Politics，2010，47(3-4)：324-337.

[⑤] 塞韦里诺.东南亚共同体建设探源：来自东盟前任秘书长的洞见[M].王玉主，译.北京：社会科学文献出版社，2012：4-10.

表 7.1 欧盟与东盟教育区域化比较

比较维度	欧盟	东盟
地区组织成立的背景	经济合作	政治合作
教育区域化发展的动力	促进欧洲一体化、建立"知识欧洲"、促进人员流通	支持东盟共同体建设、提高人力资源水平、促进劳动力流通
介入教育领域的方式	宣言、公告、行动计划、项目	宣言、行动计划、项目、倡议
教育领域决策机构	超国家机制:欧洲联盟理事会、欧盟委员会、欧洲议会、欧洲法院	政府间组织:东盟领导人会议、东盟部长会议
决策方式	简单多数、特定多数、全体一致原则	不干涉内政、协商一致原则
教育共同体的理念	进一步合作的空间	理解差异的协调空间
教育区域化的推进手段	法律文件	避免法律约束
职业教育体系的连接工具	资格框架、学分转换体系等	资格框架、交流平台等
教育区域化的发展程度	中高级阶段	初级阶段

从地区组织成立的背景看,东盟与欧盟在成立之初的不同环境以及成员国之间的关系决定了两者合作方式的不同。欧盟的成立源于欧洲国家在二战后希望重塑其世界中心地位以及促进经济复苏的需要。然而对于东南亚国家来说,东盟成立的内部动因是寻求政治合作。[1] 东南亚国家在过去几十年或几个世纪里都在外国人的控制之下,殖民制度塑造了今天的东南亚,殖民时期遗留下的未解决问题成为东盟地区摩擦的根源,东南亚的极端多样化也远超欧洲。[2] 因此,政治联合成为解决东盟国家之间冲突与抵御外部威胁的途径之一。丧失国家主权的殖民记忆使得东盟国家选择了一种非正式且松散的安排来推进区域合作的各项事务,这也决定了东盟非强制性的教育合作方式。

从推进教育区域化发展的动力看,欧盟与东盟存在共性。"各个地区的一体化进程都是在主要的地区性国际组织的框架下推进的,与东南亚和西欧地

---

① 覃玉荣.东盟一体化进程中认同建构与高等教育政策演进研究[D].上海:华东师范大学,2009.

② 塞韦里诺.东南亚共同体建设探源:来自东盟前任秘书长的洞见[M].王玉主,译.北京:社会科学文献出版社,2012:7.

区一体化密切关联的则是两个相应的地区性国际组织——东盟与欧盟。"①这两个地区组织都存在共同的需求，即通过建立地区制度进行更紧密的合作而使国家相互获益。虽然欧盟与东盟在区域合作组织架构上存在差异，两者的决策机构设置也影响了这两个地区教育区域化的推进方式，但两者在推进教育区域化发展方面都表现出较为积极的倾向，这是由于两个地区的教育区域化发展目的都是促进本地区一体化与人员流动、建设终身学习社会以及提高人力资源水平。另外，欧盟与东盟介入教育领域的方式上也存在共通之处，两者都基本以首脑会议颁布的宣言、公告、行动计划、项目等形式为主。②欧盟发布的《哥本哈根宣言》与五个"欧洲工具"是其推动职业教育一体化的重要体现③，东盟从成立之初也在相关声明中开始提出成员国之间需要加强区域教育合作以实现地区的繁荣发展。近年来，东盟国家通过两个五年教育规划、《清迈联合声明》等政策文件促进地区职业技术教育交流与合作，东盟地区职业技术教育区域化发展程度不断加深。因此从这个维度看，介入教育领域的方式较为相似。

从决策机构看，东盟与欧盟在决策机构上的主要区别在于是否建立了超国家机制，欧盟区域主义以让渡或集中部分主权为前提，而东盟则是政府间合作模式。欧盟是一个政治与经济联盟，设置了欧盟委员会、欧洲联盟理事会、欧洲委员会、欧洲议会及欧洲法院，这体现出欧盟具有立法、行政、司法三权分立的主权国家特征。④一般认为，从超国家层面上考虑欧盟教育政策的主要机构是欧盟委员会及下设的教育与文化总司、欧洲议会及下设的文化与教育委员会以及欧洲法院。⑤"欧盟一直致力于发展超国家层面的教育政策，并将加强欧洲认同的建构作为其政策的一种重要功能。"⑥欧盟从成立之初就将职业教育与培训政策视为一体化的领域，因此，欧盟职业技术教育一体化的顶层设计框架来源于超国家机构。东盟虽然也是一个政治与经济联盟，却没有像

---

① 唐笑虹.东南亚地区一体化滞后的制度原因分析——东盟与欧盟的比较研究[J].理论前沿，2007(4)：27-28.

② 覃玉荣.欧盟与东盟高等教育政策演进比较[J].比较教育研究，2009(10)：31-36.

③ 吴雪萍，张科丽.欧洲职业教育一体化探析[J].高等教育研究，2011(5)：65-69.

④ 李峰.欧盟的"韧性"与东盟的"抗御力"——项区域核心概念的比较研究[J].欧洲研究，2018(4)：84-102.

⑤ 申超，温剑波.多层治理视野下的欧盟教育政策形成机制研究[J].比较教育研究，2011(7)：64-69.

⑥ 王莉方，张娟，丁秀棠.超国家层面的欧盟职业教育与培训一体化政策变迁[J].职业技术教育，2011(16)：79-83.

欧盟那样拥有高度制度化的超国家中央机构,作为政府间组织的东盟领导人会议与东盟部长会议作用有限,其组织设置也较为松散。① 与欧洲一体化全面强调建立独立的超国家机构以及在各个部门采用具有约束力的规则不同,东盟一直在为其成员国之间的建设性交流开发平台。② 换句话说,东盟的运作是由各类东盟部长级会议推动的,如教育领域的合作事项是由东盟教育部长会议推动,并由东盟高级官员教育会议执行。同时,东南亚教育部长组织在不同东盟成员国建立了多个区域组织,分别处理不同教育层次的合作问题并开展不同教育领域的研究,这些组织机构及平台由不同东盟成员国管理,彼此之间形成了联动网络,对东盟国家职业教育的改革、发展与合作产生了政策引领的作用,这些区域中心及平台不仅是东盟国家职教合作的协调者,也是东盟地区职业技术教育区域化发展过程中的重要推动者。

从决策方式看,欧盟部长理事会采取"简单多数""特定多数""一致同意"的决策方式。③ 但"欧盟式的协调模式还不是东盟的首要任务"④,东盟成员国之间"不干涉内政"和决策"协商一致"原则一直是东盟国家合作的重要标准。因此,东盟形成了以政府间对话、自愿承诺、定期会晤为基础的教育合作模式。开发东盟资格互认体系运用的决策模式就是运用"东盟方式"的典型例子。东盟运用了轴辐式模型(hub and spoke model)开发了地区资格互认体系,其含义是,无论是中心(东盟区域机制)还是辐条(东盟成员国),两者的权利都不在另一方之上,东盟拒绝超国家机构,东盟国家政策制定者不希望东盟机构变得过于强大,而是强调主权国家共同努力。东盟成员国不希望东盟机构拥有制定资格认证的专有权,同时东盟在现阶段也尚未准备好将权力全部下放到区域一级。⑤ 东盟资格参照框架委员会由十个东盟成员国派出的代表组成,采取协商一致的方式不断完善该框架的治理结构与调整更新,而欧洲资格框架则是通过欧盟委员会的决议产生,并通过欧盟委员会实施。东盟成员国共识

① 陈寒溪. 此"盟"彼"盟"各不同——东盟和欧盟的地区一体化比较[J]. 世界知识,2003(7):28-29.

② CONNORS M K,DAVIDSON R,DOSCH J. The New Global Politics of the Asia Pacific[M]. London:Routledge,2011:121-139.

③ 朱仁显,唐哲文. 欧盟决策机制与欧洲一体化[J]. 厦门大学学报(哲学社会科学版),2002(6):81-88.

④ ASEAN. ASEAN State of Education Report[R]. Jakarta:ASEAN,2013:10.

⑤ HAMANAKA S,JUSOH S. Understanding the ASEAN Way of Regional Qualification Governance:The Case of Mutual Recognition Agreements in the Professional Service Sector[J]. Regulation &Governance,2018:12(6):1-19.

的达成依赖于政府间组织的"协商一致"，这种"协商一致"的决策方式成为"东盟方式"的典型特征之一。

从教育区域化的保障机制看，欧盟以法治为基础，欧盟采取的每项行动都建立在所有欧盟国家自愿批准的条约之上。① 而东盟在推进其各项地区事业的进程中，更倾向于非正式的、松散的安排而不是具有法律效应的条约和正式的协议。由于东盟在发展地区机制时有谨慎和渐进的偏好，因此其法律约束性协议相对稀缺。因此，东盟地区职业技术教育区域化发展过程中也受到这种"东盟方式"的影响，制定具有约束力的法律条文并不是职业技术教育合作的主要方式，取而代之的是东盟地区决策机构以及区域职教组织发布的宣言、共识、倡议以及协议。值得注意的是，东盟也不要求东盟成员国强制实施这些协议。基于法律约束的欧盟教育区域化显然具有较强的凝聚力，保障教育区域化的法律文件体现的是一种"集体安排"。而东盟则不同，基于共识与协议的东盟教育区域化则表现出一种宽松和开放的关系，指向的是集体的"公共空间"，但这并不代表两者具有优劣之分。

东盟关于教育区域化发展的理念也与欧盟不同。虽然欧洲博洛尼进程的理念对东盟地区职业技术教育区域化发展有深远影响，但欧洲政策在东盟地区本土化转变的过程中，东盟国家对于"教育共同空间"的含义形成了自身的看法。② 当欧盟使用"教育共同空间"这类词时，这通常是指在已有目标基础上进一步加强教育共同空间的建设，具有较强的战略性，在此过程中可能需要成员国制定与地区发展相匹配的教育政策，而东盟国家则把"教育共同空间"视为表达差异以及进一步加强协调的空间。③ 东盟鼓励成员国根据自己的实际情况实施各类区域教育倡议，且不强制成员国实施这些倡议。东盟高层将教育共同空间的建设过程称为"协调"的过程，而这个词在"博洛尼亚进程"语境中却很少出现。东盟地区教育区域化发展并不是要建立"博洛尼亚进程"那样高度标准化的教育体系，而是为了让具有政治、宗教、经济及教育多样化特

---

① GRAMLINGER F. Instruments to Connect VET Systems Within the European Union[J]. TVET@Asia，2013，8(2):1-12.

② DANG Q A. The Bologna Process Goes East? from "Third Countries" to Prioritizing Inter-regional Cooperation Between the ASEAN and EU[M] // ADRIAN C，LIVIU M，REMUS P，et al. The European Higher Education Area. Switzerland：Springer International Publishing，2015：763.

③ RAVINET P，CHOU M H. Higher education Regionalism in Europe and Southeast Asia：Comparing Policy ideas[J]. Policy and Society，2017，36(1):143-159.

色的东盟国家和谐发展。^① 这种理念还体现在历届东南亚职业技术教育与培训高级官员会议主题词的选择上，东盟国家使用的是"协调"（harmonization）一词，几乎没有出现"一体化"（integration）这类字眼。概括地讲，欧盟教育共同空间的建立需要成员国调整本国的教育政策来适应区域政策，其教育区域化带有"大熔炉"式的发展特点。由于东盟国家在政治、经济发展水平、宗教传统多样性及教育质量上具有显著差异，所以东盟的教育区域化是一种"马赛克"式的拼图，东盟成员国谨慎地寻求共同点而进行合作，不需要改变成员国的教育体系来与之适应。^② 因此，东盟这种非强制性的合作方式是其不同于欧盟的显著特征。

从教育区域化推进手段与连接工具看，东盟借鉴了欧盟的经验，并在此基础上进行了创新。为实现资格证书与文凭、经验与技能在整个欧洲得到认可，欧洲使用了一系列促进区域人员流动与终身学习的工具，这些工具可称作是欧盟成员国职业技术教育体系的连接工具，其中最具代表性的是欧洲通行证（Europass）、欧洲资格框架（EQF）、欧洲职业与教育学分转换体系（ECVET）、欧洲职业教育与培训质量保证参考框架（EQAVET）、非正规与非正式学习认证^③，这五种"欧洲工具"所产生的协同作用增加了欧洲国家职业技术教育的透明度及互连性，并取得了较为丰富的运行经验。随着东盟共同体建设的持续推进，在欧盟等国际组织的支持下，东盟在短时间内亦建立了相似的连接工具，如东盟资格参照框架、东盟资格认证质量保障指南、东盟学分转换体系等。表面上看，东盟地区职业技术教育的区域化发展似乎在模仿欧盟的职业技术教育一体化，然而不同于欧盟的是，除了技术类的连接工具，东盟更善于"发明"不同的交流平台来实现连接。东盟国家近年来依托东南亚职业技术教育高级会议、东南亚职教联盟等达成了一系列互联协议，形式灵活多样，并取得了良好成效。另外，东盟善于利用第二轨道外交，并认为"非正式"的会议也具有在制度化环境中讨论的重要功能^④，因此东盟也十分重视地区非正式组织

① CURAJ A，MATEI L，PRICOPIE R，et al. The European Higher Education Area[M]. New York：Springer International Publishing，2015：774.

② KURODA K. Possibilities and Challenges in Constructing a New Regional Collaboration Educational Framework in Asia[R]. Tokyo：Global Institute for Asian Regional Integration，2009：11.

③ FRANZ GRAMLINGER. Instruments to connect VET systems within the European Union [J]. TVET@Asia，2013，8(2)：1-12.

④ RULAND J，SCHUBERT G，SCHUCHER G，et al. Asian-European Relations[M]. London：Routledge，2013：222.

提出的协调建议。由此可见，虽然欧盟创造了教育系统的连接工具，但东盟在政策本土化的过程中突破了连接工具的"捆绑"，并在此基础上发展出更多适合东盟实际情况的讨论空间与平台。

从一体化程度看，欧盟在资源禀赋（如经济总量）、内聚力（如成员国之间经济联系的紧密程度与宗教信仰的相似程度）、制度化程度（如共同的对外关系政策）上均优于东盟。① 在分析高等教育一体化与职业技术教育一体化时，往往离不开对该地区一体化进程影响的讨论，欧盟无疑在地区一体化进程中取得了其他地区无法与之相媲美的成就。从一体化教育政策的影响看，无论是推动其高等教育领域一体化的"博洛尼亚进程"，还是推动欧洲职业教育一体化的"达芬奇计划"②，都产生了重要影响。欧洲高等教育一体化以成套的法律体系作为制度保障、以一系列行动计划作为支撑、以多维度的技术机制作为实施措施，取得了明显的成效。③ 欧洲推出的五个"欧洲工具"也使欧洲职业教育一体化成为欧洲经济一体化不可或缺的一部分。"博洛尼亚进程"的理念逐渐东渐，深刻影响了东亚的教育合作政策，尤其是东盟地区关于教育融通的政策制定。这体现在欧盟通过建立欧盟－东盟高等教育援助项目将欧盟的教育一体化政策输送到东盟，并在技术上给予支持。由此看来，由于东盟国家还处于"政策接收国家"地位的现状，诸多区域教育政策也还处在酝酿阶段或是寻求部长级会议批准阶段，东盟地区职业教育区域化发展程度必然没有欧盟职业教育一体化程度高。

除了从上述九个比较维度把握"东盟方式"在东盟国家教育合作机制上的影响以外，对这种特色合作方式的理解还需厘清东盟国家在开展教育合作时以"以东盟为中心"的行为方式。"以东盟为中心"具有两个层面含义：一是维护东盟的核心地位，二是坚持东盟的主导作用。④ 这种行为方式在开展教育合作时则表现为：在拓展区域外部教育合作关系时，东盟国家倾向于以东盟为核心开展与外部教育机构的协调与磋商，以"东盟＋"的框架来推进整体与外部的谈判，让合作更富有成效，如中国-东盟教育交流周、东盟＋3 教育交流机

---

① 肖斌,张晓慧.区域间的不对称与制衡行为——以欧盟与东盟关系为例[J].世界经济与政治,2011(11):137-156.

② 吴雪萍，张程.推进欧盟职业教育一体化的"达芬奇计划"探析[J].比较教育研究,2009(3):21-24.

③ 阚阅.欧洲高等教育一体化研究[M].杭州:浙江大学出版社,2015:172-174.

④ 张蕴岭.如何认识和理解东盟——包容性原则与东盟成功的经验[J].当代亚太,2015(1):4-20.

制等。但以东盟为中心并不代表东盟利用超国家机制的权利主导教育合作，强制东盟成员国采取某些措施，而是利用东盟的作用创造了集体形象，以"抱团"的方式与区域外部进行教育合作与交流。这种方式也使东盟地区的欠发达国家通过"组团"的方式取得了小国力量不能获得的利益。

综上所述，虽然欧盟一体化被视作其他地区一体化的参照模板，欧盟也确实对东盟在制度化设计上产生了影响，但欧盟对东盟来说仅仅是一个"参考点"，东盟实际上在模仿欧盟形式的过程中，在其区域组织上进行了创新。[①]相应地，欧盟教育区域化的各项举措对于东盟也仅仅是一个参考模板，东盟在其推进教育区域化过程中也形成了一种亚洲特色。东盟通过协商一致的协商方式在教育合作领域创造了理解彼此之间差异性的协调空间。在未设立超国家机制以及缺少法律约束条约的情况下，东盟通过其特有的"东盟方式"成功建立了与欧盟类似的职业技术教育连接工具，并开发了一系列促进地区职业技术教育合作的政策。虽然东盟教育区域化发展程度不及欧盟教育区域化发展程度高，但东盟在应对地区一体化挑战过程中，在短时间内迅速建立起了职业技术教育协调政策。东盟在教育合作上的稳步前进得益于"东盟方式"照顾了不同国家的利益与特殊性，强调"非正式性"与"非强制性"的协商环境，这增加了东盟成员国之间的互信，这有利于东盟国家在未来形成更广泛的教育合作共识，共同解决教育系统所面临的危机，提高整体竞争力。虽然东盟地区的职教合作还处在初期发展阶段，但"东盟方式"将在未来东盟成员国的协商过程中全面引领地区职业技术教育区域化的进一步发展。

第二节 东盟地区职业技术教育区域化发展的效果

一、明确了东盟国家职业技术教育的合作领域与发展方向

从东盟地区职业技术教育区域化发展的政治路径来看，东盟发布的两个东盟五年教育规划、东南亚教育部长组织确定的七项优先发展教育领域以及四次东南亚职业技术教育高级官员会议签署的声明与协议对该地区各层次教育产生了直接的引导作用，明确了东盟地区职教合作的领域与发展方向。

---

① WONG R. Model Power or Reference Point? The EU and the ASEAN Charter [J]. Cambridge Review of International Affairs，2012，25(4)：669-682.

2013 年,东盟联合东盟成员国、东南亚教育部长组织、欧盟驻印尼代表、文莱政府及两位专家组成评估组,以"教育记分卡"的形式对首个《东盟五年教育规划(2011—2015)》的完成情况进行了评估,评估结果同时也是《东盟社会文化共同体蓝图》评估结果的一部分。第二个教育五年规划还在进行之中,因此还未对其展开评估工作。《东南亚教育部长组织七项优先发展领域(2015—2035)》中关于职业教育的部分计划已经完成,东南亚职业技术教育高级官员会议所签订的协议同时也在积极推进。根据上述文件的目标来看,既有重合的部分,也有独立的部分,但总的来说,通过政治路径达成的系列协议所取得的成效可归纳为以下几个方面。

第一,在培养东盟意识方面,东盟鼓励各类学校在课程中引入了东盟元素,该举措得到了有效的实施。东南亚教育部长组织的支持下,东盟秘书处与东盟-美国技术援助与培训基金会(ASEAN-US Technical Assistance and Training Facility,TATF)合作开发了东盟课程资料手册,该手册旨在为教育者及课程开发者提供有关东盟知识的素材,主要内容包括东盟共同体概念,如《东盟社会文化共同体蓝图》的目标阐述等。这份资料手册侧重于帮助东盟成员国的学生理解东盟,重视东盟身份与多样性,强调通过共同努力实现可持续发展等主题。另外,"东盟日"广受欢迎,一些东盟国家正在学校内创建东盟角(ASEAN Corners),其目的是激发学生对建设东盟共同体的热情以及了解其他东盟国家的兴趣。在一些东盟国家,学校开设的东盟研究课程在很短的时间内引起了学生相当大的兴趣。[①]上述成绩为东盟未来在职业技术教育领域开展深度合作提供了互信基础。

第二,在提高职业技术教育质量方面,东盟在创新教学方式与构建质量保障标准体系方面取得了进展。从东盟发布的两个五年教育规划可以看出,东盟十分重视本地区各教育层次质量的提升。大多数东盟成员国正在大力投资,旨在提高教学质量,取代死记硬背的教学模式以及以教师为中心的信息传播模式,提倡学生独立学习,摸索关于培养学生解决问题的技能与创造力的教学模式。[②]这方面的改革进程在文莱、马来西亚和新加坡等东盟成员国中取得了较大进展。职业技术教育是东盟国家教育部门特别关注的一个领域,随着东盟成员国经济的持续发展,熟练劳动力供应短缺正变得越来越普遍,一旦东盟经济共同体建立起来,技术工人将在东盟地区内自由地流动,培养高质量

---

① ASEAN. ASEAN State of Education Report[R]. Jakarta:ASEAN,2013:20-21.

② ASEAN. ASEAN State of Education Report[R]. Jakarta:ASEAN,2013:10.

技术工人就成了东盟成员国面临的共同挑战。对此,东盟积极扩展外部联系,参与职业技术教育质量方面的国际研讨会,获取国际经验,并达成了一系列协议。2012年7月,东盟通过东盟+3会议以及东亚峰会(EAS)教育部长会议参与了职业技术教育质量相关的问题讨论,并表达了对促进区域职教合作的强烈倾向,在与其他国际合作平台的共同努力下促成了《东亚峰会教育行动计划(2012—2015)》(EAS Education Plan of Action 2012—2015)的产生。这份计划的内容为:制定区域职业技术教育质量保障框架;构建地区职业技术教育机构网络;促进职业教育师生流动;共同开展职业教育研究。随后,东盟以东亚峰会确定的质量保障框架为基准,发布了《东盟质量保障与资格证书体系认证指南》,并在该指南中建议将东亚峰会质量保障框架作为东盟地区职业技术教育质量保障框架的参考。

第三,在促进东盟国家职业院校师生交流与提高职业院校国际化水平方面,东盟国家取得了良好开端。东盟在推进区域内部教育合作的同时,也非常注重与区域外部展开职教合作与交流。在东南亚职教联盟师生互换项目的支持下,东盟国家职业院校之间的大规模师生交流活动自2017年起陆续开展。从2017年7月至2019年11月,已有1143名学生通过东南亚职业技术教育学生实习交流计划被派出参加交流项目,并覆盖了17个行业领域。同时,东盟国家还充分利用了东盟+3平台扩大学生交流项目开展与区域外部的交流活动,东盟与中国通过第二届"中国东盟教育交流周"确定了"双十万学生流动计划",东盟国家通过东盟+N的教育合作方式取得了单个东盟国家无法取得的教育合作规模与成果。虽然东盟国家职业院校在区域层面展开师生交流项目的启动时间并不长,但在东南亚职教联盟成员的持续推动下,东盟国家在短短几年内建立了与可持续的职业院校合作交流机制,并将在未来持续发挥作用。

第四,在促进产教融合方面,东盟为各成员国搭建了跨国产教合作网络。东盟充分利用了成员国产业部门、职教机构及地区组织的各方优势,综合考虑了东盟地区的特色产业,初步建立了东盟成员国职业技术教育机构与东盟地区产业的沟通桥梁。① 东南亚教育部长组织不断强调,东盟国家在开展职业教育师生跨国交流项目时需充分考虑与区域产业网络相结合。印度尼西亚和泰国的产教合作项目以学徒制为指导框架,双方开展了十分密集的跨国职业

---

① SEAMEO. Action Agenda for the SEAMEO 7 Priority Areas[R]. Bangkok: SEAMEO, 2017.

院校师生交流活动,成为东盟地区产业合作框架下职业院校师生互换的典范。同时,东盟国家创新性地开辟了地区职教联盟合作方式,将产业部门与职业技术教育机构一并纳入地区职教联盟中。东南亚职业教育联盟(SEA-TVET)确立了产业部门与职业院校互为补充的会员制,并将酒店与旅游业、电子、机电一体化与制造业、农业、渔业、建筑业确定为优先合作产业。可以说,东盟逐步改变了地区职教合作仅限于地区职教机构交流与合作的现状。

第五,在构建东盟地区职业技术教育高层会晤机制方面,东盟国家形成了稳定持续的沟通平台。从 2015 年起,东南亚教育部长组织开始联合东盟成员国陆续举办了四届东南亚职业技术教育高级官员会议,明确把该会议的目标定位为加强东盟国家职业技术教育政策制定者及职教从业人员的网络联系,为职业技术教育领域的政策协调献计献策,助力东盟一体化。[①] 因此,"地区职业技术教育协调发展与国际化"这个议题是历届职教高级官员会议讨论最多的内容。东盟成员国通过该会议达成了一系列共识,如《清迈联合声明》等。东南亚职教高级官员会议机制标志着东盟国家首次在教育部长级别的会议上单独将东盟各国之间职教政策协调作为主要讨论议题,并纳入地区职教合作的重点领域,这不仅体现了东盟国家首次以集体身份思考东盟一体化进程中的职教发展与改革方向,也充分调动了东盟国家参与教育公共事务的积极性,并为未来职教协调政策的不断完善提供了可持续的沟通平台。

综上所述,在东盟地区职业技术教育政治路径的作用下,东盟在培养东盟意识、改善职业技术教育质量、提高职业院校国际化水平、促进地区产教融合、搭建高层沟通交流平台等方面取得了明显成效,东盟及东南亚教育部长组织在引导地区职教改革与发展以及合作方向的过程中逐步确立了其核心地位,成为东盟地区职业技术教育区域化发展的顶层设计组织。在两个东盟五年教育规划、《东南亚教育部长组织七项优先发展领域(2015—2035)》等地区性指导文件的倡导下,东盟成员国通过更为密集的合作增加了彼此之间的互信与了解,为缩小东盟成员国技能供需差距、携手解决共同难题做出了有效的尝试。从这些成效可以看出,东盟国家逐渐开始以东盟共同体身份思考地区职教发展问题,以集体身份展开与地区外部的职教合作的项目数量也开始增多,这不仅增加了区域内部的凝聚力,也为东盟欠发达国家提供了国际合作机遇。

---

① British Council. High Official Meeting for TVET in Southeast Asia: Working Together Towards Harmonisation and Internationalisation[R]. Edinburgh: British Council, 2015: 4.

二、打破了东盟国家职业技术教育合作的技术性壁垒

东盟国家通过制定一系列增加东盟职业技术教育体系一致性、透明度的框架与计划打破了东盟国家之间交流与合作的技术壁垒,为实现两个五年教育规划及东南亚教育部长组织提出的七项优先发展教育领域提供了可操作的技术方案以及便于执行的一系列策略,并为东盟国家职业技术教育的互联互通创造了条件。

第一,东盟资格参照框架为东盟成员国职业技术教育体系及资格证书体系之间的互认、对比、互动以及连接提供了可操作的工具。东盟资格参照框架是实现东盟地区劳动力与学生自由流动以及东盟共同体建设的关键技术手段,其重点在职业技术教育领域。截至 2021 年,在东盟国家中,文莱、柬埔寨、印尼、马来西亚、菲律宾、新加坡、泰国七个国家已经完成了国家资格框架的建设,并在处在不断完善的过程中。其中,马来西亚、菲律宾、印尼、泰国已率先在本国设立了国家层面的东盟资格框架委员会,为与东盟资格参照框架的顺利对接提供了联络平台。这四国制定的参照方案为其他还在准备对接计划的东盟成员国提供了范本,在东盟地区起到了示范效应。另外,老挝、缅甸、越南已完成国家资格框架草案,并提交相关部门审核。待所有东盟成员国完成国家资格框架与质量保障体系建设任务,各东盟成员国各级各类教育与培训的资格证书或文凭都能够凭借同一框架进行相互比较与解释,从而促进东盟地区人员流动与社会发展。因此,东盟资格参照框架对东盟地区教育互联互通影响深远,这不仅体现在该框架能够增加区域内部教育体系的透明度,推动该地区职业技术教育区域化发展,而且能够提升国际社会对东盟国家职业技术教育的认同度。

第二,东盟发布的《东盟资格认证与质量保障指南》保障了东盟国家资格认证与质量保障体系的规范化与清晰化。《东盟资格认证与质量保障指南》实际上是东盟资格参照框架的配套协同政策之一,其目的在于为东盟国家资格认证的责任机构及资格认证的评估机构提出一系列指导原则与建议,加强东盟成员国资格认证系统与质量保障体系的透明度,提高东盟国家资格认证体系的质量,为东盟资格参照框架的进一步实施奠定基础,加深东盟成员国对于本地区其他国家资格认证体系的了解,消除东盟成员国之间对于彼此资格认证体系方面的疑虑,增强彼此之间互信。该指南反映出东盟正在努力防止地区人力资源市场资格证书与技能标准混乱的决心,为东盟经济一体化进一步发展提供了基础工具。

第三,不断健全的东盟职业教育标准体系扩展了东盟职业技术教育区域

化发展的深度，为进一步提升东盟地区职业教育院校的整体质量创造了条件。东盟国家建立了由职业技术教育教师标准、职业教师教育课程标准以及职业院校校长标准组成的一系列标准体系，上述标准体系得到了东盟成员国的广泛支持，部分标准还被纳入了东盟国家法规层面加以实施。其中，职业技术教育教师标准分别由《21世纪东南亚教师能力框架》《东盟职业教育教师标准》以及《东盟企业培训师标准》组成。《21世纪东南亚教师能力框架》目前已得到东南亚教育部长组织11个国家教育部的认证，并被作为地区教师培训机构的指导标准。① 《东盟职业技术教育教师标准》已被提交至第三届东南亚职业技术教育高级官员会议，为东盟地区职业教师标准的制定提供了参考。2017年12月，《东盟国家企业培训师标准》在东盟高级官员教育会议（SOMED）上获得批准，并被作为区域标准加以推广。东盟各国教育部长表示将在国家层面引入该标准，如泰国和菲律宾已率先将该标准引入了国家法规。为扩大《东盟企业培训师标准》的影响力，东盟组织了多次相关培训，其目的在于确保该标准在成员国的顺利实施。目前共有127名主培训师接受了四次区域培训师培训和两次国家培训师培训，这些主培训师随后又为各自国家的450位技术人员开展了培训，并产生了传播效应。《东盟职业教师教育课程标准》为东盟职业教育教师培养过程注入了东盟背景知识，并提供了课程的基本要求与模板。最后，在东南亚教育部长组织教育创新与技术中心的推广下，《东南亚校长能力框架》逐步成为规范职业院校校长的要求与考核依据。总之，东盟通过职业技术教育的标准化建设增强了职业技术教育体系的透明度，为进一步的联合做好了前期准备工作。

第四，东盟学分转换系统促进了东盟大学网络成员大学之间的学生流动，同时也促进了东盟国家人与人之间的联系，提高了学生的软技能。东盟学分转换系统通过标准化的成绩等级表、网络申请系统、在线课程数据等手段促进了东盟地区的学生流动，为东盟学生了解国际经验、增加跨国体验、增进知识交流及建立东盟朋友圈创造了条件。虽然东盟学分转换系统的开发与运行的是东盟地区高等教育领域区域化发展的表现形式，但东盟国家高级官员已在教育部长级别会议上明确表示，东盟职业技术教育学分转换系统的开发需要参照东盟大学联盟已建立的学分转换原理及经验。因此，东盟学分转换系统的理念与实践无疑为今后东盟职业院校大规模的学生互换提供了借鉴，并为

---

① SEAMEO INNOTECH，Teaching Competency Standards in Southeast Asia Countries[R]. Quezon City：SEAMEO INNOTECH，2010：79.

东南亚职教联盟的一系列学生互换项目中的学分转换机制提供了范本。

第五,东盟学术期刊索引的建立提高了东盟地区研究成果的知名度与影响力。目前,东盟学术期刊索引委员会筛选出了东盟成员国的407种学术期刊,并为其建立了与诸多国际数据库的相互链接关系。东盟学术期刊索引的建立改善了东盟高等院校与职业技术类院校的国际排名,增加了东盟国家科研成果的国际曝光率,为东盟国家高技能水平人才的培养提供了知识支撑。东盟期刊数据库指导委员会的建立不仅保障了入选东盟学术期刊索引的学术期刊质量,同时也为东盟地区高等院校与职业院校提供了可靠的知识来源,促进了该地区科研人员的学术交流。总之,东盟学术期刊数据库的建立标志着东盟地区学术共同体建设的进步。

第六,东南亚职业技术教育网络平台向东盟成员国提供了有效的职教改革信息与实践经验,为解决公共难题提供了可复制的解决方案。东南亚职业技术教育网络平台是东盟地区非正式对话框架下产生的职教协调政策讨论平台,东盟成员国政策制定者、职教机构及各利益相关方通过东盟地区首个虚拟共事空间增进了彼此之间对于各国职教政策、职教系统的了解,打破了沟通障碍,实现了地区高质量职教信息的共享。

综上所述,东盟资格参照框架、资格认证与质量保障指南、东盟职教标准体系、东盟学分转换系统、东盟学术期刊索引以及东南亚职教网络平台的确立使得东盟地区职业技术教育区域化发展具备了向前推进的条件,东盟职教区域化发展具备了跟欧盟职业教育一体化类似的技术机制,从一定程度上说,此类借鉴性的技术机制正在深刻影响东盟地区职业技术教育区域化发展的速度与深度。如东盟成员国在未来能够充分利用这些技术手段,东盟地区职教区域化发展程度将会大幅提升。

三、形成了东盟国家职业技术教育合作的多层次联动网络

没有任何一个公共或私人的行为主体拥有解决复杂的、动态的及多样化问题所需的所有知识和信息,任何单个的行为主体都没有足够的前瞻性来有效地运用所需的工具,没有任何行为体能在某种治理模式中拥有单方面支配一切行动的潜能。[①]相应地,东盟地区没有任何一个行为主体具备能够单独解决东盟复杂多样的问题所需的所有能力与信息,也不能只靠单个行为主体主

---

① KOOIMAN J. Modern Governance:New Government-Society Interactions[M]. London: SAGE Publications,1993:4.

导东盟地区职业技术教育区域化发展的整体进程。因此,在东盟地区职教区域化发展的过程中,逐渐形成了以东盟与东南亚教育部长组织为核心、以职业技术教育机构与产业部门为参与对象、以区域外部国家及各类国际组织机构为辅助的多级多类联动网络。这些组织网络相互促进,相互配合,分别发挥了决策、政策建议、技术支持、执行、协调等优势功能,扩大了东盟国家共同教育利益的交汇点,实现了靠单个国家或地区组织无法实现的共同利益,东盟地区职教区域化发展成效显著。

（一）东盟地区职业技术教育区域化发展的内部协同机制

如图 7.2 所示,从东盟地区内部的组织协调机制上看,东盟与东南亚教育部长组织是东盟地区职业技术教育区域化发展过程中内部协调的两大核心组织。东盟领导人会议在地区集体教育事务中占据主导话语权,扮演了职教区域化发展引领者与推动者的角色,是东盟地区教育合作最高决策机构与顶层设计平台,也是最早呼吁东盟国家进行区域教育合作的政府间组织。

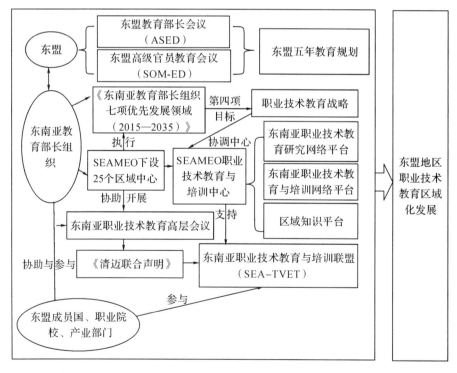

图 7.2　东盟地区职业技术教育区域化内部协同机制

资料来源:笔者根据东盟地区职业技术教育区域化发展政治路径的相关资料绘制。

在《东盟宪章》的框架下,东盟领导人会议为东盟地区教育发展制定长远发展规划,在东盟国家之间寻找携手推进教育合作的结合点,其下设的东盟教育部长会议、东盟高级官员教育会议以及其他部长级会议组成了东盟教育区域化发展政策的其他关键决策机构。其中,东盟教育部长会议主要负责构建东盟成员国之间以及与区域外部合作伙伴之间的政策对话平台,并根据东盟领导人会议指示,促使教育在东盟共同体建设中发挥作用,开展东盟意识教育的政策协调,监督评估各类地区教育项目的实施情况。东盟高级官员教育会议的主要职责是执行东盟领导人会议与东盟教育部长会议对地区教育合作事项做出的指示。上述政府间协商平台组成了主导地区教育公共事务的决策链。

东南亚教育部长组织与东盟教育部长组织在处理地区教育事务方面处于平级结构之中,东盟教育部长会议与东南亚教育部长会议交替进行。实际上,大多数地区教育合作事项及政策建议主要是通过东南亚教育部长组织完成与执行。东南亚教育部长组织由东南亚教育部长组织理事会、东南亚教育部长组织秘书处以及25个区域中心组成。东南亚教育部长组织下设的25个区域中心被分派完成七项优先发展领域中涉及的各项目标计划,并协助东南亚教育部长组织开展东南亚职业技术教育高层会议。因此,这25个区域中心实际上扮演了东南亚教育部长组织政策执行机构的角色。

最后,在东南亚教育部长组织下设的机构中心中,职业技术教育与培训中心是东盟地区专门负责地区职业技术教育与培训问题的研究机构及实践指导机构,也是七项优先发展教育领域中职教战略计划的重要协调中心。该中心为东盟地区搭建了职业教育研究网络平台、职业技术教育与培训网络平台以及区域知识平台,使东盟成员国首次在职教研究与职教改革信息共享方面实现了联通,推动了东盟地区职教区域化发展。另外,职教中心是东南亚职教联盟的关键支持者,并与东南亚教育部长组织下设的其他区域中心共同协助开展东南亚职业技术教育高层会议。由于东盟至今未设立地区职教领域合作的专门管理机构,因此区域职教中心一直被视作东盟在职教合作领域的补充部门。作为地区职教合作协调的枢纽,区域职教中心在推动东盟国家与区域外部国家或组织的职教合作中,扮演"代言人"的角色。

此外,东盟成员国、东盟地区各职业院校以及产业部门既是东南亚职教联盟的成员,也是东南亚职业技术教育高层会议的重要参与者。一方面,东盟与东南亚教育部长组织制定的系列教育政策需要东盟成员国的大力支持与推广,另一方面,一些有条件的东盟成员国在部分区域教育政策制定过程中也起到了主导作用。因此，东盟成员国与职业技术教育机构也构成了东盟地区职教区域化发展不可或缺的推动力量。

（二）东盟地区职业技术教育区域化发展的外部协同机制

从东盟外部的组织协调机制上看，区域外部多个国家与国际组织在不同领域以不同方式支持东盟地区职业技术教育区域化发展所需要的技术手段与发展思路，成为职教区域化发展进程中的外部辅助力量。这些外部力量主要可以分为三类：一是本区域以外的国家及组织机构；二是国际组织；三是跨区域组织机构。这三类组织在东盟地区的职教平台建设、语言培训计划、地区资格参照框架开发、课程设计等多个方面向东盟国家提供了支持与援助，提供援助的组织机构的名称及其所提供的技术项目类型见表 7.2。

表 7.2　东盟地区职业技术教育区域化外部协同主体及合作内容

组织机构/国家	合作内容
德国国际合作机构	东盟地区职业教育区域合作平台建设、区域职业教育教师标准开发
美国国际发展署	湄公河教育与培训连接计划、湄公河下游行动计划
英国文化委员会	东南亚职业技术教育高层会议筹备、东盟成员国国家资格框架现状调查
日本	日本国家技术学院模式推广、为东盟年轻人提供实习机会
国际劳工部	东盟成员国技能人才自由流动准备情况评估
联合国教科文组织	东盟一体化进程中的职业教师教育课程设计
东盟-澳大利亚-新西兰自由贸易区委员会	东盟资格参照框架开发
欧盟-东盟高等教育项目	东盟国家教育体系与政策现状调查、《东盟五年教育规划（2011—2015）》实施效果评估

首先，区域外国家及组织机构在地区平台建设、标准建设、连接手段、职教模式推广方面向东盟提供了多项援助。东盟地区职业技术教育区域合作平台的建立得益于德国国际合作机构的推动与援助，该平台孵化了多个地区职业技术教育项目，其中包括区域职业教育教师标准开发、区域职教体系质量保障模型开发等，这些项目从一定程度上提高了整个地区的职业教育水平与质量，东盟地区职业教育教师标准与国际通用标准接轨也逐渐成为可能。德国国际

合作机构还负责运营地区职业教育教师协会,该协会是东盟地区首个专注于
职业教师教育研究与合作的组织机构,其主要战略目标之一是"降低东盟各国
职业教育体系的复杂性以提高其可比性",促进东盟一体化,由其提出的诸多
政策倡议与东盟地区职业技术教育区域化所需的协调发展政策高度契合。另
外,美国国际发展署通过"湄公河教育与培训连接计划"以及"湄公河下游行动
计划"为东盟地区次区域的欠发达国家提供语言培训与技术培训,以此来支持
《东盟一体化倡议》中关于缩小差距以及促进地区教育融合的提议。英国文化
委员会在协助东南亚教育部长组织召开的首届东南亚职业技术教育高层会议
中发挥了重要作用,此外,英国文化委员会还协助东盟对东盟国家资格框架建
设现状进行摸底调研,为东盟资格参照框架的不断完善与推广提供了基础数
据。日本在协助马来西亚推广国家技术学院模式(科森模式)方面也取得了较
大成功,该推广计划已被确定为《东南亚教育部长组织七项优先发展教育领域
(2015—2035)》的子项目之一,另外,日本还承诺为东盟国家的年轻人提供赴
日本公司的实习机会,以此来提高东盟地区的人力资源水平。①

其次,国际组织通过提供调研数据等方式为东盟一体化进程提供政策建
议。比如,国际劳工组织对东盟地区技能人才状况进行了调查,形成了《东盟
成员国技能人才自由流动准备情况评估报告》,这份报告为东盟国家更新现有
人力资源政策提供了有效数据,并在如何制定应对一体化的跨国人员流动政
策方面为东盟国家提供建议。又如,联合国教科文组织协助东盟完成了《东盟
一体化进程中的职业教育教师课程报告》,该报告为东盟提供了职业教师教育
课程培养方案,其重点在于将东盟背景知识引入东盟地区职业教育教师培养
课程中,帮助职业教育教师在东盟背景中思考与实现个人发展。

最后,跨区域组织为东盟地区职教区域化发展所需的关键技术手段提供
了持续支持。东盟-澳大利亚-新西兰自由贸易区委员会委托第三方机构为东
盟地区设计地区性资格参照框架,由其产生的咨询文件现已成为东盟资格参
照框架不断修正完善的基础。欧盟通过欧盟-东盟高等教育项目向东盟输出
教育一体化政策,并设立了援助基金,缩短了东盟国家在教育互联互通政策上
的探索时间,使东盟在较短时间内初步建立了跨国教育协调政策,加速了东盟
地区职教区域化发展。同时,欧盟还通过"欧盟-东盟高等教育项目"协助东盟
评估首个五年教育规划的完成度与实施情况,为未来的区域教育规划开发奠

① ASEAN. Japan's Assistance to ASEAN Connectivity in Line with MPAC 2025[EB/OL].
(2016-11-12)[2021-12-19]. https://www.asean.emb-japan.go.jp/documents/20161102.pdf.

定了基础。

实际上，区域外部的各类组织机构并不是以孤立的身份对东盟进行支持，而是以组合的身份对东盟各方面的教育政策提出了综合性的建议，如在东盟资格参照框架的开发过程中，除了东盟-澳大利亚-新西兰自由贸易区委员会项目为其提供了支持以外，欧盟-东盟地区高等教育项目办公室(SHARE)也委托英国文化委员会对东盟成员国国家资格框架进行调研，并以此作为更新地区性资格框架的参考数据。由此看来，区域外组织机构在协助东盟的过程中也逐渐形成了外部协同网络。因此，在东盟地区内外部协调机制的作用下，东盟国家在一定程度上克服了职业技术教育互联互通技术障碍，消除了未来东盟地区职教区域化发展的"变数"。

第三节　东盟地区职业技术教育区域化发展存在的问题

"与欧洲一体化相比较，亚洲地区主义具有市场导向型、弱机制性、区域认同薄弱以及网络结构特点。"[1]网络结构特点是指地区对全球化影响的反应是以地区认同为驱动的，有一定的范围和程度的权利要求，主要是依靠非组织化的政府间工作方式。[2] 东盟是亚洲地区主义的典型代表，东盟国家在教育上的合作也受到这种地区主义形式的间接影响，弱机制性的合作方式使东盟地区职业技术教育区域化发展面临以下三个方面的问题：一是职业技术教育发展的不平衡性，二是职业技术教育合作的不全面性；三是非强制性东盟决策方式的低效性。以上三个问题是未来东盟地区职业技术教育区域化发展的三大阻碍因素。

一、职业技术教育发展的不平衡性

东盟地区教育发展水平的不平衡性体现在东盟国家教育基础的不平衡性及教育支出占国内 GDP 总值的不平衡性，东盟国家经济发展水平的差距是职业技术教育发展水平不平衡的根本原因。国际劳工组织将十个东盟成员国分成三个层次，即高收入国家(文莱、新加坡)、中等收入国家(马来西亚、菲律宾、

---

① 吴志成,李敏.亚洲地区主义的特点及其成因:一种比较分析[J].国际论坛,2003(6):14-20.

② 邢瑞磊.比较地区主义:概念与理论演化[M].北京:中国政法大学出版社,2014:178.

印度尼西亚、泰国)以及低收入国家(老挝、越南、柬埔寨、缅甸)。^① 四个低收入水平国家常常需要接受来自亚洲发展银行的援助,因此这些国家被冠以"CLMV"国家的称呼。^② 在世界银行等国际组织的统计数据中,亦将这几个东盟国家的经济发展数据单独列出,其目的在于和其他经济水平较高的东盟国家加以区分。经济水平的不平衡是制约东盟一体化向更深层次发展的主要因素。

作为东盟高收入国家,文莱在教育经费上的投入一直占政府年度财政预算的10%以上,并建立了一个适合本国文化传统与经济水平的学校教育结构及系统。而像柬埔寨这样的低收入国家,基础教育还未普及,毕业率较低,教育基础薄弱,基础设施短缺,过分依赖国际组织的援助基金和政策决定。^③ 东盟"CLMV"国家教育程度水平远低于其他东盟成员国,并由此产生了技能差距,造成了贫困与不平等。^④ 前文提到,新加坡、马来西亚、菲律宾、文莱、印尼、泰国都建立了较为完善的职业技术教育体系,颁布了相关职教政策及发展计划,而缅甸、柬埔寨、老挝的职教体系尚在建设之中,其职业技术教育水平的提高需要借助外部力量的援助。另外,东盟各国企业参与职业技术教育的程度存在较大差异,因此,协调东盟成员国职业技术教育政策的难度较大,这将影响未来东盟地区职业技术教育的深度整合与协调。

由于经济地位上的不平衡,低收入水平国家在地区教育治理方面也处于弱势地位。东盟内部将十个成员国分为了"政策接收国"(receiving countries)与"政策发送国"(sending countries),其含义是,有的东盟成员国(如马来西亚、泰国等)主导了区域政策的制定与实施而被称为"政策发送国",而有的东盟成员国(如柬埔寨、老挝、越南)在区域政策制定的主导权方面处于被动地位而被称为"政策接收国"。实际上,低收入国家因本国职业技术教育能力建设尚需要接受其他国家或国际组织的技术支持,也无力提出关于地区职业技术教育区域化发展的协调政策。"政策发送国"往往是贡献职教改革最佳案例的"被学习对象",而"政策接收国"只能充当"学习者"的角色。在东南亚教育部

① International Labour Organization. Assessing the Impact of ASEAN Economic Integration on Labour Markets[R]. Geneva:ILO, 2014.
② FEUER H N, HORNIDGE A K. Higher Education Cooperation in ASEAN:Building towards Integration or Manufacturing Consent? [J]. Comparative Education, 2015, 51(3):1-26.
③ 蔡昌卓. 东盟教育概论[M].桂林:广西师范大学出版社,2015:15.
④ ASEAN Secretariat. Initiative for ASEAN Integration Work Plan III[R]. Jakarta:ASEAN, 2014:20.

长组织下设的区域教育研究中心中,80%以上将办公地点设在中高收入国家,如区域职教中心地点设在了文莱,区域教育创新与科技中心设在了菲律宾。由此可见,东盟国家在地区职业技术教育政策制定方面的参与度也存在不平衡性。

东盟国家职业技术教育发展的不平衡性还体现在东盟各国参与跨国合作交流职业院校数量上的不平衡。到目前为止,东盟地区职业院校学生流动的总体规模数量还较少,东南亚职业技术与培训教育联盟的注册机构已达到372家,但活跃会员仅有12所职业教育机构,这些活跃会员主要来自中高收入国家。2017年至2018年通过该联盟进行跨国交流的500多名学生主要也是来自这12所活跃会员机构。欠发达东盟成员国职业院校进行师生互换的参与度还较低。

《东盟宪章》提出东盟成员国需要通过互助与合作减轻贫困,缩小东盟内部发展鸿沟。在教育领域,东盟在其发布的《东盟五年教育规划(2016—2020)》中将以"缩小成员国教育差距"为目标,并在《东盟一体化工作计划3》(Initiative for ASEAN Integration Work Plan Ⅲ)中明确表示协助CLMV国家实施国家资格框架,提高职业技术教育质量,促进东盟成员国之间的资格互认。[①] 由此看来,东盟早已开始着手解决东盟成员国之间教育不平衡现状。在东盟近年来的努力下,虽然各成员国的差距在逐步缩小,柬埔寨、老挝、缅甸三国2012年至2019年GDP增长率的均值分别达到了7%左右[②],但东盟成员国之间经济水平与教育水平之间的巨大差距依然存在。经济不平衡性是影响教育发展不平衡的重要原因,由于经济对教育发展的制约作用,缩小东盟国家间教育水平的差距依然是一个长期而艰巨的过程。

缩小职业技术教育发展水平的差距绝非易事,但东盟可从打通信息交流、创造合作氛围以及拓宽资金渠道三方面着手,减小东盟地区各国之间进行职教政策协调的沟通成本,减少东盟地区职业技术教育区域化发展的阻力。其具体做法是:第一,通过构建教育系统信息平台,打通信息壁垒,促进信息流通;第二,通过优势项目促进试点合作,形成示范效应,创造合作氛围;第三,拓宽资金来源渠道,缩小教育发展水平的差距。

---

① ASEAN Secretariat. Initiative for ASEAN Integration Work Plan III[R]. Jakarta：ASEAN，2014：20-21.

② OECD. Economic Outlook for Southeast Asia，China and India 2019[R]. Paris：OECD Publishing，2019：1.

　　首先,信息流通是职教区域化发展的基础,构建东盟成员国教育系统之间信息平台的关键在于信息通信技术的普及与连通。东盟地区一直面临数字鸿沟,柬埔寨、老挝、缅甸、越南等一些东盟成员国在过去几年才开始投资信息技术基础设施和互联网连接。另一方面,泰国、菲律宾、马来西亚、印度尼西亚和新加坡等其他成员国已经在教育系统内部进一步加强了信息技术在学校的应用。[①] 东南亚教育部长组织职教中心建立了多个职教信息平台,但由于东盟地区的欠发达国家还未普及信息通信技术,职业学校信息化程度低,信息获取成为这些国家与其他东盟成员国合作的阻碍。因此,弥补信息技术鸿沟是实现优质职教课程等教育要素流通的基础,构建教育系统平台的第一步是帮助信息技术设施不完善的东盟成员国加强其基础设施建设,缩小信息技术差距。实际上,东盟已针对数字鸿沟发布了两个《东盟信息通信技术总体规划》(ASEAN ICT Masterplan),其目的在于助力东盟共同体建设,实现地区深度融合,促进地区经济转型,但实现这一目标还需要较长时间。

　　其次,试点合作是激发东盟地区职教合作氛围的途径。东盟可通过其成员国的优势项目开展职教项目的试点合作,通过地区平台宣传合作的优秀案例,在地区树立职教合作标杆,形成示范效应以创造良好的合作氛围。职教试点合作项目的确立可分为由东盟整体统筹类、职业院校自主选择类及企业推动类三种类型。在东盟整体统筹类职教合作项目的内容选择方面,可根据两个东盟五年教育规划与《东南亚教育部长组织七项优先发展领域(2015—2035)》涉及的共同目标,设计成套的职教合作项目,邀请有条件的职业院校参与。在职业院校自主选择项目方面,职业院校可根据自身优势研究合作细节,开展高效交流与合作。在企业推动方面,东盟应鼓励有实力企业联合职业院校开展跨境职教交流项目。同时,东盟应强化合作试点项目的过程跟踪,及时解决合作过程中的难点与障碍,对取得丰硕合作成果的项目进行经验宣传,鼓励其成员国的职业院校进行跨国合作。

　　最后,拓宽支持区域职教深度合作的资金来源渠道是缩小东盟地区教育发展水平差距以及实现职教区域化发展的支撑。东盟可在设立"内部援助基金"的同时,与东盟之外的国家或国际组织建立"外部援助基金"。在地区内部,东盟国家合作双方可开发多类型的援助项目,签订援助条约,为欠发达的

　　① PRAJAKNATE P. Information Communication Technologies (ICT) for Education Projects in ASEAN: Can We Close the Digital Divide? [M]// SERVAES J. Sustainable Development Goals in the Asian Context. Singapore City: Springer Nature Singapore Pte Ltd,2017:107.

东盟成员国提供教育基金，以帮助其进行国内的职业教育改革，提高职业教育发展水平，了解区域职教政策，增强其调整本国政策以适应区域发展的动力。与此同时，东盟可争取国际组织（世界银行、亚洲开发银行）的贷款或援助，或吸引私人及企业资金资助，为东盟成员国优秀人才的跨国培训、进修以及国际性学术会议的交流提供一定程度的资助，助力东盟成员国之间的深度合作，由此打破东盟内部职业教育发展的不平衡，促进地区职教区域化发展。

二、职业技术教育合作的不全面性

虽然在东盟地区建立职业技术教育共同空间的益处已在东盟各国达到广泛共识，地区决策机构在特定领域推动职业技术教育协调发展的过程中也起到了有力的推动作用，然而，需要注意的是，迄今为止相关文献中并没有任何内容表明东盟确实打算建立像欧洲高等教育区那样高度统一的教育共同体，东盟开展进一步教育协调行动的意愿也还在培养之中。因此，东盟地区国家教育系统的全面协调可能是未来需要进一步完善的问题。总的来说，东盟国家在教育系统之间实现更多整合的尝试一直受到限制。①东盟国家职业技术教育合作的不全面主要体现在以下几方面。

第一，东盟成员国响应区域性职教政策及倡议的积极性不高。一直以来，东盟试图凭借共同的职业技术教育发展目标、共同的职业技术教育质量与教师标准以及共同的职业技术教育资格证书参照体系等来构建东盟成员国之间的职业技术教育共同空间。从这些倡议在成员国的认可度及实施情况看，似乎与东盟的预设存在一定差距，具体表现为东盟成员国对区域职教政策配合不到位以及执行政策的积极性不高。比如说，虽然相关文件规定东盟成员国需尽快建立或完善本国的国家资格框架以便与区域参照资格框架的对接过程能够顺利开展，但截至2021年，仍然有三个东盟成员国（老挝、缅甸、越南）还未完成国家资格框架的建设，这对东盟国家之间的资格互认造成障碍，并对学生交流活动的顺利开展以及劳动力的流动带来一定影响。又如，东盟建议其成员国根据东盟资格参照框架的参照标准撰写参照报告，但到目前为止，只有马来西亚与菲律宾完成了这项阶段性任务。东盟高级官员教育会议在2017年将《东盟国家企业培训师标准》作为区域基准以后，也只有泰国与菲律宾将该标准引入了国家政策法规。参与东盟地区职教区域化发展的行为主体是多样的，但不同行为主体往往拥有不同的目标设定与预期结果，因此在职教区域

---

① ASEAN. ASEAN State of Education Report[R]. Jakarta：ASEAN，2013：26.

化发展的过程中,不同参与者并不总能达成战略共识与互利。①

第二,东盟地区职业技术教育合作局限在特定领域。虽然东盟地区职业技术教育系统确实存在协调的趋势,但这种协调的趋势只表现在了特定领域,几乎没有迹象表明东盟正在积极推动东盟成员国教育系统的全面统一,东盟国家近几年逐渐开始关注职教协调政策,其部分原因在于区域经济一体化建设进程的加快,因此东盟地区职教合作领域大都聚焦于满足经济合作上的需要,因此合作领域还有待拓展。如东南亚职教高级官员会议签订的《清迈联合声明》将酒店管理、旅游、电子制造、建筑等行业作为重点合作领域,还未涉及其他产业的职教合作。东盟在 2015 年宣布全面建设经济共同体以后,东盟国家才开始举办职业技术教育领域的高层会议,并首次提出"区域职教协调发展与国际化"的口号,但是历届会议都避免使用"一体化"这类字眼,由此看来,东盟地区职业技术教育区域化还处在初级阶段,东盟国家更倾向于谨慎地寻找合作点。

第三,东盟地区职业技术教育协调政策有待完善。到目前为止,东盟尚未发布区域职业技术教育质量保障框架,区域资格框架的运行也面临资金不足的问题②,这对地区未来的职教协调发展造成一定阻碍。另外,现有的东盟学分转换系统主要针对高等院校,且范围局限在东盟大学联盟成员院校。虽然东盟层面表示要开发一套适用于职业技术教育领域的学分转换系统,但还依然停留在倡议层面,实际行动尚未展开。除此之外,东盟为五年教育规划涉及的各个职教项目指派了不同的东盟成员国与责任机构,但东盟在整体层面的统筹政策明显欠缺,东南亚教育部长组织发布的职教战略亦然,这也与东盟一直以来缺乏超国家教育执行机构有关。

第四,东盟地区缺少职业技术教育区域化发展的"内生性"政策。"内生性"政策是指基于东盟地区实际情况及需要解决的问题而产生的本土化政策。东盟在其职业教育区域化发展过程中,善于借鉴并利用了欧盟所采用的职业技术教育连接手段,开发了本地区的资格参照框架,尝试着建立本地区职业技术教育质量保障体系。然而,东盟采用的这些技术手段大多来源于区域外部国家及机构组织的技术支持,如欧盟设立了欧盟-东盟高等教育援助项目,其

---

① KNIGHT J, WOLEGIORGIS E T. Regionalization of African Higher Education [M]. Rotterdam: Sense Publishers, 2017: 211.

② PARYONO. Regional Qualification Frameworks in Southeast Asia: Current Status, Opportunities, and Challenges [J]. SEAMEO VOCTECH Journal, 2013, 10(1): 1-10.

目的是进一步在东盟地区宣传其在教育领域推进一体化的政策与经验,德国国际合作机构在东盟地区职业教育区域合作平台的运营上起到了主导作用。因此,如果缺少地区外部力量对职教区域化发展的支持,东盟是否能根据自身的实际情况开发出一系列连接该地区职业技术教育系统的技术工具与有效的政策,这是一个值得探讨的问题。从整体看,东盟地区关于职教区域化发展的"内生性"政策较少,大多是模仿或是借鉴其他地区的政策手段,缺乏对本地区实际情况的综合考虑,较为依赖区域外部的技术支持,依附性较强,尚未真正探索出地区职教融合的本土化道路。还需注意的问题是:虽然东盟借鉴了欧盟一系列标准,并以此作为推进地区教育协调发展的方式,但却未制定出实施这些标准的一系列保障措施。

第五,东盟社会文化一体化程度不高是职教合作不全面的直接影响因素。东盟地区职业技术教育区域化发展在一定程度上是东盟经济、社会文化共同体建设的外溢现象。从东盟经济共同体建设方面看,截至 2021 年,按照《东盟商品贸易协议》(ASEAN Trade in Groads Agreement,ATIGA)承诺,东盟内部关税撤销率达到 98.6%。[①] 虽然东盟在推进地区贸易畅通方面取得了不可否认的成就,但东盟社会文化共同体建设却是长期的过程,尤其涉及教育问题之时,便增加了国家间的敏感性。因此,"东盟社会文化共同体落后于其他两个共同体"[②]。培育"东盟意识"一直是东盟共同体构建文件中强调的重要事项,但一项针对东盟十国"东盟意识"的调查研究表明,在东盟十国中,欠发达地区对东盟共同身份的认同度普遍高于其他成员国,而东盟地区的发达国家则持怀疑态度。[③] 东盟希望在学校里开设东盟国家语言课程来提高"东盟意识",但《东盟教育现状报告》指出,在东盟地区的学校里教授不同东盟国家的语言受到诸多限制,其中一个重要的挑战是缺乏训练有素的教师以及有用的音频和印刷资源,并且在许多东盟国家普遍存在不同的语言和方言。[④] 因此,在东盟地区学校传播东盟国家语言知识的前景并不乐观,"东盟意识"的欠缺也在提高东盟地区职业技术教育区域化发展的内在动力方面造成了一定负面

---

① 中国-东盟自由贸易区. 2021 年东盟内部关税撤销率达到 98.6%[EB/OL]. (2021-09-10) [2022-03-06]. http://www.cafta.org.cn/show.php? contentid=94358.

② 塞韦里诺. 东南亚共同体建设探源:来自东盟前任秘书长的洞见[M].王玉主,译. 北京:社会科学文献出版社,2012:316.

③ THOMPSON E C, THIANTHAI C. Attitudes and Awareness toward ASEAN:Findings of a Ten Nation Survey[R]. Jakarta:ASEAN Foundation,2007:24.

④ ASEAN. ASEAN State of Education Report[R]. Jakarta:ASEAN,2013:21.

影响。

为解决上述问题,东盟在制定地区协调政策时,以下几个方面值得考虑:首先,制定与东盟国家教育战略相契合的职教协调政策。在东盟成员国中,对区域政策回应较为积极的大多是中高收入国家,这类国家往往不仅具有推进职教国际化的基础,而且其国家内部发展战略与区域战略较为契合。如马来西亚的教育战略目标之一是打造区域教育优质中心,因此马来西亚尤为重视东盟资格参照框架与本国国家资格框架的对接,其在区域政策的开发上也表现得尤为积极,并由其推动形成了其他区域性教育政策倡议。由于低收入东盟国家教育基础薄弱,其主要注意力还放在自身的国家建设上,尤其是国家基础教育的普及上,职业技术教育国际化的水平并不高,对跨境职教合作交流的愿望并不强烈。因此,提高东盟成员国回应区域职教政策积极性的主要途径是结合东盟成员国内部需求,并在充分考虑东盟成员国教育现状的基础上提出与之相契合的职教协调政策。同时,鼓励东盟成员国建立职业教育对外交流机构,不断完善职教质量保障体系,增加彼此之间的互信,提高东盟成员国参与地区职业技术教育区域化发展的民意基础。

其次,探索东盟地区本土化的职教区域化发展政策。东盟地区政治体制、文化传统、民族宗教具有多样性和复杂性,因而需要摆脱以标准化手段推进地区职教合作的倾向。东盟国家应在接受地区外部国家及组织机构技术支持的同时,立足于本地区的实际状况,创新性地开发出符合本地区职教发展现状的连接手段与工具。此外,东盟应充分研究该地区职教合作试点领域的优秀案例以及高等教育领域互联互通经验,在尊重各东盟成员国自身意愿的基础上,逐步扩大合作领域。与此同时,东盟应加强整体层面的统筹协调,不断完善地区职教协调发展政策,设立互助基金,解决部分东盟成员国因国家内部教育政策滞后而造成的合作障碍。

最后,加强东盟身份认同是促进地区职教区域化发展的持久动力。东盟地区教育共同空间的建设与东盟身份认同构建是互为联系与相互促进的关系。解决东盟地区职教合作不全面性问题的根本在于加强以东盟集体身份思考教育公共事务。东盟领导人提倡在学校课程中加入《东盟宪章》以及东盟国家文化的相关内容,今后东盟可将上述理念转化为实际可操作的行动方案,并成立相关组织机构协助开展上述倡议。另外,语言互通是东盟地区教育互联互通的基石,也是促进民心相通的基础。《东盟宪章》第三十四条规定,"东盟的官方工作语言应为英语"①,但这条规定在实施过程中可能存在一定困难,因为不同东盟国家的英语处于不同的发展阶段。由于殖民历史对东南亚地区的影响,在文莱、马来西亚、菲律宾和新加坡这些国家,英语继续发挥着重要作用,但对于像老挝和柬埔寨这样的国家,即使是精英阶层,其英语水平仍然相对较低。②这为地区政策沟通与民心相通造成了一定阻碍,因此,东盟应在英语培训方面给予"CLMV"国家一定的支持力度,以此加强社会文化共同体建设,打破职教区域化发展的语言障碍。

三、非强制性东盟决策方式的低效性

东盟的低效性导致其关键项目无法完成,东盟也无法改变导致自身低效性的组织设计。③东盟方式一贯强调非强制性,东盟避免超国家机制的偏好在一定程度上造成了区域教育治理结构松散、区域教育政策实施缓慢、执行力度弱化等问题。

首先,东盟地区缺少超国家教育合作机制而造成了区域教育治理结构松散。东盟式地区治理的超国家机制和制度建构相对薄弱,治理内容仅限于一些跨国议题的管理与合作,超国家机构的权限很小,更多体现在统一协调方面。④东盟地区职业教育区域化发展管理机构松散问题还表现在东盟缺少一个由东盟成员国教育官员、专家及产业部门组成的区域教育委员会,并以此来统管区域教育的公共事务。东盟国家对于避免建立超国家机制的倾向源于东盟成员国曾经被殖民的历史(泰国除外)。因此,东盟国家对于建立让渡部分国家主权的区域教育合作机制十分谨慎,甚至反感。东盟更倾向于政府间的教育合作机制,其主要教育战略与倡议来源于东盟教育部长会议、东南亚教育部长组织、东南亚职教高层会议等多个区域层面的组织机构,但不同机制之间的有效协调是东盟地区教育治理的一大挑战。⑤地区职教政策倡议的来源较为分散,改革措施也较为零散化,缺乏系统性,不同的东盟轮值主席国在对待

① ASEAN. The ASEAN Charter[R]. Jakarta：ASEAN，2017：29.

② ANDY K. English as the Official Working Language of the Association of Nations (ASEAN)：Features and Strategies[J]. English Today，2009,24(2)：27-34.

③ JETSCHKE A. Institutionalizing ASEAN：Celebrating Europe through Network Governance [J]. Cambridge Review of International Affairs，2009，22(3)：407-426.

④ 邢瑞磊.比较地区主义:概念与理论演化[M].北京:中国政法大学出版社,2014:161.

⑤ AZIZ M I A. The ASEAN Community Integration 2015：General Overview，Current Status and Moving Forward [R]. Kuala Lumpur：Universiti Teknologi Malaysia，2015：12.

地区教育公共事务方面可能会有不同的侧重点。不同组织机构发布的政策倡议还会有重合的现象,在《东盟教育五年规划(2016—2020)》与《东南亚教育部长组织七项优先发展领域(2015—2035)》中,职业技术教育子计划的部分内容其实是一致的。东盟偏向于不断开拓地区职教合作的协商平台,职业教育合作项目的开展多以专题研讨会、工作坊这类形式出现,借以取代超国家的教育管理形式,但这一方式削弱了地区职教政策的权威性与强制性。

其次,东盟过度强调"非强制性"而造成了区域教育政策实施缓慢。"东盟非强制性合作方式"体现在东盟及东南亚教育部长组织发布的各项区域性教育合作文件中,值得注意的是,在一部分区域性教育政策指南与说明的最后都会出现"不要求东盟成员国强制实施,各国可根据本国的自身情况做相应调整"这类字眼。东盟十分强调协商一致,虽然这种非强制性的"东盟方式"保障了东盟国家职业技术教育合作方式上的灵活性与多样性,但这种方式在一定程度上也造成了东盟区域职教协调政策实施缓慢,最后导致大部分区域政策一直停留在倡议层面。总之,东盟协商一致的合作导向可能会对建立强机构化的组织带来阻碍[①],这种导向有时也会在达成教育合作协议方面造成低效性。与欧盟正式化的决策方法相比,东盟国家之间的教育合作模式更为宽松,管制更少。因此,这种非强制性的"东盟方式"也可能成为东盟地区职业技术教育区域化进一步发展的障碍。

最后,东盟缺乏区域教育政策实施的监督机制造成了执行力度弱化。在东盟地区职教区域化发展的过程中,东盟更像是一位"协调者",而不是一位"领导者",更不是一位"监督者"与"实施者"。东盟明显缺少保障地区教育协调发展的法律支撑,这与其一直以来避免法律约束有很大关系。由于东盟地区的教育公共事务较依赖政府间协商与协调,因此,东盟在地区职教区域化发展的过程中主要担当了"协调者"的角色,负责"汇总"由各个成员国提出的职教合作战略计划,而不是发起某个战略方案。在多数时候,东盟只是作为一个活动召集人,在区域外部推动东盟＋N的教育合作事务,如东盟＋3(中、日、韩)的教育合作。在区域教育战略实施进度上,东盟并未对具体的行动时间表作出规定,对实施结果也并不重视,区域性教育政策的落实程度一般按照东盟成员国自身的标准来界定。无论是在收集东盟成员国教育基本数据方面,还是评估东盟成员国实施东盟五年教育规划的情况方面,东盟依然需要依靠区

---

① ALICE D B, CHENG C K, SUDO S. Institutionalizing East Asia: Mapping and Reconfiguring Regional Cooperation[M]. New York: Routledge, 2016: 208.

域外部机构协助完成。另外,东盟推出的职教系列标准在多大程度上得到东盟成员国的响应与实施,相关信息并不能从某个机构获取。在没有约束力的情况下,东盟成员国基本上根据本国的实际情况在缓慢推进区域教育政策倡议而造成了执行力的弱化。

综上所述,东盟决策方式在一定程度上削弱了东盟在地区教育事务主导权上的领导力,造成了东盟地区职业技术教育区域化发展相关政策实施进度缓慢,另外,非强制性的"东盟方式"也导致了东盟成员国对区域职教政策配合不到位以及执行政策的积极性不高。因此,东盟应在以下三个方面加强其在教育公共事务中的影响力。

第一,创新"东盟教育合作方式"。创新"东盟教育合作方式"的途径之一是变革东盟教育治理的方式,建立跨部门协调机制,以此打破治理结构分散、战略内容重复、政策来源多样化的现状。东盟成立于1961年,随后发起了东盟教育部长会议,但该会议机制很快陷入沉静,几十年来,政府间的教育政策合作问题一直由东南亚教育部长组织接手①,这导致了区域教育治理的分散化。东盟如果希望加强其在区域教育合作上的中心地位,就需要超越其"协调者"与"召集者"的单一角色,并在尊重各国意愿的基础上,对地区职业技术教育的协调发展事项做出明确的战略计划,确定详细的时间表。同时,东盟可成立区域教育委员会以取代政府间合作方式协商的低效性。菲律宾政府在2018年提出了关于建立东盟职业技术教育与培训发展理事会的建议,以此作为东盟层面在职教领域的基础协调部门,其目的主要在于支持东盟经济一体化蓝图,加强东盟成员国在职教领域与人力资源开发计划方面的协调,促进地区劳动力自由流动,应对不断变化的就业市场。② 如果东盟三大部长会议通过该提议,这将是东盟在职业技术教育领域唯一的协调机构。重要的是,东盟应进一步思考如何在不建立超国家机制的情况下,建立更多类似超国家机制的代替品,处理好变革教育治理方式与保持"东盟方式"的关系,促进东盟地区职教区域化发展,加快共同体建设的进程。

第二,建立协助东盟实施区域教育政策的区域机构。东盟国家倾向于"东盟方式"的部分原因在于"东盟方式"是一种可以让东盟成员国都感到舒适的

---

① Dang Q A. The Bologna Process Goes East? from "Third Countries" to Prioritizing Inter-regional Cooperation Between the ASEAN and EU[M]// ADRIAN C, LIVIU M, REMUS P, et al. The European Higher Education Area. Switzerland: Springer International Publishing, 2015: 766.

② SEAMEO. Concept Note on the Creation of the ASEAN TVET Development Council[R]. Bangkok: SEAMEO, 2018: 1-2.

协商方式,对于东盟来说,表现出在地区合作事务上强势倾向的地区组织形象并不能满足各成员国的利益要求,虽然东盟现阶段还缺少一个监督成员国实施区域教育政策的机构,但建立一个监督机构也并不符合地区实际情况。因此,最优做法是建立一个支持东盟实施区域教育政策的协助机构,这样既能保障东盟建立一种以结果为导向的地区教育合作机制,又能保障成员国根据自身情况推进区域教育政策的进度。协助机构的基本定位与功能应为以下几方面:其一是收集东盟成员国教育基本情况的相关信息,为东盟了解各成员国各教育层次的基本现状提供一手资料,为其在制定区域教育政策方面提供基本数据支撑;其二是收集成员国在实施区域教育政策的进度,为该政策的补充与调试做好准备;其三是对东盟国家在推进区域教育政策中遇到的困难做充分调研,为其提供专家咨询服务,协助其解决实施区域教育政策的阻碍,在必要之时,为其提供资金支持;其四是公开东盟成员国的实施情况,树立优秀典范,为其他成员国提供经验借鉴,并保障各成员国有充足的话语表达渠道。

第三,建立推动地区职教协调发展的奖励机制。东盟成员国对区域政策响应不积极的部分原因除了还未具备实施相关政策的条件以外,可能还因为东盟成员国国家利益与地区利益存在冲突,从而导致成员国无法从中获利。因此,东盟可设立激励基金,其目的在于奖励在推进东盟地区职教区域化发展过程中做出积极贡献的成员国与组织机构,形成各成员国都乐于参与区域教育合作的良好氛围,同时促进教育改革先进经验的相互借鉴。

第八章　结论与启示

第一节　本研究的核心结论

　　本研究的核心结论主要围绕东盟地区职业技术教育区域化发展的背景、三大路径、特征、成效及问题展开,并以此为基础对我国职业技术教育的质量提升以及深化我国与东盟国家职业技术教育的交流与合作提出了六点建议。

　　本研究基于简·奈特提出的高等教育区域化相关概念,借助高等教育区域化发展 FOPA 模型分析框架,通过文献研究法、案例研究法、比较研究法,分析了东盟地区职业技术区域化发展的动因、路径、特征、成效及存在的问题。本研究的核心结论可以概括为以下六点。

　　第一,东盟共同体建设的持续推进、东盟国家劳动力市场存在的危机以及东盟国家职业技术教育体系面临的多重挑战是东盟地区职业技术区域化发展的动因。从东盟共同体建设持续推进的大背景看,东盟政治安全共同体、东盟经济共同体以及社会文化共同体建设进程需要教育作为其支撑手段,从《东盟宪章》再到具体的各项东盟文件,都明确将东盟国家之间教育合作问题放在十分重要的位置。东盟通过各项政策文件在教育领域中不断强化东盟意识、东盟身份、东盟标准,鼓励人员交流及劳动力自由流动,这也成了东盟职业技术教育区域化发展的外在驱动力。东盟国家劳动力市场存在的危机也是东盟国家深化职业技术教育合作的内在驱动力之一:一方面,东盟国家传统劳动力被自动化取代的风险不断增大,有的东盟成员国劳动力的被取代风险高达 80%以上;另一方面,东盟经济共同体建设不仅增加了对高技能工人的需求,劳动力市场供需矛盾也十分突出,结构性调整极为迫切,培养拥有多种技能组合的工人是东盟各国在区域融合大环境下的必然选择。开展区域性跨国职业技术教育合作成为解决东盟地区劳动力市场危机与供需矛盾的途径之一,因此,东盟地区职业技术教育区域化发展逐渐成为必然趋势。同时,从东盟国家职业技术教育体系的发展现状来看,东盟国家正面临多重挑战,这表现在东盟国家职业技术教育入学率整体偏低，职业技术教育对青年人的吸引力不高，东盟成员国职业技术教育发展水平差距显著，各国企业参与职业技术教育体系的程度也具有显著性差异。上述问题严重阻碍了东盟国家职业技术教育整体竞争力的提升与人员交流。因此，东盟国家普遍认为需要调整本国的职教战略以便融入区域一体化，并通过建立更为紧密的合作以提高本国的职教水平与竞争力。

第二，东盟地区职业技术教育区域化发展的主要路径之一是政治路径，东盟地区职业技术教育区域化发展的政治路径主要体现在东盟地区决策机构发布了一系列带有政治意向的声明及计划。东盟制定的两个五年教育规划、东南亚教育部长组织发布的东南亚地区职业技术教育战略以及东南亚职业技术教育高级官员会议签订的系列协议是这一路径的主要外显形式。东盟制定的两个五年教育规划确立了东盟国家未来致力于培育东盟意识、促进职业技术教育师生跨境流动、提高职业技术教育质量、加强职业技术教育区域协调、建立区域职业技术教育质量保障体系与非学位教育认证机构、缩小东盟国家职业技能供需差距等目标。东南亚教育部长组织发布的东南亚职业技术教育战略为东盟国家在职业技术教育领域的合作指明了方向，该战略由13项具体的职业技术教育计划组成，内容涵盖了地区基础产业从业人员资格认证、职教标准建设、知识平台与课程平台建设、国际交流与合作以及特殊职业教育教师培养五方面。东南亚职业技术教育高层会议成为东盟地区未来各项职教政策的主要讨论平台之一，该会议达成了一系列关于促进地区职业技术教育人员流动、知识共享、产教融合、教师标准建设的合作协议，《清迈联合声明》是其重要成果。

第三，东盟地区职业技术教育区域化发展的主要路径之二是功能路径，东盟地区职业技术教育区域化发展的功能路径主要体现在东盟国家合力开发东盟资格参照框架、保障东盟资格认证体系的质量、构建东盟职业技术教育标准体系、建立东盟学分转换系统、发布东盟学术期刊数据库这五个方面。东盟国家在这五个方面的努力增加了东盟地区职业技术教育体系的一致性与透明度，并为各东盟成员国职业技术教育体系的互联互通提供了技术保障。其中，东盟于2015年发布的指导性文件《东盟资格参照框架参照指南》为实现东盟各成员国职业技术教育体系及资格证书体系之间的互认、对比、互动以及连接提供了操作工具；东盟于2017年发布的《东盟资格认证与质量保障指南》提高了东盟成员国之间对于资格认证体系的互信；东盟持续完善区域性职业技术教育教师标准、东盟职业教师教育课程标准以及职业院校校长标准，这使区域内职业技术教育教师质量得到了保障并具有可比性；东盟建立的以学生为中心的学分转换系统为促进区域内学生流动与深化教育融合提供了可操作的有利工具；东盟发布的东盟学术期刊索引推广了东盟地区研究成果，这对东盟地区学术共同体建设产生了显著影响。

　　第三，东盟地区职业技术教育区域化发展的主要路径之三是组织路径，东盟地区职业技术教育区域化发展的组织路径主要体现在东盟国家成立了三个重要的区域职教组织，即东南亚教育部长组织职业技术教育与培训中心、东南亚职业技术教育与培训联盟、东亚及东南亚区域职业技术教师教育协会。其中，东南亚教育部长组织职业技术教育与培训中心主要扮演了地区职教实践指导者、地区职业技术教育学术中心的角色，同时该中心也是东盟地区其他各类职教平台的构建者与管理者；职业技术教育与培训联盟的成立是东盟国家协调创新、共享资源的重要组织形式，是整合区域内各个职业技术教育机构与产业部门优势的重要策略，也是加深区域职教机构互联互通的重要体现；东亚及东南亚区域职业技术教师教育协会的成立标志着东盟地区职业教师教育研究智库的产生，该协会提出了一系列适应东盟一体化发展的职业技术教育政策建议，由其产生的政策建议将在未来持续影响东盟地区的职教政策走向。

　　第四，东盟地区职业技术教育区域化的主要特征表现为"三大路径三管齐下""多元主体协同推进"以及"非强制性'东盟方式'全面引领"。"三大路径三管齐下"是指东盟地区职业技术教育区域化发展的三种路径相互依赖、相互补充，在区域化的不同发展阶段，三种路径的运用具有不同的侧重点。政治路径保障了东盟地区职业技术教育区域化发展的可持续性与方向性，功能路径则提供了技术支持，而组织路径为实施政治路径确定的各项战略计划提供了组织保障。"多元主体协同推进"是指东盟地区职业技术教育区域化发展得到了区域内与区域外机构的合力指导与相互配合。区域内部机构主要是指东盟、职教机构、产业部门、东南亚教育部长组织及其下设的区域中心。区域外部机构主要是指联合国、欧盟、澳大利亚-新西兰自贸合作组织、德国国际合作机构等国际组织，这两方力量成为推动东盟地区职业技术教育区域化发展的主体。"非强制性'东盟方式'全面引领"指的是在东盟地区职业技术教育区域化发展过程中，东盟国家之间逐渐形成了一种规避法律约束与超国家机制的教育合作形式，并且这种合作形式强调成员国之间的协商一致。东盟地区职业技术教育区域化强调"协调"发展，因此东盟国家倾向于谨慎地寻找合作点，也不强制成员国调整本国的教育政策来适应区域政策，这是具有亚洲特色的教育区域化。

第五,东盟地区职业技术教育区域化发展的成效体现在其明确了东盟国家职业技术教育的合作领域与发展方向、打破了东盟国家职业技术教育合作的技术性壁垒以及形成了东盟国家职业技术教育合作的多层次联动网络。东盟发布的两个东盟五年教育规划、东南亚教育部长组织确定的七项优先发展领域以及四次东南亚职业技术教育高级官员会议签署的声明与协议对该地区各层次教育产生了直接的引导作用,明确了东盟地区职业技术教育的合作领域与发展方向。东盟国家通过制定一系列增加东盟职业教育体系一致性、透明度的框架与计划打破了东盟国家之间交流与合作的技术壁垒,为实现东盟五年教育规划及东南亚教育部长组织提出的优先发展战略提供了可操作的技术方案以及便于执行的一系列策略,并为东盟国家职业技术教育的互联互通提供了前提条件。在东盟地区职业技术教育区域化发展的过程中,逐渐形成了以东盟与东南亚教育部长组织为核心,以区域外国家及各类国际组织为辅助的多级联动组织网络。这些组织网络之间相互促进,相互配合,发挥了决策、政策建议、执行、援助等优势功能。

第六,东盟成员国职业技术教育发展的不平衡性、职业技术教育合作的不全面性、非强制性东盟决策方式的低效性是东盟地区职业技术教育区域化发展的制约因素。首先,缩小东盟内部发展鸿沟虽然是东盟一直以来追求的目标,然而东盟成员国之间经济水平与教育水平的差距依然存在。"东盟意识"的欠缺也对东盟职业技术教育区域化发展的内在动力方面造成一定负面影响。其次,东盟并未打算建立像欧洲高等教育区那样高度统一的教育共同体,东盟地区国家教育系统的进一步协调可能是未来需要进一步完善的问题。最后,虽然非强制性"东盟方式"保障了东盟国家在职业技术教育合作方式上的灵活性与多样性,但这种方式在一定程度上也造成了东盟地区区域职教政策实施进度缓慢、执行力度弱化等问题。针对职业技术教育发展水平差距的问题,东盟可从打破信息交流壁垒、创造合作氛围以及拓宽资金渠道三方面着手,以减小东盟地区各国之间进行职教政策协调的沟通成本,减少东盟地区职业技术教育区域化发展的阻力。针对职业技术教育合作不全面性的问题,东盟应考虑制定与东盟国家教育战略相契合的职教协调政策、探索东盟地区本土化的职教区域化发展政策以及加强东盟身份认同。针对非强制性东盟决策方式低效性问题,东盟需创新"东盟教育合作方式",变革东盟教育治理的方式,建立跨部门协调机制,以此打破治理结构分散、战略内容重复、政策来源多样化的现状。

第二节 本研究的启示

中共中央办公厅、国务院办公厅印发的《关于做好新时期教育对外开放工作的若干意见》指出，做好新时期教育对外开放工作的重点之一是实施"一带一路"教育行动，促进沿线国家教育合作。① 东盟国家是"一带一路"沿线国家重要经济体，近年来中国与东盟在教育领域的合作与交流不断加深，双方在职业技术教育方面的合作成果丰硕。面临劳动力转型升级等一系列问题，东盟国家正在积极推进职业技术教育转型，尝试各项职教改革，其目的是改变过去移植发达国家职业技术教育模式的现状。职业技术教育区域化发展是东盟国家携手应对共同挑战的重要举措之一，对东盟地区职业技术教育区域化发展的研究不仅有利于我国建立与东盟对接的职业技术教育政策，深化与东盟国家在职业技术教育领域的交流与合作，而且也对我国职业技术教育的国际化与质量提升具有重要的启示意义。

一是搭建我国职业技术教育的学术网络与知识交流平台。在东盟地区职业教育区域化发展过程中，东盟国家不仅十分重视区域实践指导平台的作用，而且特别注重地区职教学术研究网络及职教信息的数据库建设。东盟国家创办了本地区职业技术教育学术研究期刊与职业教师教育协会，逐渐将职业教育学术共同体建设也作为其发展重点之一。根据东盟区域职教知识平台的建设经验，职业院校不仅是学术网络与知识交流平台的使用者，同时也是高质量信息贡献者。东盟地区多个学术网络与知识交流平台的产生克服了各国需要独立解决本国职业技术教育发展过程中遇到的共同问题，东盟各国在分享最佳做法的过程中达到了集思广益的效果。另外，地区性职业教师教育协会不仅是地区职业教师教育的研究智库，也成为东盟各国职业教师教育政策交流与讨论的平台。现阶段，我国在职业教育领域还缺少类似的信息交流平台，今后我国可逐步建立职业教育知识共享平台，通过建设职教知识平台，鼓励我国职业院校成为先进经验的信息分享者。同时，政府、企业等利益相关者可作为该平台的建设者，实现职业教育实践优秀案例的信息共享，为解决我国共同面临的问题与挑战提供真实案例参考，为职业院校提供展示自我、参与交流、知

---

① 中华人民共和国教育部. 推进共建"一带一路"教育行动[EB/OL]. (2016-07-15)[2021-12-13]. http://www.moe.gov.cn/srcsite/A20/s7068/201608/t20160811_274679.html.

识共享、寻求合作的互动工具。其次,我国可建立职业教育领域的学术网络平台,鼓励有条件的职业教育机构及院校出版英文版的职业教育学术期刊,并与国际期刊数据库建立网络联系。与国外学术数据库的相互链接能够提高我国职教研究成果的引用率及曝光率,这将为世界各国了解我国职业技术教育现状与经验提供窗口,并在信息传播方面为我国职业院校"走出去"做好铺垫,同时也为建设具有中国特色的现代职业教育体系提供理论支撑。

二是建立职业院校与产业部门互联互通的职业技术教育联盟。2017 年《国务院办公厅关于深化产教融合的若干意见》指出:"深化产教融合,促进教育链、人才链与产业链、创新链有机衔接,是当前推进人力资源供给侧结构性改革的迫切要求,对新形势下全面提高教育质量、扩大就业创业、推进经济转型升级、培育经济发展新动能具有重要意义。"[①]产教融合是提升职业教育质量的关键,东盟国家通过建立本地区职业教育院校与产业部门的联盟使学生获得跨国工作经验,提高了职业院校的毕业生质量,促进了职业院校与产业部门的合作与师生交流,提高了东盟地区职业院校的国际化水平。今后我国亦可通过建立职业教育联盟实现职业院校与产业部门互联互通,开发职业院校师生交换计划并编写交换指南;根据我国现阶段急需发展的产业领域来设计产教合作计划,并利用职教联盟为产业部门与职业院校的潜在合作创造机会;通过分享职业教育专家库、管理经验、实验室设备、学习资料等优质资源,实现人员与信息的资源共享。建立职教联盟不仅有利于我国在国内整合各方优势,也有利于我国职业院校与企业在"走出去"办学时形成规模效应,服务"一带一路",构建"一带一路"教育共同体。

三是完善我国职业技术教育的质量保障与标准体系。为适应东盟一体化,东盟国家不断完善区域性职业教育标准体系,这体现在东盟国家不仅开发了职业学校教师标准,而且开发了企业培训师标准。在东盟国家提出的一系列标准体系中,最具特色的是企业培训师标准。《中共中央　国务院关于全面深化新时代教师队伍建设改革的意见》指出,"健全职业院校教师管理制度,支持职业院校专设流动岗位,适应产业发展和参与全球产业竞争需求,大力引进行业企业一流人才,吸引具有创新实践经验的企业家、高科技人才、高技能人才等兼职任教"。在吸引行业企业人才兼职任教方面,东盟的做法是将学生送到行业内部接受企业内部人员的培训,并将其作为职业学校教育体系的补充,

---

① 国务院.国务院办公厅关于深化产教融合的若干意见[EB/OL].(2017-12-09)[2021-12-13].
http://www.gov.cn/zhengce/content/2017-12/19/content_5248564.htm.

这样既不用改变企业内培训师的工作属性，也使学生获得实践性较强的行业内培训。针对企业内部培训师人才，东盟国家开发出了一套针对企业内部培训师的标准体系，促进了该地区职业教育系统与企业培训系统的整合。构建职业教育国家标准是我国《国家职业教育改革实施方案》目标之一[①]，因此，东盟企业培训师标准的开发经验值得我国借鉴。现阶段，我国也需要激发企业内培训教师的积极性，将其纳入我国职业教育教师队伍，并给予其支持，充分发挥其连接职业教育系统与企业培训系统的作用，使学生能够获得有效的行业内培训。在该标准开发过程中，东盟国家借助了德国国际合作机构等国际组织的技术指导。未来我国也可加强与东盟以及其他相关国际组织的研讨与合作，吸取企业培训师标准开发及使用方面的实践经验，加快职业教育教师队伍的规范化和标准化建设，在企业培训师标准的开发方面与东盟建立经验分享平台，充分发挥企业内培训师的作用，为我国职业院校与企业的融合发展提供支持，打造中国职业技术教育品牌。

四是加强与东盟以及东南亚教育部长组织的对话。东盟与东南亚教育部长组织不仅是影响东盟内部各项职业技术教育改革的两大官方组织，也是代表东盟成员国与区域外国家展开职业教育交流合作的主要官方平台。与这两个组织的紧密合作不仅有利于我国与东盟各国有效地达成一系列职业技术教育交流合作协议，而且有利于我国了解东盟地区重要的职业技术教育改革方向，制定有针对性的以及可持续的双边职教合作战略。目前，我国将每年举行的中国-东盟交流周以及每两年举行的东盟＋3（中国、韩国、日本）教育部长会议作为加强双方教育交流与合作的主要官方平台。在职教领域，我国与东盟于2016至2017年启动了中国-东盟职业技术教育姊妹项目（SEAMEO-China TVET Cultural Twinning Programme），成立了中国-东盟职业技术教育联盟。未来我国可进一步针对这两大官方组织开发多层次、多领域、多形式的职业教育合作模式。比如根据不同东盟成员国的职教发展水平制定差异化的职业技术教育合作战略；根据东南亚教育部长组织制定的优先发展领域优先扶持、指导我国在该领域的一流职业院校设计相关合作项目；制定与东盟五年教育发展规划相匹配的教育合作方案及计划，并用东盟乐于接受的"寻找结合点的合作方式"与之展开交流合作。

五是深化我国与东盟地区重要职业技术教育组织的合作。由于东盟地区

---

① 国务院.国务院关于印发国家职业教育改革实施方案的通知［EB/OL］.（2019-02-23）［2021-12-13］.http://www.gov.cn/zhengce/content/2019-02/13/content_5365341.htm.

职业技术教育区域化发展具有"自上而下"与"自下而上"相结合、多元主体协同推进的特点,因此在我国与东盟展开合作的过程中,除了关注主要的代表性组织外,由东盟成员国组织创建的各类职教组织也应成为实施中国-东盟职教合作的重要合作伙伴。这些区域联盟与研究中心逐步改变了封闭的职业技术教育系统,构建了由各职业技术教育机构、师生、产业、企业组成良性生态系统,我国与这类组织机构建立紧密合作不仅有利于中国-东盟职业院校之间的相互交流,且有利于我国企业融入东盟国家产业系统,进一步扩大中国-东盟职教合作领域,构建中国-东盟职业技术教育系统与产业系统利益共同体。鉴于东盟国家已经将非正式教育认证、农业从业人员能力标准、特殊教育教师培养、大型在线课程开发、地区知识平台建设等内容作为 2035 年以前职业技术教育的重点发展领域,并落实到了不同的组织机构,因此,在合作内容方面,我国可通过建立中国-东盟职业技术教育高层会议机制,与东盟不同职教组织商讨在上述领域的合作交流,有重点、有计划、有目的地抓住合作机遇,推进我国的职业技术教育国际化。

六是实现我国职业资格与东盟职业资格的互认。实现我国职业资格与东盟职业资格的互认是保障双方合作不断深入的重要举措。东盟通过与其他国际机构的合作,制定并开始实施了东盟资格参照框架,有效推进了区域内职业资格的互认,加快了东盟地区各行业跨国劳动力的流动与师生交流。由于我国尚未建立国家资格框架,职业资格的可比性、可转换性不够,我国职业资格与东盟职业资格的互认目前还无法顺利实现。这不利于我国的职业院校走出国门办学,也不利于深化与东盟国家在职业教育领域的合作。因此,我国的当务之急是借鉴国际经验尤其是东盟资格参照框架的开发经验,建立国家资格框架。同时,我国可加强对东盟资格参照框架的研究,为我国国家资格框架与东盟资格参照框架的连接提供参考,实现我国职业资格与东盟职业资格的互认,从而助推国家"一带一路"倡议的实施,充分发挥职业技术教育合作交流对加强中国-东盟战略合作伙伴关系的重要作用。[①]

---

① 吴雪萍,王文雯.东盟职业技术教育区域化发展:基于 FOPA 模型的分析[J].中国高教研究,2018(6):103-108.

参考文献

一、英文文献

(一)政策文件、研究报告

[1] APEC Secretariat. Mapping Qualifications Frameworks across APEC Economies [R]. Singapore：APEC，2009.

[2] ASEAN Secretariat. Asean Economic Community Blueprint 2025 [R]. Jakarta：ASEAN，2015.

[3] ASEAN Secretariat. Declaration on the ASEAN Economic Community Blueprint [R]. Bali：ASEAN，2008.

[4] ASEAN Secretariat. Initiative for ASEAN Integration Work Plan III[R]. Jakarta：ASEAN，2014.

[5] ASEAN. ASEAN 5-Year Work Plan on Education（2011—2015）[R]. Jakarta：ASEAN，2012.

[6] ASEAN. A Journey Towards Regional Economic Integration：1967—2017[R]. Jakarta：ASEAN，2017.

[7] ASEAN. ASEAN ICT Masterplan 2015 [R]. Jakarta：ASEAN，2011.

[8] ASEAN. ASEAN Socio-Cultural Community（ASCC）Blueprint 2015[R]. Jakarta：ASEAN，2016.

[9] ASEAN. ASEAN Socio-Cultural Community（ASCC）Blueprint [R]. Jakarta：ASEAN，2008.

[10] ASEAN. ASEAN Strategic Plan for Culture and Arts 2016—2025 [R]. Jakarta：ASEAN，2016.

[11] ASEAN. ASEAN Strategic Plan for Information and Media 2016—2025[R]. Jakarta：ASEAN，2016.

[12] ASEAN. Declaration of ASEAN Concord Ⅱ [R]. Jakarta：ASEAN，2012.

[13] ASEAN. ASEAN Economic Community Blueprint [R]. Jakarta: ASEAN, 2008.

[14] ASEAN. ASEAN Guiding Principles for Quality Assurance and Recognition of Competency Certification Systems [R]. Jakarta: ASEAN, 2017.

[15] ASEAN. ASEAN Leaders Statement on Human Resources and Skills Development for Economic Recovery and Sustainable Growth[R]. Jakarta: ASEAN, 2010.

[16] ASEAN. ASEAN Qualification Reference Framework[R]. Jakarta: ASEAN, 2017.

[17] ASEAN. ASEAN Qualification Reference Framework: Briefing Paper No. 1-Qualifications Frameworks and Quality Assurance Systems[R]. Jakarta: ASEAN, 2017.

[18] ASEAN. ASEAN Qualifications Reference Framework: Governance and Structure[R]. Jakarta: ASEAN, 2017.

[19] ASEAN. ASEAN Qualifications Reference Framework: Referencing Guidelines[R]. Jakarta: ASEAN, 2015.

[20] ASEAN. ASEAN State of Education Report 2013[R]. Jakarta: ASEAN,2013.

[21] ASEAN. Cha-Am Hua Hin Declaration on Strengthening Cooperation on Education to Achieve an ASEAN Caring and Sharing Community[R]. Jakarta: ASEAN, 2009.

[22] ASEAN. Joint Statement of Ninth ASEAN Education Ministers Meeting[R]. Selangor: ASEAN, 2016.

[23] ASEAN. Master Plan on ASEAN Connectivity 2025[R]. Jakarta: ASEAN, 2016.

[24] ASEAN. The ASEAN Charter[R]. Jakarta: ASEAN, 2017.

[25]Asian Development Bank. Regional Cooperation and Cross-border Collaboration in Higher Education in Asia: Ensuring that Everyone Wins[R]. Manila: ADB,2012.

[26] Asian Development Bank. Emerging Asian Regionalism: A Partnership for Shared Prosperity[R]. Manila: ADB, 2008.

[27] AUN-ACTS Secretariat. ASEAN Credit Transfer System Student

Manual[R]. Depok：AUN，2009.

[28] ABD AZIZ. The ASEAN Community Integration 2015：General Overview，Current Status and Moving Forward[R]. Kuala Lumpur：Universiti Teknologi Malaysia，2015.

[29] ALTO R，ISAACS I，Knight B & Polestico R. Training System in Southeast Asia [R]. South Australia：National Centre for Vocational Education Research，2000.

[30] BATEMAN A. ASEAN Guiding Principles for Quality Assurance and Recognition of Competency Certification Systems[R]. Australian：Bateman & Giles Pty Ltd，2017.

[31] BATEMAN A. ASEAN Qualifications Reference Framework Education and Training Governance：Capacity Building for National Qualifications Frameworks[R]. Jakarta：ASEAN，2013.

[32] British Council. High Official Meeting for TVET in Southeast Asia：Working Together Towards Harmonisation and Internationalisation[R]. Edinburgh：British Council，2015.

[33] British Council. ASEAN Qualifications Reference Framework and National Qualifications Frameworks：State of Play Report[R]. Jakarta：SHARE Project Management Office，2015.

[34] Competen-SEA. MOOCs Feasibility in Southeast Asia：Report [R]. Brussels：Competen-SEA，2015.

[35] Department of Education. Employment and Workplace Relations of Australian. Comparisons of International Quality Assurance Systems for Vocational Education and Training[R]. Canberra：DEEWR，2009.

[36] Education International. Global Trends in TVET：A Framework for Social Justice[R]. Toronto：EI，2016.

[37] ERIC C，THOMPSON E C，THIANTHAI C. Attitudes and Awareness Toward ASEAN：Findings of a Ten Nation Survey [R]. Jakarta：ASEAN Foundation，2007.

[38] European Union，ASEAN. ASEAN Qualifications Reference Framework and National Qualifications Frameworks：State of Play Report[R]. Jakarta：SHARE，2015.

[39] Federal Ministry for Economic and Development(BMZ). Technical and Vocational Education and Training in the ASEAN Region[R]. Berlin: BMZ, 2015.

[40] Federal Institute for Vocational Education and Training, et al. Standard for In-Company Trainers in ASEAN countries [R]. Bangkok: BIBB, 2016.

[41] GIZ, BIBB. Standard for In-Company Trainers in ASEAN Countries[R]. Bangkok: GIZ, 2016.

[42] GIZ-Regional Cooperation Platform. Curriculum Development of Vocational Teacher Education within the Context of ASEAN Integration Process[R]. Shanghai: RCP, 2013.

[43] ILO, ADB. ASEAN Community 2015: Managing Integration for Better Jobs and Shared Prosperity[R]. Bangkok: ILO and ADB, 2014.

[44] International Labour Organization. The Implementation and Impact of National Qualification Framework: Report of a Study in 16 Countries[R]. Genova: ILO, 2010.

[45] International Labour Organization. ASEAN in Transformation: ASEAN in Transformation: ASEAN in Transformation: Perspective of Enterprises and Students on Future Work [R]. Geneva: ILO, 2016.

[46] International Labour Organization. ASEAN in Transformation: ASEAN in Transformation: Textiles, Clothing and Footwear: Refashioning the Future[R]. Geneva: ILO, 2016.

[47] International Labour Organization. ASEAN in Transformation: ASEAN in Transformation: The Future of Jobs at Risks of Automation[R]. Geneva: ILO, 2016.

[48] International Labour Organization. ASEAN in Transformation: Automotive and Auto Parts: Shifting Gears[R]. Geneva: ILO, 2016.

[49] International Labour Organization. ASEAN in Transformation: Electrical and Electronic: On and Off the Grid[R]. Geneva: ILO, 2016.

[50] International Labour Organization. ASEAN in Transformation: How Technology is Changing Jobs and Enterprise[R]. Geneva: ILO, 2016.

[51] International Labour Organization. Assessing the Impact of ASEAN Economic Integration on Labour Markets[R]. Geneva: ILO, 2014.

[52] International Labour Organization. Assessment of the Readiness of ASEAN Member States for Implementation of the Commitment to the Free Flow of Skilled Labour within the ASEAN Economic Community from 2015[R]. Bangkok: ILD, 2014.

[53] International Labour Organization. ASEAN Economic Community 2015: Enhancing Competitiveness and Employability through Skill Development[R]. Bangkok: ILO,2015.

[54] JERADECHAKUL W, RATANAWIJITRASIN S, SATO M,Regional Integration through Educational Innovation, Exchange and Cooperation Institutionalization beyond the ASEAN Community [R]. Bangkok: SEAMEO Secretariat, 2015.

[55] KURODA K. Possibilities and Challenges in Constructing a New Regional Collaboration Educational Framework in Asia [R]. Tokyo: Global Institute for Asian Regional Integration, 2009: 11.

[56] Malaysian Qualifications Agency. AQRF Referencing Report of Malaysia[R]. Kuala Lumpur: MQA, 2018.

[57] Ministry of Education Malaysia. The Malaysian Education Blueprint 2015-2025 [R]. Putrajaya: Ministry of Education Malaysia, 2015.

[58] OECD. Economic Outlook for Southeast Asia, China and India 2019[R]. Paris: OECD Publishing, 2019.

[59] OECD. Qualification System: Bridges to Lifelong Learning[R]. Paris: OECD, 2006.

[60] Regional Association of Vocational Teacher Education in ASEAN. RAVTE Five Point Plan on TVET Improvement for AEC[R]. Chiang Mai: RAVTE,2015.

[61] Regional Association of Vocational Teacher Education in ASEAN.

Regional Development, Harmonisation and Internationalisation of TVET in the Wake of ASEAN Economic Community (AEC) [R]. Chiang Mai: RAVTE,2015.

[62] Regional Cooperation Platform. Lesson Learned from the Development and Implementation of National Teacher Standards in ASEAN Member States and China as Inputs for the Development of Regional TVET Teacher[R]. Gadong: Regional Cooperation Platform, 2017.

[63] SÖDERBAUM F. Early, Old, New and Comparative Regionalism [R]. Berlin: German Research Foundation, 2015.

[64] SPINDLER M. New Regionalism and the Construction of Global Order[R]. Mannheim: Centre for the Study of Globalisation and Regionalisation, 2002.

[65] SEAMEO INNOTECH. Teaching Competency Standards in Southeast Asia Countries[R]. Quezon City: SEAMEO INNOTECH,2010.

[66] SEAMEO INNOTECH. Competency Framework for Southeast Asia School Heads[R]. Quezon City: SEAMEO INNOTECH, 2010.

[67] SEAMEO INNOTECH. Competency Framework for Southeast Asian School Heads (2014 edition)[R]. Quezon City: SEAMEO INNOTECH, 2014.

[68] SEAMEO INNOTECH. Quality Indicators of Multigrade Instruction in Southeast Asia [R]. Quezon City: SEAMEO INNOTECH,2012.

[69] SEAMEO VOCTECH. Annual Report 2014—2015[R]. Gadong: SEAMEO VOCTECH, 2015.

[70] SEAMEO, UNESCO Bangkok, Regional Cooperation Platform, et al. Curriculum Development of Vocational Teacher Education Within the Context of ASEAN Integration Process[R]. Shanghai: RCP, 2013.

[71] SEAMEO. Guidebook to Education Systems and Reforms in Southeast Asia and China[R]. Bangkok: SEAMEO, 2017.

[72] SEAMEO. 2nd High Officials Meeting on SEA-TVET: "Strengthening Efforts towards Harmonisation and Internationalisation of TVET in Southeast Asia" [R]. Bali: SEAMEO, 2016.

[73] SEAMEO. 4th High Officials Meeting on SEA-TVET: "Moving Together Towards TVET 4. 0" [R]. Manila: SEAMEO, 2016.

[74] SEAMEO. Action Agenda for the SEAMEO 7 Priority Areas[R]. Bangkok: SEAMEO, 2017.

[75] SEAMEO. Project Exemplar in Southeast Asia[R]. Bangkok: SEAMEO, 2012.

[76] SOULEMA E A H. The Impact of ASEAN Economic Integration on Occupational Outlooks and Skills Demand[R]. Bangkok: ILO, 2014.

[77] TETER W, DHIRATHITI N. Degree Structures in the ASEAN Region[R]. Jakarta: SHARE Project, 2016.

[78] UNESCO Department of Economic and Social Affairs. Global Status Report on Disability and Development Prototype 2015[R]. New York: UNESCO DESA, 2015.

[79] UNESCO, The European Centre for the Development of Vocational Training, The European Training Foundation. Global Inventory of Regional and National Qualifications Frameworks 2017 [R]. Turin: ETF, 2017.

[80] UNESCO. Strategy for Technical and Vocational and Trainning 2016-2021[R]. Paris: UNESCO, 2016.

[81] UNESCO. UNESCO Guidelines for the Recognition, Validation and Accreditation of the Outcomes of Non-formal and Informal Learning[R]. Hamburg: UNESCO, 2012.

[82] UNESCO. Education Systems in ASEAN + 6 Countries: A Comparative Analysis of Selected Educational Issues [R]. Bangkok: UNESCO, 2014.

（二）期刊论文

[1] AGUILAR F. Towards Community Formation in Southeast Asia? History Education, ASEAN and the Nation-State[J]. Sojourn Journal of Social Issues in Southeast Asia, 2017, 32(1): 137-169.

[2] ACHARYA A. Constructing a Security Community in Southeast Asia: ASEAN and the Problem of Regional Order[J]. Journal of Asian Studies, 2002, 61(4): 1432-1434.

[3] AZEVEDO M L N D. The Bologna Process and Higher Education in Mercosur: Regionalization or Europeanization? [J]. International Journal of Lifelong Education, 2014, 33(3): 411-427.

[4] BRIDGES B. Learning from Europe. Lessons for Asian Pacific Regionalism? [J]. Asia Europe Journal, 2004, 2(3): 387-397.

[5] CHAO R J. Pathways to an East Asian Higher Education Area: A Comparative Analysis of East Asian and European Regionalization Processes[J]. Higher Education, 2014, 68(4): 559-575.

[6] COCKERHAM G B. Regional Integration in ASEAN: Institutional Design and the ASEAN Way[J]. East Asia, 2010, 27(2): 165-185.

[7] CHAO R J. Reflections on the Bologna Process: The Making of an Asia Pacific Higher Education Area[J]. European Journal of Higher Education, 2011, 1(2-3): 102-118.

[8] CHAO S J. Development of the Competency Framework for Southeast Asian School Heads (2014 Edition): A Journey into Excellent School Leadership[J]. ABAC ODI JOURNAL. 2015, 6(2): 7-38.

[9] DIEP P C. Solutions for the Improvement of Regional TVET Quality in the Wake of ASEAN Economic Community (AEC)[J]. TVET@Asia, 2017, 12(8): 1-19.

[10] DIEP P C. Substantial Policies and Measures to Promote Quality Assurance of TVET in Vietnam towards Mutual Recognition in ASEAN[J]. SEAMEO VOCTECH Journal, 2016, 7(1): 1-21.

[11] FEUERA H N, HORNIDGE A K. Higher Education Cooperation in ASEAN: Building Towards Integration or Manufacturing Consent? [J]. Comparative Education, 2015, 51(3): 1-26.

[12] GRAMLINGER F. Instruments to Connect VET Systems Within the European Union [J]. TVET@Asia, 2013, 8(2): 1-12.

[13] GROSCH M. Developing a Competency Standard for TVET Teacher Education in ASEAN Countries[J]. Jurnal Pendidikan Teknologi dan Kejuruan, 2017, 05(3): 279-287.

[14] HETTNE B, SÖDERBAUM F. Theorising the Rise of Regionness[J]. New Political Economy, 2000, 5(3): 457-472.

[15] HETTNE B. Beyond the "New" Regionalism[J]. New Political Economy, 2005, 10(4): 543-571.

[16] HAWKINS J N. Regionalization and Harmonization of Higher Education in Asia Easier Said Than Done[J]. Asian Education and Development Studies, 2012, 1(1): 96-108.

[17] HAMANAKA S, JUSOH S. Understanding the ASEAN Way of Regional Qualification Governance: The Case of Mutual Recognition Agreements in the Professional Service Sector[J]. Regulation & Governance, 2018: 12(6): 1-19.

[18] JONES M E. Forging an ASEAN Identity: The Challenge to Construct a Shared Destiny[J]. Contemporary Southeast Asia Journal of International & State, 2004, 26(26): 140-154.

[19] KEOHANE R O, MARTIN L L. The Promise of Institutionalist Theory[J]. International Security, 1995, 20(1): 39-51.

[20] KOH A. Deparochializing Education: Globalization, Regionalization, and the Formation of an ASEAN Education Space[J]. Discourse: Studies in the Cultural Politics of Education, 2007, 28 (2): 179-195.

[21] KEATING J. The Malaysian Qualifications Framework. An Institutional Response to Intrinsic Weaknesses[J]. Journal of Education and Work, 2011, 24(3-4): 393-407.

[22] LANGENHOVE L V. Why We Need to 'Unpack' Regions to Compare Them More Effectively [J]. International Spectator, 2012, 47(1): 16-29.

[23] PERROTTA D V. Regionalism and Higher Education in South America: A Comparative Analysis for Understanding Internationalization[J]. Journal of Supranational Policy od Education, 2016, 12 (4): 54-81.

[24] PARYONO. Approaches to Preparing TVET Teachers and Instructors in ASEAN Member Countries[J]. TVET@Asia, 2015, 12(5): 1-8.

[25] PARYONO. Mapping National and Regional TVET Initiatives in Southeast Asia and Beyond in Response to Students and Labour Mobility[J]. SEAMEO VOCTECH Journal, 2013, 01(12): 1-8.

[26] PARYONO. Anticipating ASEAN Economic Community 2015: Regional Initiatives on Human Resources Development and Recognition of Professional Qualifications[J]. SEAMEO VOCTECH Journal, 2013, 12(30): 1-8.

[27] PARYONO. Regional Qualification Framework in Southeast Asia: Current Status, Opportunities, and Challenges[J]. SEAMEO VOCTECH Journal, 2010, 10(1): 1-10

[28] RAVINET P, CHOU M H. Higher Education Regionalism in Europe and Southeast Asia: Comparing Policy Ideas[J]. Policy and Society, 2017,36(1):143-159.

[29] SPÖTTL G, BECKER M. Standards—An Instrument to Enhance the Quality of TVET Teacher Training [J]. SEAMEO VOCTECH Journal, 2016, 08(1): 1-16.

[30] SCHRÖDER T. Regional Cooperation in Vocational Teacher Education: Building a Platform for Common Research and Development, Consultancy and Reform in East and Southeast Asia[J]. TVET@Asia, 2014(2): 1-21.

[31] SEHOOLE C, WIT H D. The Regionalisation, Internationalisation, and Globalisation of African Higher Education[J]. International Journal of African Higher Education, 2014, 1(1): 217-241.

[32] SETIAWAN A, ALIAS M B, ABDULLAH A G, et al. Regionalization and Harmonization in TVET: Proceedings of the 4th UPI International Conference on Technical and Vocational Education and Training (TVET 2016), Bandung Indonesia November 15-16, 2016[J]. Journal of Organizational Culture Communications & Conflict, 2017, 11(1-2): 321-59.

[33] SOLANAS F. Global Regionalisms and Higher Education: Projects, Processes, Politics[J]. European Journal of Higher Education, 2017, 7(4): 453-455.

[34] SOMBATSOMPOP N, PREMKAMOLNETR N, MARKPIN T, et

al. Viewpoints on Synergising ASEAN Academic Visibilities through Research Collaboration and the Establishment of an ASEAN Citation Index Database[J]. Asia Pacific Viewpoint, 2011, 52 (2): 207-218.

[35] TANHUECO-NEPOMUCENO L. Internationalization of Higher Education in the ASEAN Region: Is the HEI in the state of "Becoming Internationalized or Being Internationalized? [J]. Advances in Social Science, Education and Humanities Research, 2018(227): 119-124.

[36] WATSON, KEITH. Technical and Vocational Education in Developing Countries: Western Paradigms and Comparative Methodology[J]. Comparative Education, 1994, 30(2): 85-97.

[37] WOLDEGIORGIS E T. Conceptualizing Harmonization of Higher Education Systems: The Application of Regional Integration Theories on Higher Education Studies[J]. Higher Education Studies, 2013, 3(2): 12.

[38] WUNDERLICH J U. Comparing Regional Organisations in Global Multilateral Institutions: ASEAN, the EU and the UN[J]. Asia Europe Journal, 2012, 10(2-3): 127-143.

[39] YAVAPRABHAS S. Connect ASEAN: Promoting Regional Integration in Higher Education in Southeast Asia[J]. RIHE International Seminar Reports, 2011 (17): 213-227.

[40] ZMAS A. Global Impacts of the Bologna Process: International Perspectives, Local Particularities[J]. Compare, 2015, 45 (5): 1-21.

（三）专著

[1] ALICE D B, CHENG C K, SUDO S. Institutionalizing East Asia: Mapping and Reconfiguring Regional Cooperation[M]. New York: Routledge, 2016.

[2] AKHIR A M. Regional Cooperation in Education in ASEAN and East Asia [M] // SIRIPORN W, et al. Advancing the Regional Commons in the New East Asia. New York: Routledge, 2016.

[3] BIEBER, TONIA. Soft Governance, International Organizations

and Education Policy Convergence[M]. London: Macmillan Publishers Ltd, 2016.

[4] BEESON M, STUBBS R. Routledge Handbook of Asian Regionalism[M]. New York: Routledge, 2012.

[5] CHOU M H, RAVINET P. The Rise of "Higher Education Regionalism": An Agenda for Higher Education Research[M] // The Palgrave International Handbook of Higher Education Policy and Governance. London: Palgrave Macmillan UK, 2015.

[6] CURAJ A, MATEI L, PRICOPIE R, et al. The European Higher Education Area[M]. New York: Springer International Publishing, 2015.

[7] CONNORS M K, DAVIDSON R, DOSCH J. The New Global Politics of the Asia Pacific [M]. London: Routledge, 2011.

[8] DANG Q A. The Bologna Process Goes East? From "Third Countries" to Prioritizing Inter-regional Cooperation Between the ASEAN and EU[M] // ADRIAN C, LIVIU M, REMUS P, et al. The European Higher Education Area. Cham: Springer International Publishing, 2015.

[9] EULER D. TVET Personnel in ASEAN: Investigation in Five ASEAN States[M]. Detmold: Eusl Verlagsges, 2012.

[10] ENGEL U, et al. The New Politics of Regionalism: Perspectives from Africa, Latin America and Asia-Pacific [M]. New York: Routledge, 2017.

[11] FIORAMONTI L. Regionalism in a Changing world: Comparative Perspective in the New Global Order[M]. New York: Routledge, 2013.

[12] GALGUERA M P. Globalization, Mass Education and Technical and Vocational Education and Training[M]. London: Springer International Publishing AG, 2018.

[13] HAWKINS J N, MOK K H, NEUBAUER D E. Higher Education Regionalization in Asia Pacific: Implications for Governance, Citizenship and University Transformation[M]. New York: Palgrave Macmillan, 2012.

[14] HAWKINS J N, MOK K H, NEUBAUER D E. Higher Education Regionalization in Asia Pacific[M]. New York: Palgrave Macmillan, 2012.

[15] JOHNSON O C. The Impact of ASEAN University Network-Quality Assurance (AUN-QA) Assessment on the Quality of Educational Programmes[M] // CHER M T, THONG N G. Theory and Practice of Quality and Reliability Engineering in Asia Industry. Cham: Springer International Publishing, 2017.

[16] KNIGHT J. A Conceptual Framework for the Regionalization of Higher Education: Application to Asia[M] // Higher Education Regionalization in Asia Pacific. New York: Palgrave Macmillan US, 2012.

[17] KNIGHT J, WOLDEGIORGIS E T. Regionalization of African Higher Education[M]. Rotterdam: Sense Publishers, 2017.

[18] KNIGHT J. A Conceptual Framework for the Regionalization of Higher Education in Asia [M]. New York: Palgrave Macmillan, 2012.

[19] KNIGHT J. The Palgrave Handbook of Asia Pacific Higher Education[M]. New York: Palgrave Macmillan, 2016.

[20] KOOIMAN J. Modern Governance: New Government-Society Interactions[M]. London: SAGE Publications, 1993.

[21] LACK A W, et al. New Regionalism and the European Union: Dialogues, Comparisons and New Research Directions[M]. New York: Routledge, 2011.

[22] LEE M N N. Regional Cooperation in Higher Education in Asia and the Pacific[M] // Higher Education Regionalization in Asia Pacific. New York: Palgrave Macmillan US, 2012.

[23] MAJUMDAR S, Emerging Challenges and Trends in TVET in the Asia-Pacific Region[M]. Rotterdam: Sense Publishers, 2011.

[24] MÜLLER L M. The Theoretical and Practical Dimensions of Regionalism in East Asia[M]. Cham: Springer International Publishing, 2017.

[25] PAUL T V. International Relations Theory and Regional Trans-

formation[M]. Edinburgh: Cambrige University Press, 2012.

[26] RULAND J, SCHUBERT G, SCHUCHER G, et al. Asian-European Relations, Building Blocks for Global Governance[M]. London: Routledge, 2008.

[27] SÖDERBAUM F. Comparative Regional Integration and Regionalism[M]// TODD L, NEIL R. The Sage Handbook of Comparative Politics. London: SAGE Publications Ltd, 2009.

[28] SÖDERBAUM F. Old, New, and Comparative Regionalism[M] // TANJA A, THOMAS R. The Oxford Handbook of Comparative Regionalism. Oxford: Oxford University Press, 2016.

[29] TESTAVERDE M, MOROZ H, CLAIRE H, et al. Migrating to Opportunity, Overcoming Barriers to Labor Mobility in Southeast Asia [M]. Washington: International Bank for Reconstruction and Development, 2017.

[30] WELCH, ANTHONY R. Higher Education in Southeast Asia: Blurring Borders, Changing Balance[M]. New York: Routledge, 2011.

[31] YAVAPRABHAS S. The Harmonization of Higher Education in Southeast Asia[M]// KIYOSHI Y,et al. Emerging International Dimensions in East Asian Higher Education. Cham: Springer International Publishing, 2014.

（四）官方网络资源

[1] ASEAN. The ASEAN Charter[EB/OL]. (2017-07-08)[2021-12-13]. http: // asean. org/storage/2017/07/8. -July-2017-The-ASEAN-Charter-21th-Reprint-with-Updated-Annex-1. pdf.

[2] ASEAN Citation Index. ACI Journey [EB/OL]. (2021-12-22)[2022-01-20]. https: // asean-cites. org/about. html? menu＝2&name＝ACI％20Journey.

[3] ASEAN Citation Index. Journal Submission Work Flow[EB/OL]. [2021-12-18]. https: // asean-cites. org/criteria. html? menu＝5&name＝Journal％20Submission％20Work％20Flow.

[4] ASEAN Citation Index. Journal Selection Criteria[EB/OL]. [2021-12-18]. https: // asean-cites. org/criteria. html? menu＝1&name＝Jour-

nal％20Selection％20Criteria.

［5］ASEAN Citation Index. Why ACI［EB/OL］.［2021-12-18］. https：//
asean-cites. org/about. html? menu＝1&-name＝Why％20ACI.

［6］ASEAN. ASEAN Connectivity Key Facts［EB/OL］.（2018-06-28）
［2021-12-13］. http：//aadcp2. org/wp-content/uploads/ASEAN_People-
to-PeopleConnectivity. pdf.

［7］ASEAN. Terms of Reference on ASEAN Education Ministers
Meeting［EB/OL］.（2012-05）［2020-11-15］. https：// asean. org/wp-
content/uploads/2012/05/TOR-of-SOM-ED-and-ASED. pdf.

［8］ASEAN. Terms of Reference on ASEAN Senior Official Meeting on Ed-
ucation［EB/OL］.（2012-07-04）［2020-11-15］. https：// asean. org/wp-
content/uploads/2012/05/TOR-of-SOM-ED-and-ASED. pdf.

［9］ASEAN. ASEAN Integrated Food Security Framework［EB/OL］.
（2018-11-04）［2021-12-14］. https：// www. asean-agrifood. org/?
wpfb_dl＝58.

［10］ASEAN. Fact Sheet on AQRF［EB/OL］.（2018-08-10）［2021-12-
14］. https：// sea-vet. net/images/seb/events/appendix_file/112/
summaryreport 4thhomsea-tvet-8oct. pdf.

［11］ASEAN. Japan′s Assistance to ASEAN Connectivity in Line with
MPAC 2025［EB/OL］.（2016-11-02）［2021-12-19］. https：// www.
asean. emb-japan. go. jp/documents/20161102. pdf.

［12］ASEAN-Australia-New Zealand Free Trade Agreement. Two Pio-
neering Referencing Reports Completed for Comparison Of Educa-
tion Qualification Under AQRF［EB/OL］.（2019-05-30）［2021-12-
18］. https：// aanzfta. asean. org/two-pioneering-referencing-reports-
completed-for-comparison-of-education-qualification-under-aqrf/.

［13］AUN-ACTS Secretariat. University Administrator Manual［EB/
OL］.［2021-12-18］. https：// apps. acts. ui. ac. id/document/ACTS％
20User％20Manual％20for％20Univ％20Admin％20v％200. 3. pdf.

［14］AUN-ACTS Secretariat. Message from Drg. Baiduri Widanarko，
M. K. K, Ph. D. , Chair of the AUN-ACTS Secretariat［EB/
OL］.［2021-12-18］. http：// apps. acts. ui. ac. id/index. php/home.

［15］ASEAN. Brunei Action plan（2011—2015）［EB/OL］.（2010-10）

［2021-12-19］. https：// www. asean. org/wp-content/uploads/images/ archive/documents/BAP％202011-2015. pdf.

［16］ABIGAIL C. ASEAN Cooperation on Education and the SDG 4 ［EB/OL］.（2018-10-05）［2021-12-14］. https：// bangkok. unesco. org/sites/default/files/assets/article/Education/files/session-2asean-cooperation-education-sdg-4. pdf.

［17］BMZ. TVET in the ASEAN region：sustainable growth through regional networking［EB/OL］.（2015-12-21）［2021-12-19］. https：// www. bmz. de/en/suche? search＝TVET＋in＋the＋ASEAN＋region.

［18］CHOU M H，RAVINET P. What is higher education regionalism? And how should we study it? ［EB/OL］.（2016-01-28）［2021-12-18］. https：// era. ideasoneurope. eu/2016/01/28/higher-education-regionalism-study/.

［19］GIZ. Regional TVET Conference：Supporting AEC Integration through Inclusive and Labour Market Oriented TVET［EB/OL］.（2015-11-14）［2021-12-14］. https：// sea-vet. net/images/seb/e-library/doc_file/215/inclusive-vocational-education-concept-note. pdf.

［20］International Labour Organization. AEC，AQRF and Developments；Commitments of ASEAN Member States on MRS and RMCS［EB/OL］.（2014-02-24）［2021-12-18］. https：// www. ilo. org/wcmsp5/groups/public/-asia/-ro-bangkok/-ilo-yangon/documents/presentation/wcms_355751. pdf.

［21］Ministry of Education Brunei Darussalam. SEAMEO VOCTECH Centre Description［EB/OL］.［2021-12-18］. http：// www. moe. gov. bn/SitePages/Seameo％20Voctech％20Centre. aspx.

［22］Ministry of Education. SPN21 Booklet Final 2013［EB/OL］.（2016-11-15）［2021-12-13］. http：// www. moe. gov. bn/spn21dl/ SPN21％ 20Booklet％20FINAL％202013. pdf.

［23］Malaysian National AQRF. National Mandate［EB/OL］.（2019-06-22）［2021-12-18］. http：// www2. mqa. gov. my/myaqrf/ref_to_aqrf. cfm.

［24］Malaysian Qualifications Agency. Guidelines：The Malaysian Qualification Statement［EB/OL］.（2019-06-22）［2021-12-18］. http：// www2. mqa. gov. my/QAD/garispanduan/GGP-Malaysia％20Qualification％20

Statement. pdf.

[25] NARAYANA S,LOTHO S. Background Paper for the TVET Conference Supporting AEC-Integration through Inclusive and Labour Market Oriented TVET[EB/OL]. (2015-11)[2021-12-18]. https：// sea-vet. net/images/seb/e-library/doc _ file/215/inclusive-vocational-education-concept-note. pdf.

[26] RADIN M D. Revolutionising Agriculture：The Rise of Urban Farmers in ASEAN[EB/OL]. (2017-11-19)[2021-12-14]. https：// www. prospectsasean. com/growing-trend-urban-farmers/.

[27] RAVTE. TVET Networks-How International and Regional Networks Can Contribute to the Development of National TVET Systems[EB/OL]. (2015-08-04)[2021-12-18]. https：// www. norrag. org/fileadmin/Events/ACET_TVET_Networks_RAVTE_Outline. pdf.

[28] RMUTT. "Thanyaburi Statement" to Support International Collaborations in Vocational and Technological Education[EB/OL]. (2013-02-17)[2021-12-18]. http：// www. eng. rmutt. ac. th/thanyaburi-statement-to-support-international-collaborations-in-vocational-and-technological-education/.

[29] SEAMEO INNOTECH. Competency Framework for Southeast Asian Teachers of the 21st Century[EB/OL]. (2016-08)[2021-12-14]. https：// www. seameo-innotech. org/wp-content/uploads/ 2016/08/CompetencyFWork_GURO21. pdf.

[30] SEAMEO VOCTECH. VOCTECH Introduction [EB/OL]. [2021-12-18]. http：// voctech. org/index. php/ aboutus/about-voctech/introduction-voctech.

[31] SEAMEO VOCTECH. Organization Structure [EB/OL]. [2021-12-18]. http：//voctech. org/index. php/aboutus/ about-voctech/organisation-structure.

[32] SEAMEO. 2nd Young SEA-TVET Symposium：Young Smart Farmers [EB/OL]. (2018-10-28)[2021-12-14]. https：// files. seameo. org/20_ 2nd％ 20SEA-TVET％ 20Symposium％ 20-％ 20Young％ 20Smart％ 20Farmers％2030Aug-2Sept17％2C％ 20Pattaya/2_Programme/2_Programme_Young％ 20Smart％ 20Farmers％2824Aug％29. pdf.

［33］SEAMEO. Agreement and Implementation for the 3rd Batch of SEA-TVET Student Internship Exchange Concept Note and Programme［EB/OL］.（2020-02-16）［2021-12-18］. https：// sea-vet. net/images/seb/events/appendix ＿ file/318/1concept-note-and-programme-4th-seameo-poly-meeting. pdf.

［34］SEAMEO. Chiang Mai Joint Statement on Harmonisation and Internationalisation of TVET in Southeast Asia［EB/OL］.（2015-08-26）［2021-12-15］. https：// files. seameo. org/02＿High％20Officials％20Meeting％2C％20Chiang％20Mai％2024-26％20Aug％202015/11＿26％20Aug＿Closing％20Ceremony/1. 1＿Chiang％20Mai％20Joint％20Statement％20on％20TVET％20％28Eng％29＿28％20Aug. pdf.

［35］SEAMEO. Concept Note on Creation of the ASEAN TVET Development Council［EB/OL］.（2018-09）［2021-12-14］. http：// files. seameo. org/27＿4th％20HOM％20on％20SEA-TVET％2C％204-5％20Sept％202018％2C％20Manila/5＿PPT＿Session％202＿TVET％20Regional％20Initiatives％20and％20Endoresement％20and％20Information/2＿Regional％20Initiatives/9＿TESDA＿ASEAN％20TVET％20Development％20Council/Concept％20Note-ASEAN％20TVET％20Development％20Council. pdf.

［36］SEAMEO. Development＆ Harmonization of TVET in the ASEAN Region：Synchronizing the Needs of the AEC ＆ ASCC［EB/OL］.（2017-05-26）［2021-12-14］. http：// files. seameo. org/18＿3rd％20HOM％20on％20SEA-TVET％2C％2023-25％20May％202017％2C％20Kuala％20Lumpur％2C％20Malaysia/12＿Session％202＿Regional％20Initiatives％20％2823％20May％29/2＿ASEAN％20Sec＿PPT＿Development％20％26％20Harmonisation％20of％20TVET％20in％20the％20ASEAN％20region. pdf.

［37］SEAMEO. GIZ and RECOTVET Initiatives：Regional Cooperation in TVET［EB/OL］.（2016-05-09）［2021-12-14］. http：// files. seameo. org/10＿2nd％20High％20Officials％20Meeting％20on％20SEA-TVET％2C％20Bali％2C％202012-14％20May％202016/12＿13May＿2nd％20HOM％20on％20SEA-TVET％20Bali/12May＿3＿Session1＿

GIZ_RECOTVET％20Initiatives_Dr％20Nils. pdf.

［38］SEAMEO. In-Service Training Modules for I 4. 0 in TVET［EB/
OL］. (2018-09)［2021-12-14］. http：// files. seameo. org/27_4th％
20HOM％20on％20SEA-TVET％2C％204-5％20Sept％202018％
2C％20Manila/5_PPT_Session％202_TVET％20Regional％
20Initiatives％20and％20Endoresement％20and％20Information/2
_Regional％20Initiatives/8_SEAMEO％20VOCTECH_InService％
20Training％20Module％20for％20TVET％204. 0/Concept％20Paper_
VOCTECH. pdf.

［39］SEAMEO. Regional Standards for TVET Personnel［EB/OL］.
（2017-05-23）［2021-12-18］. http：// files. seameo. org/18_3rd％
20HOM％20on％20SEA-TVET％2C％2023-25％20May％202017％
2C％20Kuala％20Lumpur％2C％20Malaysia/12_Session％202_Re-
gional％20Initiatives％20％2823％20May％29/3_GIZ-RECOTVET_
PPT_Regional％20Standards％20for％20TVET％20Personnel％20％
28Rev％29. pdf.

［40］SEAMEO. SEAMEO Polytechnic Network［EB/OL］. (2017-10-06)
［2021-12-18］. https：// seatvet. seameo. org/docs/news/2ndseameopo
lytechnic/Booklet_PolyNW. pdf.

［41］SEAMEO. SEAMEO Report：The SEA TVET Programme and
Its Implementation (2015—2016). ［EB/OL］. (2016-05-30)［2021-
12-18］. https：// slideplayer. com/slide/10579536/.

［42］SEAMEO. SEA-TVET Consortium Guidebook［EB/OL］. ［2021-
12-18］. http：// seatvet. seameo. org/docs/GuideBook. pdf.

［43］SEAMEO. SEAMEO Secretariat Concept Note on SEA-TVET
［EB/OL］. (2019-02-22)［2021-12-18］. http：// files. seameo. org/18
_3rd％20HOM％20on％20SEA-TVET％2C％2023-25％20May％
202017％2C％20Kuala％20Lumpur％2C％20Malaysia/12_Session％202_
Regional％20Initiatives％20％2823％20May％29/Concept％20Notes％
20of％20Regional％20Initiatives/10_SEAMEO％20Secretariat_Con-
cept％20Note_SEA-TVET％20Consortium％20Web. pdf.

［44］SEA-TVE. NET. How SEA-VET. NET Works［EB/OL］. ［2021-
12-18］. https：// sea-vet. net/about-us.

[45] SEA-TVE. NET. What Makes SEA-VET. NET Unique[EB/OL].
[2021-12-18]. https：// sea-vet. net/about-us.

[46] SEA-VET. Net. In-Company Trainer Standard in ASEAN Countries：
Strengthening the Competencies of In-company Trainers [EB/OL].
(2018-06)[2021-12-18]. https：// www. sea-vet. net/images/seb/initia-
tives/document/180/recotvetin-company-training-factsheet62018. pdf.

[47] Vietnam Government. The Vocational Training Development
Strategy of Vietnam for the period 2011-2020[EB/OL]. (2017-10-
22)[2021-12-13]. http：// www. economica. vn/Portals/0/Docu-
ments/1d3f7ee 0400e42152bdcaa439bf62686. pdf.

[48] World Open Educational Resources Congress. Paris OER Declara-
tion[EB/OL]. (2012-06-22)[2021-12-13]. http：// www. unesco.
org/new/fileadmin/MULTIMEDIA/HQ/CI/CI/pdf/Events/Par-
is%20OER%20Declaration_01. pdf.

（五）会议论文

[1] BAYGIN M，YETIS H，KARAKOSE M，et al. An Effect Analy-
sis of Industry 4. 0 to Higher Education：15th International Confer-
ence on Information Technology Based Higher Education and
Training，Istanbul，8th—9th September 2016[C]. New York：Insti-
tute of Electrical and Electronics Engineers，2016.

[2] PARYONO. The Importance of TVET and Its Contribution to Sus-
tainable Development：The Inauguration Ceremony of ASEAN-Chi-
na Consortium for TVET Cooperation and Forum on Integration of
Industry and Education，Guiyang，28th—31th July 2017[C]. Guiy-
ang：ASEAN-China Centre，2017.

[3] SETIAWAN A. Compliance of IQF towards AQRF：Challenges
and Opportunities of the Referencing to Regional Qualification
Framework：International Conference on Innovation in Engineering
and Vocational Education，Bandung，Nov 14，2015[C]. Bandung：
ICIEVE,2015.

（六）学位论文

[1] CHAO R J. Regionalization，International Organizations and East

Asian Higher Education：A Comparative Study of East Asian High-er Education Reforms[D]. Hong Kong：City University of Hong Kong，2014.

二、中文文献

（一）专著与译著

[1] 蔡昌卓. 东盟教育[M].桂林:广西师范大学出版社,2009.

[2] 蔡昌卓. 东盟教育概论[M].桂林:广西师范大学出版社,2015.

[3] 蔡昌卓. 东盟职业教育[M].桂林:广西师范大学出版社,2015.

[4] 蔡昌卓. 中国-东盟教育交流概览[M].桂林:广西师范大学出版社,2015.

[5] 姜大源. 当代世界职业教育发展趋势研究[M]. 北京:电子工业出版社, 2012.

[6] 阚阅. 欧洲高等教育一体化研究[M]. 杭州:浙江大学出版社,2015.

[7] 李东屹. 治理视角之下的东亚区域化:以东盟为案例的分析[M].北京:中国政法大学出版社,2014.

[8] 李枭鹰,等. 东盟教育政策法规[M]. 桂林:广西师范大学出版社,2015.

[9] 李枭鹰,等.中国-东盟高等教育区域性合作研究[M].桂林:广西师范大学出版社,2015.

[10] 强海燕. 东南亚教育改革与发展[M]. 广州:广东高等教育出版社,2010.

[11] 入江昭. 全球共同体:国际组织在当代世界形成中的角色[M].北京:社会科学文献出版社,2009.

[12] 塞韦里诺. 东南亚共同体建设探源:来自东盟前任秘书长的洞见[M].王玉主,译.北京:社会科学文献出版社,2012.

[13] 石伟平. 比较职业技术教育[M].上海:华东师范大学出版社,2001.

[14] 宋秀琚. 国际合作理论:批判与构建[M]. 北京:上海人民出版社,2006.

[15] 苏长和. 全球公共问题与国际合作:一种制度的分析[M].上海:上海人民出版社,2010.

[16] 塔林. 剑桥东南亚史[M].贺圣达,译.昆明:云南人民出版社,2003.

[17] 王承绪,顾明远.比较教育[M].4版.北京:人民教育出版社,2012.

[18] 吴雪萍.国际职业技术教育研究[M].杭州:浙江大学出版社,2004.

[19] 夏建平.认同与国际合作[M].北京:世界知识出版社,2010.

[20] 邢瑞磊.比较地区主义:概念与理论演化[M].北京:中国政法大学出版社,2014.

[21] 杨晓强.东盟黄皮书:东盟发展报告(2015)[M].北京:社会科学文献出版社,2016.

[22] 中国-东盟中心.东盟国家教育体制及现状[M].广州:广东高等教育出版社,2010.

(二)期刊论文

[1] 白景永,梁裔斌,梁桂春.东盟背景下广西各行业人才需求调查报告[J].职业技术教育,2010(31):26-30.

[2] 聪腊缇迪,张成霞.构建高等教育合作关系:东盟大学联盟在东南亚的实践经验[J].东南亚纵横,2013(11):62-65.

[3] 陈寒溪.此"盟"彼"盟"各不同——东盟和欧盟的地区一体化比较[J].世界知识,2003(7):28-29.

[4] 陈莹."工业4.0"时代德国职业教育与高等教育融通研究[J].比较教育研究,2018,339(4):96-102.

[5] 程晓勇.东盟规范的演进及其对外部规范的借鉴:规范传播视角的分析[J].当代亚太,2012(4):33-49.

[6] 邓仕超.在国际格局变动中成长起来的东南亚[J].东南亚研究,2000(4/5):81-85.

[7] 冯宝晶."一带一路"视角下我国职业教育国际化发展的理念与路径[J].中国职业技术教育,2016(23):67-71.

[8] 冯增俊.东盟五国教育实践的基本经验与亚太教育现代化的主要特征[J].比较教育研究,1996(2):25-30.

[9] 苟顺明.欧盟职业教育一体化教育政策评析[J].教师教育学报,2014(5):106-115.

[10] 韩志立.东盟共同体建设困局与观念交锋[J].南洋问题研究,2017(1):29-38.

[11] 黄方慧.中国-东盟职业教育合作及其相关研究:历程、现状与展望[J].中国职业技术教育,2016(30):20-23.

[12] 黄艳芳.广西-东盟经济与高职教育专业结构调整分析[J].广西民

族大学学报(哲学社会科学版),2005,27(1):106-110.

[13] 慧英.泰国"学校面向职业"的教育[J].职教论坛,1995(10):44-45.

[14] 贾秀芬,庞龙.泰国职业教育的机制、政策与评价[J].职教论坛,2012(27):89-92.

[15] 李峰.欧盟的"韧性"与东盟的"抗御力"——项区域核心概念的比较研究[J].欧洲研究,2018(4):84-102.

[16] 李化树,叶冲.论东盟高等教育共同空间构建及启示[J].比较教育研究,2015(3):10-15.

[17] 李玉静,程宇.中国与东盟凝聚共识[J].职业技术教育,2010(33):72-74.

[18] 梁剑.东盟区域经济合作新格局下广西高职院校技能型人才教育管理[J].教育与职业,2014(24):32-34.

[19] 梁志明.论东南亚区域主义的兴起与东盟意识的增强[J].当代亚太,2001(3):13-20.

[20] 刘强,荆晓丽.东盟学分转换系统的发展历程、运行现状与前景展望[J].比较教育研究,2017,39(9):72-78.

[21] 楼世洲,彭自力.非洲大学联盟《战略计划(2011—2015)》评析[J].比较教育研究,2012(12):6-9.

[22] 马颖.欧洲职业教育与培训学分体系探析——欧盟职业教育一体化新进展[J].职业技术教育,2008(31):86-89.

[23] 孟凡华,陈衍.中国-东盟布局职业教育合作与发展[J].职业技术教育,2012(30):54-57.

[24] 邱房贵,植文斌.中国对东盟国家学徒合同的承认和适用法律问题研究——兼及我国和东盟国家学徒制度的比较[J].广西社会科学,2013(11):43-48.

[25] 宋宝雯,方长平."东盟方式"与东盟对区域合作的主导作用[J].中国青年社会科学,2013(5):116-119.

[26] 苏长和.互联互通世界的治理和秩序[J].世界经济与政治,2017(2):25-35.

[27] 覃玉荣.东盟高等教育政策:价值目标局限与趋势[J].外国教育研究,2010(7):39-42.

[28] 覃玉荣.东盟高等教育质量保障研究[J].高教发展与评估,2010(2):89-96.

[29] 覃玉荣.欧盟与东盟高等教育政策演进比较[J].比较教育研究,
2009(10):31-36.

[30] 申超,温剑波.多层治理视野下的欧盟教育政策形成机制研究[J].
比较教育研究,2011(7):64-69.

[31] 万秀兰.非洲教育区域化发展战略及其对中非教育合作的政策意义
[J].比较教育研究,2013(6):3-9.

[32] 王俊.联合国教科文组织启动《职业技术教育与培训战略(2016—
2021年)》[J].世界教育信息,2016(18):75-75.

[33] 王莉方,张娟,丁秀棠.超国家层面的欧盟职业教育与培训一体化政
策变迁[J].职业技术教育,2011(16):79-83.

[34] 王勤.东盟经济共同体建设的进程与成效[J].南洋问题研究,2015
(4):1-10.

[35] 王士录.东盟合作机制与原则改革的争论及前景[J].当代亚太,
2007(8):46-51.

[36] 王彦力.导向与回报:泰国高中职业教育状况研究[J].外国教育研
究,2006(10):21-25.

[37] 王英杰.民族国家、全球化与比较教育学:问题、冲突与挑战[J].比
较教育研究,2017(12):3-6.

[38] 王玉主,王伟.东盟共同体建设:进程、态势与影响[J].人民论坛·
学术前沿,2016(19):6-15.

[39] 王志.比较地区主义:理论进展与挑战[J].国际论坛,2017(06):
56-79.

[40] 韦红云.广西-东盟高职电力教育合作办学思路的探讨[J].中国成
人教育,2013(3):84-86.

[41] 吴全全.老挝、泰国、越南职业教育发展的研究——现状·问题·对
策·趋势[J].职教论坛,2004(22):56-59.

[42] 吴雪萍,王文雯.东盟职业技术教育区域化发展:基于FOPA模型的
分析[J].中国高教研究,2018(6):103-108.

[43] 吴雪萍,张程.推进欧盟职业教育一体化的"达芬奇计划"探析[J].
比较教育研究,2009(6):21-24.

[44] 吴雪萍,张科丽.欧洲职业教育一体化探析[J].高等教育研究,2011
(5):65-69.

[45] 吴志成,李敏.亚洲地区主义的特点及其成因:一种比较分析[J].国

际论坛,2003(6):14-20.

[46] 谢碧霞,张祖兴.从《东盟宪章》看"东盟方式"的变革与延续[J].外交评论(外交学院学报),2008(4):37-44.

[47] 徐辉.欧洲"博洛尼亚进程"的目标、内容及其影响[J].教育研究,2010(4):94-98.

[48] 袁媛,白景永.东盟国家高等职业教育发展特点及其启示[J].继续教育研究,2012(3):166-169.

[49] 张成霞.东盟大学联盟在促进东盟高等教育发展中的作用[J].世界教育信息,2011(2):33-37.

[50] 张伟远,傅璇卿.搭建教育和培训的资历互认框架:东盟十国的实践[J].中国远程教育(综合版),2014(5):46-53.

[51] 张义民.中国-东盟职业教育合作存在的问题及优化路径[J].职业技术教育,2017(12):38-41.

[52] 张蕴岭.东盟50年:在行进中探索和进步[J].世界经济与政治,2017(07):21-37.

[53] 张蕴岭.如何认识和理解东盟——包容性原则与东盟成功的经验[J].当代亚太,2015(1):4-20.

[54] 朱仁显,唐哲文.欧盟决策机制与欧洲一体化[J].厦门大学学报(哲学社会科学版),2002(6):81-88.

[55] 朱理东.我国高职教育面向东南亚地区发展的路径与调适[J].职业技术教育,2017(8):20-24.

[56] 邹一戈,冯增俊.当代东南亚国家职业教育发展特点及战略走向[J].比较教育研究,2010(11):18-20.

（三）学位论文

[1] 谌晓芹.结构主义视角下的欧洲高等教育一体化改革研究——聚焦于博洛尼亚进程(1999—2010)[D].武汉:华中科技大学,2014.

[2] 范宝权.地区认同视角下东盟社会文化共同体探析[D].武汉:武汉大学,2017.

[3] 付中义.广西高等职业教育发展特色研究[D].桂林:广西师范大学,2010.

[4] 陆纯梅.广西高职院校面向东盟地区的职业汉语能力培养模式研究[D].重庆:西南大学,2013.

[5] 潘颖.面向东盟的广西高职教育发展研究——以三所样本校为例

［D］.南宁:广西大学,2011.

［6］覃玉荣.东盟一体化进程中认同建构与高等教育政策演进研究［D］.
上海:华东师范大学,2009.

［7］王良生.多边主义视角下的东盟运行机制［D］.厦门:厦门大学,2007.

［8］肖欢容.地区主义理论的历史演进［D］.北京:中国社会科学院,2002.

［9］周玉渊.东盟决策模式及其相关因素研究［D］.广州:暨南大学,2009.

（四）网络资源

［1］国务院.国务院办公厅关于深化产教融合的若干意见［EB/OL］.
(2017-12-09)［2021-12-13］.http：//www. gov. cn/zhengce/content/
2017-12/19/content_5248564. htm.

［2］国务院.国务院关于印发国家职业教育改革实施方案的通知［EB/
OL］.(2019-02-23)［2021-12-13］.http：//www. gov. cn/zhengce/con-
tent/2019-02/13/content_5365341. htm.

［3］国家发展改革委,外交部,商务部.推动共建丝绸之路经济带和21世
纪海上丝绸之路的愿景与行动［EB/OL］.(2015-03-28)［2021-12-13］.
http：//www. xinhuanet. com/world/2015-03/28/c_127631962. htm.

［4］中华人民共和国教育部.国家中长期教育改革和发展规划纲要
(2010—2020年)［EB/OL］.(2010-07-29)［2021-12-13］.http：//
www. moe. gov. cn/srcsite/A01/s7048/201007/t20100729_171904.
html.

［5］中华人民共和国教育部.推进共建"一带一路"教育行动［EB/OL］.
(2016-07-15)［2021-12-13］.http：//www. moe. gov. cn/srcsite/A20/
s7068/201608/t20160811_274679. html

［6］中共中央办公厅,国务院办公厅.关于做好新时期教育对外开放工作
的若干意见［EB/OL］.(2016-04-29)［2021-12-13］.http：//www.
gov. cn/xinwen/2016-04/29/content_5069311. htm.

［7］中共中央办公厅,国务院办公厅.中国教育现代化2035［EB/OL］.
(2019-02-23)［2021-12-13］.http：//www. gov. cn/xinwen/2019-02/
23/content_5367987. htm.

［8］中华人民共和国中央人民政府.教育部等八部门全面部署加快和扩
大新时代教育对外开放［EB/OL］.(2020-06-18)［2021-12-13］.http：
//www. gov. cn/xinwen/2020-06/18/content_5520156. htm.